中国社会科学院学部委员专题文集
ZHONGGUOSHEHUIKEXUEYUAN XUEBUWEIYUAN ZHUANTI WENJI

构建开放合作的国际环境

张蕴岭 ◎ 著

中国社会科学出版社

图书在版编目(CIP)数据

构建开放合作的国际环境/张蕴岭著．—北京：中国社会科学出版社，2013.1

（中国社会科学院学部委员专题文集）

ISBN 978-7-5161-1752-1

Ⅰ.①构… Ⅱ.①张… Ⅲ.①国际关系—中国—文集②区域经济合作—研究—中国、东亚—文集 Ⅳ.①D82-53②F114.46-53

中国版本图书馆 CIP 数据核字（2012）第 271591 号

出 版 人	赵剑英	
出版策划	曹宏举	
责任编辑	冯 斌	
责任校对	孙洪波	
责任印制	戴 宽	

出　　版	中国社会科学出版社	
社　　址	北京鼓楼西大街甲 158 号（邮编 100720）	
网　　址	http://www.csspw.cn	
	中文域名：中国社科网　010-64070619	
发 行 部	010-84083685	
门 市 部	010-84029450	
经　　销	新华书店及其他书店	

印刷装订	环球印刷（北京）有限公司	
版　　次	2013 年 1 月第 1 版	
印　　次	2013 年 1 月第 1 次印刷	
开　　本	710×1000　1/16	
印　　张	20.25	
插　　页	2	
字　　数	321 千字	
定　　价	66.00 元	

凡购买中国社会科学出版社图书，如有质量问题请与本社联系调换
电话：010-64009791
版权所有　侵权必究

《中国社会科学院学部委员专题文集》编辑委员会

主任 王伟光

委员 （按姓氏笔画排序）

王伟光　刘庆柱　江蓝生　李　扬

李培林　张蕴岭　陈佳贵　卓新平

郝时远　赵剑英　晋保平　程恩富

蔡　昉

统筹 郝时远

助理 曹宏举　薛增朝

编务 田　文　黄　英

前　言

哲学社会科学是人们认识世界、改造世界的重要工具，是推动历史发展和社会进步的重要力量。哲学社会科学的研究能力和成果是综合国力的重要组成部分。在全面建设小康社会、开创中国特色社会主义事业新局面、实现中华民族伟大复兴的历史进程中，哲学社会科学具有不可替代的作用。繁荣发展哲学社会科学事关党和国家事业发展的全局，对建设和形成有中国特色、中国风格、中国气派的哲学社会科学事业，具有重大的现实意义和深远的历史意义。

中国社会科学院在贯彻落实党中央《关于进一步繁荣发展哲学社会科学的意见》的进程中，根据党中央关于把中国社会科学院建设成为马克思主义的坚强阵地、中国哲学社会科学最高殿堂、党中央和国务院重要的思想库和智囊团的职能定位，努力推进学术研究制度、科研管理体制的改革和创新，2006年建立的中国社会科学院学部即是践行"三个定位"、改革创新的产物。

中国社会科学院学部是一项学术制度，是在中国社会科学院党组领导下依据《中国社会科学院学部章程》运行的高端学术组织，常设领导机构为学部主席团，设立文哲、历史、经济、国际研究、社会政法、马克思主义研究学部。学部委员是中国社会科学院的最高学术称号，为终生荣誉。2010年中国社会科学院学部主席团主持进行了学部委员增选、荣誉学部委员增补，现有学部委员57名（含已故）、荣誉学部委员133名（含已故），均为中国社会科学院学养深厚、贡献突出、成就卓著的学者。编辑出版《中国社会科学院学部委员专题文集》，即是从一个侧面展示这些学者治学之道的重要举措。

《中国社会科学院学部委员专题文集》（下称《专题文集》），是中国社会科学院学部主席团主持编辑的学术论著汇集，作者均为中国社会科学院学部委员、荣誉学部委员，内容集中反映学部委员、荣誉学部委员在相关学科、专业方向中的专题性研究成果。《专题文集》体现了著作者在科学研究实践中长期关注的某一专业方向或研究主题，历时动态地展现了著作者在这一专题中不断深化的研究路径和学术心得，从中不难体味治学道路之铢积寸累、循序渐进、与时俱进、未有穷期的孜孜以求，感知学问有道之修养理论、注重实证、坚持真理、服务社会的学者责任。

2011年，中国社会科学院启动了哲学社会科学创新工程，中国社会科学院学部作为实施创新工程的重要学术平台，需要在聚集高端人才、发挥精英才智、推出优质成果、引领学术风尚等方面起到强化创新意识、激发创新动力、推进创新实践的作用。因此，中国社会科学院学部主席团编辑出版这套《专题文集》，不仅在于展示"过去"，更重要的是面对现实和展望未来。

这套《专题文集》列为中国社会科学院创新工程学术出版资助项目，体现了中国社会科学院对学部工作的高度重视和对这套《专题文集》给予的学术评价。在这套《专题文集》付梓之际，我们感谢各位学部委员、荣誉学部委员对《专题文集》征集给予的支持，感谢学部工作局及相关同志为此所做的组织协调工作，特别要感谢中国社会科学出版社为这套《专题文集》的面世做出的努力。

《中国社会科学院学部委员专题文集》编辑委员会
2012年8月

目　　录

序　言 ……………………………………………………………… (1)

上篇　国际发展环境研究

我国面临的新国际环境与对应之策 …………………………… (3)
中国参与区域经济开放与合作 ………………………………… (14)
如何理解中国的崛起及其意义 ………………………………… (32)
对外贸易、经济增长与中国的战略选择 ……………………… (48)
如何把握周边环境新变化的大局 ……………………………… (74)
中国与邻国关系的发展与转变 ………………………………… (83)
正确把握我国面临的国际环境 ………………………………… (98)
综合安全观及我国安全的安全环境 …………………………… (139)
亚洲现代化与我国的开放发展 ………………………………… (160)
全球化、新经济与亚太经合组织的发展 ……………………… (190)
论世界经济中的相互依赖关系 ………………………………… (202)

下篇　区域合作发展研究

寻求推进东亚合作的路径 ……………………………………… (219)
深化东亚区域合作需要不断创新 ……………………………… (227)
对东亚合作发展的再认识 ……………………………………… (238)
探求东亚的区域主义 …………………………………………… (256)

东亚合作的进程与长远目标 …………………………………………（264）
东亚金融合作的进展与未来的选择 ……………………………（278）
亚太经合组织发展的趋势与我国的对策 ………………………（293）
欧洲经济一体化的发展及其意义 ………………………………（303）

序　言

自 20 世纪 80 年代初研究生毕业以后，我就开始从事国际问题的研究，算来也是 30 多年了。由于工作和承担研究任务的变换，我先后从事过美国问题，欧洲问题，亚太问题的研究。尽管国际经济问题是我的专长，但是出于承担工作和研究任务的需要，我也不得不熟悉和研究国际政治安全和国际关系方面的问题。尤其是近十几年来，我比较专注于区域合作的发展和我国参与区域合作的政策研究，先后受命担任多个"二轨"专家组的成员或者负责人，更逼迫我不得不特别关注和研究我国发展面临的国际环境问题，我国与大国和周边国家的关系问题，因此，我发表的论文和出版的专著（独著或者主编）既有关于国际经济方面的，也有国际关系方面的，当然，都还没有离开国际问题这个主题。

院学部主席团决定由学部组织出版学部委员文集，且要求每个人的文集尽可能反映学部委员本人某一研究方向的成果。我反复思考在我诸多的成果中究竟如何选择才能符合要求。最后我决定选择我花时间研究最多的关于我国对外开放和面临的国际环境，以及区域合作的发展与我国的参与方面的论文、研究报告，选择的论文、报告时间跨度从 20 世纪 80 年代到如今。本文集分上下两篇，上篇为我国的对外开放，对外关系和面临的国际发展环境，下篇为区域合作的发展，其中主要是东亚区域合作的发展与我国的参与。这些成果基本上都是我个人独立完成的，只有个别篇由其他人员参与了研究或者参与了讨论，凡此我都做了说明。

说实话，发表有关国际问题的文章还是有一定风险的，因为国际形势变化太快、太大，有些观点要么容易过时，要么会出现判断上的错误，特别是联系现实发展的文章，更是如此。这里收录的论文、报告等都是原文，只是个别篇的题目或文内的小标题做了些很小的改动，其中有些文章发表几十年了，如今重读还觉得新鲜，主要观点还站得住脚，不少政策性的谏言仍有现实意义，说明当年的研究还是下了真功夫的。

我从事研究有两个突出的特点：一是力求把理论与现实的发展结合起来，注重探究和思考一些新的问题；二是力求把对国际问题的研究与我国的开放与发展联系起来，注重提出有助于我国政策制定的参考性意见，也可以说是谏言吧。我们这一代人经历了太多的事情，幸运的是赶上了改革开放的好时代，有机会到国外去学习、考察和从事研究，能够把自己的研究与国家的发展联系起来。"探新求解，谏言兴国"，这始终是我进行国际问题研究所遵从的箴言。

张蕴岭

2012 年 6 月于北京太阳城

上 篇

国际发展环境研究

我国面临的新国际环境与对应之策[①]

2011年是我国"十二五"规划的开局之年,落实好"十二五"发展规划,对于实现我国经济社会发展的成功转型,奠定可持续发展的基础至关重要。鉴于我国的发展与世界紧密连接,外部的环境对我国的发展有着重要的影响。因此,如何分析和评估外部环境的特征、发展趋势以及对我国的影响有着重要的意义。值得重视的是,国际环境具有综合性的特征,不仅包括经济环境,也包括政治和安全环境,在大多数情况下,经济和政治安全要素是紧密相连,相互起作用的。

一 世界发展的大趋势

世界正处在一个大的发展转变时期,深刻的变化涉及经济、政治、安全以及社会文化各个领域,其特点,一是转变的时间会持续较长的时间,二是转变具有很大的不稳定性和不可测性,这就使得我们所处的国际环境变得更为复杂。

(一)世界经济发生大的结构转变

近年来,世界经济的发展出现两个结构性变化:其一,以2007年的美国次贷危机为触发点,发达国家长期积累的问题集中爆发出来,其结果,发达国家的经济增长陷入低速增长,其作为拉动世界经济增长主动力的作用大大减弱,主要国家政府管理和企业、金融机构经营面临非常艰难的调整。从今后的发展趋势看,发达国家的经济将进入一个大的调

[①] 原载《当代世界》2011年第4期。

整期，主要国家在债务重组，金融市场和金融机构调整，经济结构和发展方式转变等方面，会面临巨大的压力和困难。其二，新兴经济国家受金融危机的直接影响小，一直保持较高的增长率，他们成为拉动世界经济增长的主要动力。从今后发展趋势看，这些国家仍然具有巨大的发展潜力，特别是一些大国，其潜力和影响都是非常巨大的。这样的发展正在和将进一步改变世界经济的结构，这无论是在存量结构和增量结构上都是如此。

世界经济发展的这种大转变，提出了新的全球治理需求：一则，需要对长期积累的矛盾进行治理；二则，国际治理需要反映新的变化，需要新的力量参与。以往，国际经济的协调主要由代表发达国家的七国集团进行。美国次贷危机发生后，由发达国家和新兴市场发展中国家共同参加的二十国集团（G20）应运而生，国际货币基金组织，世界银行管理由发达国家主导和垄断的局面开始发生变化，新兴经济国家在这些国际机构的份额开始增加。同时，国际治理的重点转向了制定新的国际治理有效规则和实施应对新的挑战的有效措施。①

（二）国际关系格局和秩序的大调整

国际关系格局与世界秩序发生的巨大变化主要表现在：其一，美国霸权受到严峻挑战，多极化、多样化的趋势进一步发展。②冷战结束后，美国力图建立一家独霸的国际秩序，但是，实事上的发展表明，建立美国"治下的和平"是行不通的，世界格局向多极化、世界发展向多样化的方向发展。新兴大国的崛起正在改变第二次世界大战后建立起来的由美国、西方主导的国际秩序，新兴国家倡导的新型伙伴关系正在产生越来越大的影响，尤其是中国力量的迅速上升，无论对地区，还是对国际格局都产生深

---

① G20 被认为是新的国际治理机制，但是，这个机制能否真正成为有效的国际治理机制，还有待于未来的发展实践。见何曜《全球经济治理视角下的 G20：发展历程与未来挑战》，载《国际关系研究》2010 年第四辑，第 12 页。

② 有的认为，目前的世界是一超主导，多强制衡的格局，这种格局还会存在相当长的时间。多极格局不一定有利于世界的持久和平。见朱成虎《关于当前世界格局的几点思考》，《世界经济与政治》2011 年第 2 期，第 14、15 页。

远的影响。其二，在这种转变中，出现了诸多不稳定、不确定的局面，比如，传统与新兴力量的抗衡，极端恐怖势力的猖獗，一些具有战略意义的地区和国家陷入不稳定甚至动乱。冷战结束后，美国把推行民主，打击地区霸权作为主要战略目标，这导致了大规模入侵伊拉克的军事行动；"9·11"纽约世贸大楼遭到恐怖袭击之后，美国把反恐作为头等战略，把世界的注意力引向恐怖主义的威胁；如今，美国等传统大国力量则把人们的注意力引向所谓新兴大国崛起挑战世界秩序，对世界造成重大威胁的方向，并且构建所谓的新联盟阵线。由此，因美国战略目标的转移所导致的新矛盾会为世界带来新的不稳定。

当然，国际关系也存在协调的一方面，尤其是大国之间的协调与合作。中国在冷战结束后倡导以对话、协商与合作为出发点的伙伴关系，自己宣称走和平发展的道路，推动了新的国际关系理念和实践的发展。这大大增加了世界格局和秩序转变的平缓和有序性。[①]但是，传统的战略思维和利益也还在起主导性的作用，新兴大国崛起和由此带来的战略性矛盾与冲突在一些情况下也可能会凸显，另一方面，地区乱象的增加也会造成局势失控，尤其是那些对世界发展具有战略意义的地区的动乱或者不稳定，既可以引起局部冲突，亦可以破坏能源、资源供给的稳定。

二 国际环境变化带来的新挑战

我国"十二五"规划的指导思想是以科学发展为主题，实现经济结构的战略调整，把科技进步和创新作为重要支撑，把保障和改善民生作为根本出发点和落脚点，把建设资源节约型、环境友好型经济社会作为着力点，把改革开放作为强大动力。应该说，目标和规划都是很明确的。

但是，我们也认识到，世界经济与国际关系发生巨大的转变对我国未来的发展外部环境形成了许多新的严峻挑战。如何应对这些新的挑战，关系到我国能否顺利实现"十二五"国家发展的战略目标。

---

① 有的认为，大国关系合作与竞争的两重性同步上升。见陈东晓《当前国际局势特点及中国外部环境的新挑战》，《国际展望》2011年第1期，第6页。

(一) 转变生产方式面临更大的压力

经济发展面临的最大挑战是国际环境对我国经济发展转型的制约。改革开放以来，我国经济的增长得益于大力吸引外资，发展加工出口，积极开拓外部市场。这样的经济增长方式导致两个严重后果：

其一是对外部市场的高度依赖，尤其是发达国家市场的依赖。中国出口的持续扩张必须依赖外部市场的不断扩大。过去一个时期以来，尤其是自 2000 年以来，国际市场，尤其是美欧市场呈不断扩大的趋势，形成一种"互动"。然而，持续的出口扩张遭到越来越多的限制，由此，中国成为遭受反倾销最多的国家。对中国提起反倾销诉讼的不仅有发达国家，也包括一些发展中国家。同时，发达国家靠信贷扩展支撑的需求扩张终究是不可持续的，2007 年的次贷危机和由此引发的全面债务、金融危机就是这种脆弱内在基础的崩塌。今后一个时期，像上个世纪后 20 年那样的市场扩展环境可能不再，因此，中国必须下大决心加快内需拉动经济增长的转换。

其二是过多地吸引了简单加工能力，导致对资源的过度消耗，使得水、气污染日趋严重。中国迅速成为世界能源消费和二氧化碳排放第一大国。过去 30 年，我国靠对内改革对外开放创建了经济快速发展的基础，吸引了上万亿美元的外来直接投资，成为世界加工厂。但是，为此也付出了巨大的代价：高能耗，高资源价格，环境污染等，无论是国内压力，还是国际压力，这条路都难以再走下去了。

我国提出企业走出去战略，为此，力图实现"一箭双雕"的战略：转移过剩能力，改善国内生产结构和发展的环境。然而，也应该看到，国外能够承受我国大规模产业转移的市场并不多，同时，像跨国公司在我国做的那样把有污染、高能耗的生产能力转往别的国家，今后也是很难行得通的。这就要求我们必须主要靠自身消化，自身提高。一要加快转型，二要保持稳定发展，做到这两个并举并非易事。[①]

[①] 见张蕴岭《中国经济酝酿大变局》，载《能源评论》特刊，2011 年 2 月，总第 26 期，第 25 页。

(二) 国际金融市场的不稳定和不确定性增大

从国际货币、金融市场的角度来看，未来一个时期将会面临巨大的调整压力。美元、欧元、日元汇率会处于不稳定的变动中，尤其是美元，其霸权地位的衰落无可挽回。我国已经是世界第一大外汇储备国，主要的储备货币是美元，主要储备形式是美国的国债和其他债券。目前的发展趋势已经表明，由于美国继续滥发货币，美元的贬值趋势会继续发展。作为后国际金融危机的调整，国际金融市场会处在不稳定的状况之中，这也就是说，美元贬值必然使我国持有的巨额美元资产缩水。鉴于我国持有美元的数额巨大，且主要集中在美国国债与债券市场，任何大的变动都会导致金融市场发生过度的反应，会导致美元和美元资产进一步削减。国际金融市场的不稳定为我国企业和金融机构走出去带来更大的风险，汇率风险，信贷风险，投资风险都会较前增大，这要求我国的企业和金融机构必须提升国际经营的能力。

在国际金融危机发生后，改革国际金融、货币体系的呼声提高。就国际金融市场的改革来看，实事表明，在全球化快速发展的环境下，以投机为目的的虚拟资本过度膨胀，缺乏对金融信贷机构的国际监督与管理，必然酿成大祸。危机爆发后，不仅是金融机构本身陷入困境，而且也引起大范围的危机传导，造成世界性的经济危机。在后危机时期，金融机构本身，整个国际金融市场仍然面临艰巨的调整。危机发生后，对国际金融信贷市场进行治理提到议事日程，目前，新的国际规则和监管规则已经推出（如新的巴塞尔协定规则），对金融信贷机构的监管正在加强。但是，如何对那些国际金融信贷巨头进行监管，仍然是一个很大的问题。面对更加严厉的监管，国际金融大鳄也会创造出更多新的金融信贷工具和使用更加隐蔽的手段扩展其业务。因此，今后一个时期，国际金融市场的不稳定和不确定性因素可能会增加。

(三) 宽松的国际市场环境发生逆转

应该说，过去30年，我国的经济成功发展是在一个相对宽松的国际环境下实现的，今后，尽管全球化的大趋势没有变，世界市场保持开放的大趋势没有变，但是，一则，全球化迅速发展带来的全球问题非常突出，涉及人类共同利益的威胁，如资源供给短缺（价格上涨），能源结构转换，全球变暖等，要求我们这个世界第二大经济体要承担更大的国际责任，迫使我们必须实施有利于我们自己，同时也有利于世界的可持续发展模式。二则，国际市场的严重不平衡，要求我们这个贸易顺差大国，世界第一大外汇储备国承担更大的平衡责任。尽管我国强调仍然是一个发展中国家，事实上也的确如此，但是，今后一个时期，我们在国际贸易市场，国际治理参与中，都面临更大的调整压力和责任压力。

成为国际治理的重要成员是我国经济实力提升的一个重要标志，也为我国推动改革现行不合理国际经济秩序提供一个平台，并且有助于创建一个更有利于我国发展的国际环境。但是，我们也应该认识到，参与国际治理对我国来说毕竟是一个新事物，我国参与国际治理的经验与能力都存在不足。同时，在今后相当一个时期内，发达国家占据主导的地位难以撼动，因此，在一些情况下，我们会处于一种被动参与的境地，难以扭转大局；另一方面，一些更加严厉的规定，尤其是一些跨国性的监管也会对我们造成许多压力。

承担国际责任有时会成为发达国家向我国施加压力，甚至对我进行限制的一种手段。然而，也应该认识到，作为一个新兴的大国，承担更大的国际责任也是理所当然。[①] 中国的快速发展不仅改变自己，也改变世界，其影响会随着经济规模的扩大和综合实力的增强而增大，在这种影响中，既有积极的影响，如市场规模扩大为世界提供更多的市场机会，企业实力增强会扩大在海外市场的投资，还有国力的提升也会为欠发达国家提供更多的发展援助等。但是，另一方面，中国竞争力提高也会对别国，尤其是对欠发达国家进入市场造成更大的竞争压力，对他们产生竞争性挤压效应，因此，这会导致别国对中国产品的保护主义上升。还有，鉴于中国经济规模巨大，对能源、原料的需求增速过快，这会导致世界市场上的能源、资源产品的价格大幅度提升。过去一些年，我们已经经历了石油、铁

---

① 中国不仅要在国际舞台上追求自己的国家利益，也要对整个世界体系负责。见郑永年《如何实现中国大外交》，《公共外交季刊》2011年春季号，第66页。

矿石等产品的价格大幅度上涨。能源、原料价格大幅度上涨大大挤压了我国企业的利润空间，拉动商品价格的普遍提升，从而加剧了通货膨胀的压力。同时，另一方面，这也会使得世界市场变得更加不稳定，进而影响到世界经济发展的稳定和可持续性。

（四）国际格局转变存在冲突的风险

国际格局向多极化的方向发展对于打破美国一家独霸的国际秩序有着积极的意义，使得世界格局变得更为均衡，更为合理。但是，在向多极化转换的进程中，也存在不稳定、不确定的因素，甚至会发生新的冲突。[①]一则，这是由传统超级大国对新兴崛起国家的反应所引起的。尤其是美国，尽管其控制世界的能力在减弱，霸权地位在衰落，但是，它仍然有着超强的经济和军事力量，第二次世界大战后建立起来的同盟国会被用来遏制被认为对现行秩序形成挑战的像中国这样的新兴大国。美国从伊拉克撤军，终止反恐第一的战略，摆脱在阿富汗陷入的困境等，会使它有更多的精力对付中国的崛起所引起的挑战，把中国作为主要的战略威胁对手，这样有可能把中国置于一种被动应付的地位。这一方面会挤压中国战略拓展的空间，另一方面也会增加战略对抗的风险。尽管中国宣誓走和平发展的道路，奉行对话、协商、合作的新安全政策，但是，如果自身的利益受到侵害，发展的空间被过度挤压，就迫使中国不得不做出反应，如果这种情况发生，中国的和平发展战略就会受到干扰。

在新兴大国之间，尽管合作的机制已经发展起来，比如，"金砖国家"的协商与合作机制，以及不同定位的双边伙伴关系和区域合作机制，但同时，也存在着战略上的猜疑和利益上的竞争。比如，中印是两个相邻的新型崛起大国，既存在难解的边界争端，又有着战略上的竞争与猜疑。在印度一些战略家和政治家看来，中国实力的快速提升被认为是对印度的现实与未来威胁。为此，一方面，印度大力发展对中国具有威慑力的战略核武

---

① 传统的国际关系理论认为，霸权产生稳定，而多极化会导致不稳定。美国霸权地位的削弱使世界失去领导，可能会产生无序状态。参见罗伯特·吉尔平《国际关系政治经济学》，中文版，经济科学出版社1989年版。

器和其他军力，另一方面，它积极拉拢美国①，构建对中国的遏制屏障。新兴大国之间的这种合作与竞争的复杂关系增加了中国处理对外关系的难度，对中国把握处理对外关系提出了更高的要求，也增加了把握大局均衡的难度。②

（五）周边关系出现新的复杂局面

中国把周边关系放在对外关系的首要位置，因为周边地区对中国有着极为重要的战略和现实意义。作为迅速发展与崛起的大国，中国要建立一个稳定与友好的周边秩序面临很多困难。中国与邻国之间的一个关键性问题是彼此之间的信任。双方之间的信任在发展，但信任的基础还不牢固。

面对崛起的中国，一些邻国担心来自中国的越来越强的竞争和影响，这使"中国威胁论"找到了发展的土壤。如果中国试图在周边地区营造合作性的环境，首要的事情是建立互信。为了赢得邻国的信任，中国必须通过它所执行的政策向邻国表明，其崛起不会像传统崛起大国那样，用增强起来的实力来解决与邻国的分歧。面对中国的迅速崛起，许多邻国采取了多向平衡战略，尤其那些与中国有着领土、领海、岛屿争端的国家，往往会引入"第三者"平衡中国。

作为崛起中的大国，有助于中国赢得邻国信任的一个做法是，使自己融入越来越多的合作性的地区制度安排中，而这些制度是由中国与邻国共同建立的。融入这些制度将有助于中国与邻国一起遵守相关的原则和规则。但是，也应该看到，一些本属于经济竞争问题也会成为国内的政治与社会问题。

尽管中国周边大局基本稳定，但是，冲突热点也不少，如朝鲜半岛局势，仍充满不确定性。中国发起了关于朝鲜半岛问题的六方会谈，这一框架在缓和紧张局势方面发挥了重要作用，但目前的形势令人担忧，南北新

---

① 当然，美国也拉拢印度为其遏制中国的地区战略服务，把印度作为新的可以依赖的力量。
② 中国的崛起也会打破现存的利益格局，引起复杂的反应。见吴建民《如何向世界说明中国的和平发展》，《公共外交季刊》2011年春季号，第49页。

的紧张关系，加上美国助推，提高了发生军事冲突的风险。作为近邻，朝鲜半岛局势如何发展，对中国利益攸关。这要求中国必须能够把握大局，发挥超强的影响力，防止发生军事冲突，稳定局势。

三 新环境下的应对之策

面对如此大的转变和复杂的局面，需要对我国发展面临的未来国际环境有一个基本的评估。核心的问题是，不使我国和平发展的机遇期发生根本性的逆转，我国有足够的自信和能力创造有利的局面。

（一）以更加积极的姿态参与和推动全球化发展

从经济环境方面来说，最重要的是全球化的趋势没有发生逆转，世界市场开放的基本格局没有发生变化。改革开放以来，我国经济取得了快速的发展，靠积极参与全球化，充分利用世界市场和世界资源。在今后的发展中，要实现"十二五"规划所定的目标，还要以更积极的姿态参与全球化进程。

尽管我国经济发展的主动力将转向内需拉动，但是，外部市场仍然非常重要，这一方面是指我国的出口市场必须稳定，另一方面也是指进口市场必须有保障，尤其是稳定、安全的能源、资源供应。同时，如何利用好世界货币、金融市场，对于中国未来的发展具有更重要的意义。以往，中国以吸收外来资本为主，今后，对外投资将会得到更快的发展，我国将成为资本输出大国。资本的引进和输出均衡将为我国利用国际市场提供更为有利的条件，也是我国参与全球化深化的一个途径。同时，我国货币的国际化（人民币的完全可兑换）速度应该加快，为人民币成为主要国际货币奠定基础。

中国经济的转型和提升必须在开放、参与和竞争中进行。温家宝总理在第十一届第四次会议上所作的工作报告指出：必须树立世界眼光，加强战略思维，善于从国际形势发展变化中充分把握发展机遇，稳妥应对风险挑战，利用好国内国际两个市场、两种资源，统筹处理好国内与对外开放关系，真正做到内外兼顾，均衡发展。①这个要求适用于整个"十二五"期间，及至其后的一个较长时期。

（二）更加积极主动的改变和创造环境

面对复杂、多变的国际关系环境，尽管我国面临诸多新的挑战，然而，我国并不是完全被动应付的。较之过去，中国在应对外部环境挑战中的一个大的变化是由被动变为主动，也就是说，随着我国实力的增强，我们主动改变和创造所处环境的能力也大大增强，在大多数情况下具备了主动改变不利环境，创造有利环境的能力。即便在一些情况下，我国难以根本改变大局，至少也可以通过努力，大幅度降低风险和威胁程度。

在国际事务中，中国已经是一个不可或缺的重要力量，没有中国的参与和努力，或者遭到中国的强烈反对，任何大的倡议、行动都是难以通过和成行的。作为一个后起发展的大国，中国并不谋求彻底改变现行的国际关系结构和秩序，因为我国是在参与现行国际规则和体系的进程中获得发展的。然而，这并不意味着中国严守现状，满意现状。中国一直反对霸权，积极倡导建立更加合理的国际关系结构和秩序，并且为此而不懈努力。随着我国本身力量的提升和能力增强，这种诉求和努力应该进一步增强，得到更好的体现。

我国提出构建和谐世界，这是一面旗子，也是一种责任。事实上，和谐世界是中国倡导的新型国际关系和国际秩序的一种准则，以与传统的树敌原则相区别。和谐世界准则坚守"和为贵"，通过对话、协商与合作解决分歧，强调各方利益和发展的共赢。因此，中国改变和创造环境的努力是在对话、协商与合作的框架下进行的，可以避免产生激烈的对抗。以与美国的关系为例，中国将继续本着避免对抗、发展合作的原则处理与美国的关系，本着这样的原则，中美可以避免发生严重的对抗，中美之间的共存利益可以使得战略竞争得到释缓，在一些涉及地区和全球发展与和平的重大问题上，中美之间可以找到协商与合作的空间。②

---

① 见温家宝2011年3月5日在第十一届第四次会议上的工作报告。
② 参见陈永龙《中美结构性矛盾及应对之思考》，Foreign Affairs Journal, Winter, 2010, pp. 127—129。

未来，我国对外部能源、资源的依赖将会进一步加强。能源、资源供给地区的不稳定是一大威胁，我国应该更加主动、深入地参与那些地区的环境构造，改变以往的"不干预原则"，应以协商、合作和积极参与的方式引导当地局势向可控的和稳定的方向发展，尽可能避免无预警、无干预力的破坏性突发危机发生。

（三）重要的是把中国的事情办好

我国虽然在经济总量上跃居世界第二位，但仍然是一个发展中国家，实现现代化的路还长，实现发展方式的转变，实现经济社会发展的均衡，构建人民幸福的和谐社会，需要作出长期艰苦的努力。

发展方式的转变是内在政策取向的定位，但也受到外部环境的影响。外部的压力和制约迫使我们无路可退，而内在的调整困难会涉及就业、生活保障和社会稳定。因此，把握结构调整—经济增长—生活改善—社会稳定之间的关系协调与平衡是至关重要的。中国以往的发展成功经验值得总结，但对以往的"模式"不可过分渲染，因为未来的发展转变需要新的模式探索，无论是新的可持续发展方式，经济—社会发展的均衡，还是政府的作用与政策重点，都会发生很大的变化。今后五年是实现这些转变的奠基之年，但我国的发展战略无疑应该着眼于长远，至少要着眼于今后20—30年。[1] 关键是把中国自己的事情办好。办好了，主动性就大了，影响力也强了，环境也就变得有利了。

中国的发展离不开世界，但今后将会在一种新的关系中实现互动。中国通过创建内需拉动的经济结构将与世界市场构建新的关系结构和平衡，中国企业扩大走出去的规模将会与外部世界组成新的关系结构与利益链条。中国更加积极的参与国际事务，作为有影响、负责任的大国起作用，世界也就会对中国的发展强大有更好的理解和信任。做得好，这会是一种良性循环。

---

[1] 中国的发展转型被认为是一个长期的过程，不能期望在短期内完成，并且这种转型充满变数。但如果抓住转型的机遇，就有成功的可能。见李向阳《全球经济中心东移的前景》，《国际经济评论》2011年第1期，第9、11页。

中国参与区域经济开放与合作[1]

中国实施改革开放政策后的第一步战略是融入现行的世界经济体系，因为这有助于中国利用世界市场和资源（包括资本和自然资源）加快发展自己。之前，中国已经是国际货币基金组织和世界银行的成员，但是，对利用世界市场最重要的国际组织——关税与贸易总协定（GATT）/世界贸易组织（WTO），中国却被排除在外。为此，加入世贸组织，就成为中国实施第一步战略的一个关键之举。经过15年的艰难历程，入世谈判终于2000年完成，自2001年起，中国成为世贸组织的正式成员，从而基本上取得了利用开放的世界市场的入门证。

然而，世贸组织的最惠国待遇，即非歧视原则并不适用于各种各样的区域贸易安排，也就是说，这个入门证对进入区域优惠市场安排无效。事实上，自20世纪60年代开始，尤其是80年代以后，区域性贸易安排（RTA）迅速发展，截至20世纪末，在世贸组织登记的各种区域贸易安排就有200多个，这也就是说一方面，世界市场通过多个谈判回合取得了总体开放的大格局，但是，另一方面，世界市场也被各种区域安排所分割，鉴于世界市场存在总体开放（全球化，多边，以WTO为代表）与区域开放（区域化，双边或区域，以RTA为代表）的双层结构，因此，在取得世贸组织入门券之后，参与区域贸易安排就成了中国的第二步战略。[2]

另一方面，由世贸组织推动的市场开放范围是有限的，开始主要集中于商品（制造业）市场，重点在发达国家之间，而后扩大到更多的发展中

---

[1] 原载王洛林主编：《加入WTO十年后的中国》，中国发展出版社2012年版。
[2] 张蕴岭、周小兵主编：《东亚合作的进程与前景》，世界知识出版社2003年版，第16页。

经济体，开放的范围扩展到服务业。然而，广域的和深层的开放遇到越来越多的阻力，致使多哈回合谈判陷入长时间的停滞。区域性安排具有全球多边进程不可替代优势：一是参与范围小，比较容易达成谈判协议；二是可以作更为灵活、更为拓展的开放与合作安排，如经济合作，政策协调，标准统一等；三是区域合作往往具有地缘政治含义，因此，可以实现多重目标。这也是为何在多边进程停滞不前的情况下，区域贸易安排可以迅速扩展的一个重要原因。

当中国完成加入世贸组织谈判时，各种区域贸易安排已经得到了很大的发展，在欧洲、北美洲、拉丁美洲、大洋洲，以及非洲，都发展起了许多不同程度、不同样式的区域经济安排。在亚洲，尤其是在最具有经济活力的东亚，只有东盟率先建立了自贸区（AFTA），不过，在1997年亚洲金融危机发生后，由东盟牵头，东亚开启了合作进程，提出了构建东亚自贸区（EAFTA）和建立东亚共同体的倡议。在亚太地区，起主导作用的是亚太经合组织（APEC），它制定了推动该地区市场开放的目标（茂物目标），但实际推进进程并不顺利。

作为一个亚太和东亚地区的国家，中国参与了亚太经合组织和东亚合作机制，但与欧洲、美洲、大洋洲、非洲的任何区域安排都无缘。无论是经济关系的重心，还是从地缘意义来考虑，东亚都是中国实现区域参与和构造战略的重点和优先选择，因此，中国的第一个战略性选择，是在积极参与东亚合作机制的基础上，推动构建中国—东盟自贸区（CAFTA）。中国与东盟构建自贸区不仅实现了推动市场开放，加强经济合作的目标，而且也为改善和加强与东盟国家的政治关系奠定了基础，促使双方达成了战略伙伴关系。[①]

中国—东盟自贸区的创建为中国推动区域经济安排增强了信心，也使中国看到积极参与和推动区域合作的好处，因此，中国在推动东亚地区经济合作上变得更为主动和积极。这表现在，中国主动提出牵头东亚自贸区（EAFTA）的可行性研究，积极推动东亚货币金融合作进程（清迈倡议合

[①] Zhang Yunling, China and Asia Regionalism, World Science, Singapore, 2010, pp. 101—102；龚占奎、孟夏、刘晨阳等《中国与东盟经济一体化》，中国对外经济贸易出版社2003年版，第13页。

作框架以及其深化），推动中日韩三国合作机制的建立等。当然，中国的这种自信和主动也来自于其经济发展本身的需要，即为拓展和深化对外经济关系构建区域空间，因此，中国参与和推动的区域合作具有比一般自贸区（FTA）更为宽广的领域，更为丰富的内容。

不过，中国积极参与和推动的东亚区域合作进程也并不顺畅，遇到了许多障碍，这既有经济上的原因，也有地缘政治上的原因，既有外部的原因，也有自身内部的原因。这表现在，东亚自贸区的建设停步不前，东亚区域合作的制度化建设出现竞争性博弈，呈现多重框架相互牵制的局面。

当然，中国的区域参与并不仅仅局限在"近地缘"范围，而是一种全球利益与可行的灵活选择。中国与亚洲其他地区，大洋洲，拉丁美洲，中东，非洲的国家签署或者正在谈判双边或次区域的自贸区协定，采取多种形式加强与外部地区的经济合作。尽管如此，由于复杂的原因，在与自己的主要贸易伙伴构建自贸区上，中国没有取得进展，比如，美、欧、日发达国家，近邻主要市场韩国，大的发展中国家，如印度、巴西，还有俄罗斯等，均对与中国建立自贸区反应不积极或者消极。应该说，尽管做出了积极的努力，中国在推动区域经济安排的参与和构建上进展并不令人满意。

中国作为一个发展中的大国，从发展利益上，参与和推动全球市场开放是至关重要的，加入世贸组织只是第一步，在这方面还要做更多的工作，发挥更大的作用，但是，参与和推动区域经济安排与合作具有特殊的、不可替代的意义，因此，尽管困难不少，今后还是值得做出更大努力的，而要做到这些，中国应该以更加开放的姿态参与和推动区域贸易安排。

一　对中国参与区域合作的回顾

中国参与区域合作是从参加亚太经合组织（APEC）开始的。几经周折，1991年成为正式成员，此时，申请加入世贸组织的谈判仍然在艰难地进行之中。由于亚太经合组织是一个区域协商与合作机制，推动市场开放的措施主要靠成员的单边行动，因此，中国感到比较舒适（comfortable），可以利用这个组织自主地安排市场开放进程，凸显中国改革开放的决心。[①]在亚太经合组织中，中国成为一个积极的参与和推动者。无论在落实自主开放，还是推动经济技术合作方面，中国都作出了积极的贡献。然而，出于亚太经合组织本身的机制缺陷，尽管该组织在推动成员经济体间的协商与对话方面起到积极的作用，但其通过"茂物目标"（Bogor Goal）来推动亚太地区市场开放进程的进展并不顺利。[②]尽管如此，亚太经合组织的存在和发展仍然具有不可替代的重要意义，因此，中国是亚太地区的一个重要成员，这个地区对中国的经济发展，对外关系都有着重要的含义，从领导人会议、部长会议，到企业界的对话，亚太经合组织为中国紧密联系亚太地区提供了一个重要的平台。因此，中国要继续积极参与该组织的活动，与其他成员一起，在行进中寻求进一步发展的方式和道路。

起始于东南亚国家的1997年亚洲金融危机使亚太地区的区域合作方向和结构发生了重要的变化。在危机面前，亚太经合组织无所作为，受危机影响最严重的东盟国家推动了东亚地区的合作，邀请中日韩对话，推动合作应对危机，构建东亚地区的合作机制。1997年年底，东盟+中、日、韩三国（10+3）的对话机制诞生，中国成为积极的参与者。由于中国经济受金融危机的直接影响较小，经济继续保持增长，因此，通过保持人民币汇率稳定，向受危机冲击的国家提供资金援助等，主动承担起了积极应对危机，支持东盟国家经济恢复的责任。中国的这种负责任表现，为其自己积极参与东亚地区合作和推动合作进程深化增添了信心，也为其在地区提高了信誉度。

因此，在"10+3"合作机制启动的次年，即1998年，中国就提出在合作机制下设立央行与财政部副手会议的建议，旨在推动务实合作，应对危机。1999年，东亚领导人发表合作声明，决心深化东亚区域合作，责成

---

① 比如，1996年，1997年，中国作为对亚太经济和组织行动议程的承诺，两次主动宣布降税，分别由35.9%降到23%和由23%降到17%，并承诺进一步降低。见张蕴岭主编：《开放竞争与发展》，经济管理出版社1998年版，第22页。

② 按照茂物目标，发达经济体于2010年，发展中经济体于2020年完成市场开放的目标。2010年，发达经济体并没有履行承诺，此目标不了了之。2011年，美国牵头进行TTP（跨太平洋伙伴协定）谈判，只邀请亚太经合组织的部分成员参加，打破了这个组织的协商一致原则。

建立由各国专家组成的"东亚展望小组"(EAVG),中国表示大力支持,并且派专家参与起草展望报告,对于专家小组提出的关于建立东亚共同体的报告,中国政府表示了积极的支持,并且推动落实报告提出的政策性建议。①2004年,当"10+3"领导人决定对建立东亚自贸区进行可行性研究时,中国领导人主动提议,由中国的专家牵头,邀请13个国家的专家共同研究。②中国之所以主动提议牵头,在于推动构建东亚开放的大市场,为中国经济的发展提供更大的市场空间。中国的这种主动性也来自构建中国—东盟自贸区的信心。

在参与和推动区域合作方面,真正取得突破是构建中国—东盟自贸区。2000年,就在完成加入世贸组织谈判之时,中国主动提议,与东盟国家构建自贸区,这个提议得到东盟国家的积极反应,因为东盟认为,其经济正在恢复,与一个经济上迅速发展的中国构建自贸区,有助于其经济发展,并且从长期看,可以分享中国经济不断发展所带来的机遇。③

与大多数都是发展中国家的东盟10国建立自贸区并不是一件容易的事情,最关键的是要建立信心,实现互利共赢,同时也要找到双方都可以接受的方式。中国—东盟自贸区的建设进行了三个创新:一是把东盟10个国家作为一个总体来谈判,同时,充分考虑到成员国之间的差别,实行一致行动,分步落实(不同的时间表)的不同安排;二是分类谈判,先易后难,依序货物贸易—服务贸易—投资,边谈判边落实;三是实施早期收获计划,旨在使东盟国家可以早一点尝到构建自贸区的甜头(从开放农产品开始,实行不对等的让步)。从2002年算起,谈判用了8年的时间,到2010年1月1日开始全面落实。中国—东盟自贸区被称之为世界最大的自贸区,从人口规模上来说的确如此,从未来发展的潜力上,也是非常巨大的。现实的发展表明,自贸区的建设大大促进了双方经济关系的发展,不

---

① 我本人代表中国参加了展望小组的活动,中国的积极贡献得到各方的赞许。See Zhang Yunling, China and Asian Regionalism, World Science, 2010, Singapore, p.66.

② 13个国家的专家都参与了专家组的工作,2006年,专家组提出研究报告,加快建立"10+3"东亚自贸区的建议,这个专家组由我主持,此后,韩国又牵头进行了第二期研究,于2008年提出研究报告。

③ ASEAN's Role and Interests in the formation of East Asian Economic Regionalism, in Zhang Yunling Edited, Emerging East Asian Regionalism: Trend and Response, World Affairs Press, 2005, pp.56-57.

仅是贸易，而且还有综合的经济关系，如投资，基础设施建设，以及政治关系的发展等。

中国—东盟自贸区的建设推动了其他多个"10+1"（日本、韩国、澳新、印度）自贸区的问世，这个发展被称之为"竞争性的开放"（competitive liberalization）进程。然而，这种发展也使得东亚市场被各个互不衔接的自贸区协议分割，导致所谓的"面条碗效应"（spaghetti bowl, or noodle bowl）。为此，在东亚区域合作机制下，大家一直试图努力推进市场的一体化整合，即把分散的自贸区整合为一个统一的大市场。然而，由于多个方面的原因，整合的努力一直没有取得显著成效。[1]

在东亚市场整合遇到困难的情况下，中国又转而积极推动中日韩三国的合作。自2008年开始，三国启动了单独的合作进程，每年召开领导人会议，部长会议，同时还设立了合作秘书处，决定加快自贸区的建设进程。[2]当然，考虑到三国之间的经济结构差别，还有政治关系的脆弱性，合作进程不会一帆风顺，自贸区的谈判也会非常艰难。尽管如此，鉴于中日韩三国在东亚地区的分量，推动三国的合作具有重要的意义，从中国方面来说，这一方面可以构建一个更加平衡的市场结构，同时也会对整个东亚地区的合作进程起到积极的推动作用。[3]

与自贸区的建设进程不同，东亚地区的货币金融合作从一开始就以"10+3"为基本框架。尽管2003年的"清迈协议"是从构建双边货币互换开始的，但得到逐步发展和深化，在双边货币互换机制的基础上，发展起了相互连接的区域互助机制，再进一步发展到规模达1200亿美元的货币储备库（这个规模还会增大），建立了宏观经济办公室（对东亚地区的经济发展进行研究，对经济的运行进行观察，并提出建议）等。尽管在1997年中国对日本提出的关于建立亚洲货币基金的倡议没有给予支持，但

---

[1] 比如，中国牵头进行东亚自贸区（13个成员）可行性研究，日本提出以东亚峰会（16个成员）为基础构建紧密经济伙伴关系（CEPEA），东盟出于建设自己的共同体的考虑，对推进整个东亚地区的市场整合缺乏热情。

[2] 中日韩领导人决定，官方牵头的三国自贸区联合研究于2011年年底完成，2012年启动自贸区谈判进程。

[3] Yoon Hyung Kim, Changjie Lee, Strengthening Economic Cooperation in Northeast Asia, KIEP, 2004, p. 4,《亚太地区发展报告》，2011年，社会科学文献出版社2011年版，第121页。

是，在参与和推动以"清迈倡议"为基础的区域货币金融合作上做出了积极的努力，与包括日本在内的东亚国家一起积极推动东亚地区货币金融合作进程。

货币金融合作之所以在区域框架构建上取得显著的进展，一是亚洲金融危机的影响，即大家认识到，必须通过"同舟共济"，防止新的金融危机扩散蔓延；二是货币金融的整合具有内在的必要性，即必须利用集体的力量，集聚尽可能大的资本，才能在一旦出现危机时发挥稳定器的作用。中国作为世界最大的外汇储备国拥有参与和推动区域货币与金融合作的优势，通过推动建立区域货币金融合作机制，发展地区的资本市场，不仅对于中国的发展本身，同时也对于为中国的资本开辟新的市场空间提供机遇。

回顾中国参与亚太和东亚合作的进程，我们可以看到，一方面，中国通过积极参与和推动区域的合作机制，扩大其经济对外扩展与融入空间；另一方面，区域合作也为中国提供了发挥作用的新平台。较比加入世界贸易组织，在参与和推动区域合作中，中国拥有更大的主动性和影响力。尽管作为一个迅速发展的大国，中国的利益诉求是全球的，但是，区域，尤其是近邻地缘区域，毕竟具有特殊的意义，其意义远超出经济利益。从这个意义上说，中国积极参与和推动区域经济合作，既是利益上的驱动，又是战略上的选择。[①]

与此同时，中国也主动理顺与香港地区，澳门地区以及台湾地区的经贸关系，先后与港、澳签订了紧密经济伙伴协定（CEPA），与台湾地区签订了海峡两岸经济合作框架协议（ECFA），力图构建一个开放的和紧密联系的"中华经济区"。不过，由于两岸关系的复杂性，ECFA只能从低点开始，实行渐进和有选择的开放与一体化措施。

当然，正如其他国家一样，中国的自贸区构建并不仅仅限于亚太和东亚地区，而是在世界范围寻求合适的伙伴开展谈判。在东亚地区以外，已经签订协议的有南亚的巴基斯坦，大洋洲的新西兰，拉美的智利、秘鲁、哥斯达黎加，欧洲的瑞士；正在谈判的有大洋洲的澳大利

[①] See Zhang Yunling, China and Asian Regionalism, World Science, 2010, Singapore, pp. 22 – 23.

亚，中东的海湾合作委员会（GCC），欧洲的冰岛，挪威等，还有一些正在进行可行性研究，如与韩国，印度，南非等，有的可能进展快些，有的可能难度很大。事实上，中国与世界其他地区的国家构建自贸区的努力并不顺利，除了几个小国外，与较大的国家，尤其是欧美、日发达国家，都没有取得进展。

如何看待中国参与区域经济开放与合作的努力，如何认识中国在参与和推动方面所遇到的困难，这需要做一些深度的分析和思考。

二 对区域合作发展与中国参与的思考

在当今世界，区域化的发展方兴未艾。世贸组织条款允许其成员参与区域贸易安排，因此，区域贸易安排是世界贸易体系的一个重要的组成部分。与世贸组织的非歧视性原则不同的是，区域性自贸区具有歧视性，即任何市场开放的安排只适用于参与成员，这样导致两个结果：一是非成员进入市场受到不平等待遇，在竞争中处于不利地位；二是世界市场被不同的区域安排分割，因此，即便加入了多边世贸组织的全球性开放体系，仍然不能完全顺畅地进入那些存在区域贸易安排的市场。对各国来说，不能不把参与和推动有自己参加的区域贸易安排协定作为一项现实的和战略性的选择。

从这个意义上说，中国积极参与和推动区域经济合作是为了扩展市场准入，使中国产品能够更好的进入这些世界市场。尤其是考虑到，中国是一个大量利用外资发展加工出口产业的后发经济体，开拓外部市场对于拉动经济增长具有特别重要的意义。

但是，区域合作的范畴远远超出市场准入，可以在自贸区框架下进行广泛的合作，涉及从基础设施建设、规制整合到人员流动的互联互通（connectivity），能力建设，以及政治合作。尤其是考虑到中国是一个区域大国，与众多的邻国有着广袤的地缘链接，区域合作为打造区域经济区，构建和平、合作、发展的区域环境提供平台。因此，在参与推动区域合作上，中国应该进行更多的投入，作为一个发展中的大国，为地区提供更多的有利于和平发展的公共产品。

（一）构建中国—东盟经济区

中国之所以把东盟作为其参与和推动区域贸易安排的首先目标，从经济意义上说，大体有两个重要考虑：一是东盟 10 国大多是发展中国家，与中国的经济发展水平相近，有着相似的经济结构和市场开放环境，因此，谈判容易达成共识。事实正是如此，在谈判方式上，如从早期收获开始，把货物贸易、服务贸易和投资分开谈判，实施差别待遇，按照东盟国家的经济发展水平分步实施，渐进深化等，双方都取得了一致；二是东盟国家是中国的近邻，有着地缘经济区的优势，可以以开放市场为基础发展全面的合作，从长远看，可以构建一个开放的、紧密连接的大经济区，考虑到巨大的人口规模和地域空间，构建这样的经济区无论是对于中国，还是对于东盟都具有重要的意义。

如果从构建一个开放的经济区来考虑，重要的不仅是开放市场，同时还有其他很多方面的事情要做，比如，积极推进东盟国家提出的互联互通战略（实现基础设施，规制和人员的"无缝链接"）；加强对欠发达的东盟成员提供援助，缩小发展差距，增强市场开放和开展经济合作的互信度；通过宏观经济政策协调与合作，实现经济的稳定发展，促进结构的提升，加快发展方式的转变等。特别是，如今世界经济的发展正在发生重要的转变，今后的大趋势是经济增长和实力的重心向新兴国家经济市场转移，发达国家市场作为新兴经济体经济增长主要外部动力的结构发生逆转。也就是说，新兴经济体以往那种主要靠发达国家需求持续增长拉动出口增长和整个经济增长的方式不再行得通，必须主要靠发展中国家经济本身创造新的内需动力，在此情况下，深化区域经济合作对于创造新的"内需"动力具有新的含义。

作为发展中国家，无论是中国，还是东盟，都具有巨大的发展潜力，关键是如何把潜力因素调动出来，而深化区域合作对于发挥潜力要素具有重要的意义。从这个意义上说，中国—东盟完成自贸区谈判并开始落实，才是双方构建地缘经济区的一个开始。从目前情况看，中国—东盟之间的贸易得到比较迅速的发展，其主要原因还不是构建自贸区的结果，而是中国经济持续高增长对东盟产品（主要是资源产品和零部件产品）需求增长的结果。①因此，中国—东盟自贸区建设的潜力还有待进一步的释放。因此，为要构建紧密链接的经济区域，中国应该在推动双向市场实质性开放（超越关税），提升互联互通水平（现代化基础设施建设，以及与此相关的交通管理、通关便利、运输安全等），提升欠发达国家的能力建设等方面，更为积极，更为进取，并为此提供更多的投入。

（二）多向努力的区域整合

从市场准入的角度来说，自贸区的规模越大越好，也就是说，参与的国家越多越好，但是，从实际的谈判进程来说，规模越大，参加的国家越多，也就越困难。同时，在大多数情况下，自贸区构建需要强有力的政治认同和支持，如果国家间的政治关系存在矛盾，就会使进程搁浅。就像亚太经合组织推动的亚太地区自由贸易与投资目标，采取自主自愿的单边行动方式，难以实现设定的目标，而要进行亚太经合组织框架下的自贸区谈判，这么多成员，很难进行。

属于亚太经合组织的四个开放程度高的小国（新加坡、文莱、新西兰、智利）率先行动，通过谈判建立了高标准的自贸区。美国抢过了这个接力棒，牵头搞跨太平洋伙伴协定（TPP）谈判，邀请属于亚太经合组织的部分成员参加（第一批9个国家，原来的四个小国，美国，澳大利亚、秘鲁、马来西亚以及越南），日本于2011年11月宣布参加协商，可能还会有别的国家宣布加入。美国宣称，决心谈成一个高标准的，能适应新世纪发展需要的自贸区协定。美国政府是下了决心的，因为这样可以夺回亚太地区推动市场开放的领导权，并且可以推行自己的标准。②

不过，考虑到参加成员之间的巨大差异，要谈成一个高标准的协定并非易事。如果要把它作为实现亚太地区贸易和投资自由化的目标模式，可能更为困难。中国没有被邀请参加跨太平洋伙伴协定的第一批谈判，中国

---

① 从市场调查的数据看，中国方面，公司利用自贸区协议与东盟开展贸易的比例并不高，低于20%。见 Masahiro Kawai & Ganeshan Wignaraja, Asia's Free Trade Agreements-How is business responding? ADB, ADBI, 2011, P. 81, 117, 118.

② 美国贸易代表柯克（Run Kirk）强调，美国通过领导 TPP 谈判，输出自己的标准。见《财经》2011年6月6日采访柯克稿。

自己也没有提出申请。这里，有美国方面的原因，即美国迄今不承认中国的市场经济地位，也有中国自身的原因，即参与谈判一个高水平的自贸区协议还存在着现实的困难。不过，中国担心，不参加 TPP 谈判，被排斥在亚太市场开放的进程之外，尤其不能参与未来区域经济关系的制度构造，会对自己产生负面的影响，即在与这些参与成员的经济交往中，受到歧视性待遇，处于不利的竞争地位。

然而，现实地说，即便中国提出申请参与 TPP 谈判，美国也不会同意，因为这还涉及美国的国内政治问题，即承认中国的市场经济地位。既然如此，中国所应采取的战略，一方面，要静观其变，及时了解 TPP 谈判所涉及的各方面的问题，从未来发展看，亚太地区的经济一体化统合不可能排除中国；另一方面，则在其他方面做出积极的努力，尤其是在东亚、上合组织等方面，有所作为。

建立统合的东亚地区自贸区有着经济上的内在需求，因为这个地区形成了以生产专业化分工为基础的地区生产网络（regional production network, RPN），需要开放的一体化市场环境与规制协调，而分散的、标准不一的次区域或者双边自贸协定则会产生"面条碗效应"，从而为地区生产网络中的交易流转设置了新的障碍，增加了企业的运营成本。调查显示，企业界强烈要求消除这些障碍，实现整合的地区开放市场。[1]这是为何"东亚展望小组"在其报告中把建立东亚自贸区（EAFTA）作为建立东亚共同体的最重要机制之一，重要原因，也是在东亚合作机制下，各国一直为推动建设东亚自贸区而积极努力的利益动机。但是，如前所述，由于"政治战略"上的分歧，产生了不同的倡议版本，这样的努力陷入停滞。[2]

由此看来，在东亚地区一体化的制度性（institutional）一体化整合上，尽管经济上的合理性基础存在，但还需要有强有力的政治认同和支持，而要形成这样的政治认同和支持，并不是一件很容易的事情。以往，东亚地

---

[1] Masahiro Kawai & Ganeshan Wignaraja p. 13.
[2] 2011 年 9 月，中日抛弃歧见，共同倡议推动东亚地区的自贸区建设进程，为此建议成立三个专家组，就推动东亚自贸区（EAFTA）或者紧密经济伙伴协定（CEPEA）进行务实的可行性研究，但这个倡议并没有得到东盟的积极响应，因为东盟担心这会损害其"核心地位"，坚持东盟主导的"10 ++"方式，即非东盟成员国灵活参与和渐进推进的方式。

区形成紧密联系的生产网络主要靠三个机制：一是开放的多边市场开放环境，使区域内和区域外形成一个相互连接与相容的市场框架；二是区内经济体采取积极的开放发展战略和政策，制定了一系列"友好的"（friendly）促进投资和贸易交换的政策，这为投资和生产分工在区内集聚创造了有利的环境；三是这个地区的经济发展形成阶梯型结构，产生投资和产业转移的梯度转移环境，这为技术的扩散和生产的扩大提供不断扩展的市场。如今，尽管这些机制仍然在起作用，但是，要在东亚地区进行制度性整合，发展一个统一的市场机制框架，这不仅需要经济利益的认同，也需要政治意愿的认同。其实，在这两个方面，都还存在着认同上缺位，还需要做出更大的努力。

（三）中国的深度参与和作用

中国实施改革开放政策之后，靠政府提供的优惠政策，丰富而低成本的劳动力供给，吸引了大量的外来投资和产业转移，成为重要的加工出口基地，从而成为亚太，尤其是东亚地区生产网络的重要链接点。因此，中国对地区经济开放与合作的参与和推动，不仅是自身经济发展的需要，也是地区生产网络运行的需要。正因为如此，中国成为一个越来越积极和主动的地区经济开放与合作的参与者、推动者。也许正是这种凸显的积极性，引起一些国家对中国这个迅速发展崛起大国意图的猜疑，担心中国的主导和控制。这是东亚区域合作的一个软肋，即由于复杂的历史与现实原因，一些国家之间缺乏足够的政治信任。[1]

从全球双边自贸协定的选择来看，中国面临两个方面的限制：一是由于中国是一个靠低成本起飞的制造业大国，许多发展中国家对于与中国谈判对等市场开放的自贸协定不感兴趣，因为他们往往担心向中国开放市场会导致"退工业化"，即本国的制造业会在中国产品的竞争面前垮掉；二是主要的发达国家拒绝承认中国的市场经济地位，因而不与中国谈判自贸

---

[1] Ellen L. Frost, Asia's New Regionalism, Lynne Rienner Publisher, 2008, London, p. 147；上海社会科学院世界经济与政治研究院：《后危机时代世界秩序的重构》，时代出版社2011年版，第196—197页。

协定。当然，其中最主要因素是，他们不谈自贸协定，就可以保持一些优势，比如在向中国出口高技术产品方面不受到限制，可以避免向中国进一步开放带有保护性质的产品市场（这会受到巨大的社会压力）。同时，与中国贸易的失衡（统计上的贸易逆差），则可以使他们拥有对来自中国的出口进行各种限制（反倾销）。因此，尽管中国做出了巨大的努力，在构建亚洲以外的自贸区方面，进展不够顺利。

当然，中国本身也有一些制约的因素，其中最主要的是经济发展水平和经济结构失衡的制约。经济发展水平制约的主要表现是，对于市场深度开放的承受力较弱，规制与发达国家一致性的承接力欠缺，因此，出于开拓市场的考虑，政府往往表示出很大的积极性，然而，在具体的谈判中，对部门开放的承诺往往又表现得非常谨慎，一些部门都表现出强烈的保护诉求，致使一些谈判被迫中断。从政策法规方面来说，尽管在加入世贸组织过程中进行了清理，更新了一大批符合世界贸易组织规则的新法规，但是，作为一个发展中国家，在很多方面都难以达到与发达国家一致的要求，尤其是，新的自贸协定不仅仅是推动市场开放，而且在知识产权，劳工标准，环境标准，以及规制、政策一致等方面提出很高的要求。[①]在这方面，中国还有较长的路要走。当然，这不是说要等到中国自己完全发达起来之后才具备与发达国家进行谈判的条件。事实上，正像加入世贸组织为加快中国经济体制改革步伐提供了巨大的压力和推动力一样，自贸区协定的谈判也是促进中国加快改革与体制提升的外部推动力，今后这样的推动力仍然需要，并且具有特殊的意义。

三　对未来发展趋势的展望

区域合作保持很强的发展趋势，尤其是在全球化发展受到越来越多的质疑和反全球化运动兴起的情况下，开展区域合作，成为各国的一个重要选择。其实，回顾区域化加速发展的背景，其中一个原因就是多边进程受阻，即多哈回合停滞不前，区域合作作为一种替代战略得到很快

---

① 就像TPP，谈判内容包括劳工标准，知识产权，环境标准，以及中小企业等。

的发展。①现在看来，要使多哈回合取得原来设想的结果，是很困难的，而开启新的议程需要时日，在此情况下，区域经济开放与合作会获得新的推动力。

从亚太地区的形势来看，亚太经合组织仍然会保持其对话、合作的特征，尤其是在宏观经济对话，推动国际治理，稳定经济形势，推行便利化等方面，会进一步得到发展，因此，中国继续参与并支持亚太经合组织的发展仍然是一个重要的选择。

在亚太地区，中美之间经济关系的稳定并在合作的前提下进行调整，是至关重要的。除了双边互动之外，亚太经合组织也提供了一个重要的平台，中美关系的走向也涉及这个地区其他成员的利益，中国也应该进一步利用这个平台，提出制约美国新保护主义发展，推动亚太地区开放大局的倡议，并积极争取得到其他成员的支持，由此，要使亚太经合组织在维护和推动亚太地区市场开放上发挥更为凸显的作用。不过，亚太经合组织在推动亚太地区自贸区建设上可能难以发挥主导性作用，美国引领的跨太平洋伙伴协定谈判将会成为主导形式。尽管随着越来越多的国家加入谈判，进程会变得比较缓慢，但是，美国不会让整个进程半途而废。面对这种形势，中国一方面要密切关注谈判形势的发展，要求这个进程在亚太经合组织框架下保持透明，同时，也要为未来加入这个协定做好准备，毕竟这是把中美，以及一大批亚太经济体链接在一个开放的大市场框架之下的一个主要途径。从未来发展的趋势看，没有中国参加的亚太自贸区安排，其意义就大打折扣，因此，亚太地区其他国家也有着吸纳中国参加的利益动机，而中国的参与也会对亚太地区自贸区的建设发挥重要的影响。当然，在这样大的，且处在巨大转变中的区域构建自贸区，是一件很难的事情，这也就是为什么亚太经合组织领导人鼓励多种努力，多个路径发展的原因。②从更长一些的时间看（10—15年），在经济总量上，中国将与美国相

---

① See Zhang Yunling Edited, Emerging East Asian Regionalism: Trend and Response, World Affairs Press, 2005, pp. 16 – 18; Kazuko Mori and Kenichiro Hirano, A New East Asia-toward a regional community, Waseda University, Tokyo, 2007, pp. 13, 16.

② See "The Yokohama Vision-Bogor and beyond, The 18th APEC economic leaders' Meeting, Japan, pp. 13—14 November 2010.

当，因此，中国要为未来的区域构造做准备，从发展的角度看，一个高水平的亚太区域一体化安排对拓展中国在该地区的经济发展空间是有好处的，中国现在不参加TPP，将来也会以适当的方式（按照中国参与规则制定的方式）加入，同时，中国在没有参加TPP之前，还可以在亚太经合组织框架下推动其他方面的经济安排（如新经济领域发展的合作，亚太地区的互联互通等）。

从东亚地区来看，尽管整合区域合作机制的努力还会持续，但目前区域合作的多平台格局还会持续一个时期。[①]在此期间，各国至少会保持积极参与的兴趣，同时也会寻求突破合作深化瓶颈的路径，积极推进构建各种以功能性合作（functional）为特征的机制，以为未来的大区域制度化整合提供支撑平台。

东盟仍然处在东亚合作的一个核心位置，这也是它要力求保持的。说它处在核心位置，大体有两种重要的含义：一是东盟是东亚地区最早建立的区域合作组织，它设定的目标是在2015年建成东盟共同体，而东盟共同体的建设将为东盟国家参与和推动东亚地区的整合提供制度支持和方式选择；二是10个东盟国家的积极参与和推动是东亚合作走向深化的基础。因此，支持东盟实现建立共同体的目标，仍然是东亚合作走向深化的关键。考虑到东盟对中国的特殊地缘重要性，中国做出更为务实的努力，支持东盟共同体的建设，对中国、东盟及地区发展都是有利的。同时，这也会有利于进一步增加东盟国家对中国的信任，有利于改善双方关系的政治环境，推动双方关系的全面发展。如前所述，中国对东盟的经济合作战略，应该是以深化自贸区为基础，突出构建一体化经济区的建设，在基础设施、规制协同、人员交往、新经济产业发展，以及构建新型经济发展模式等领域的合作方面取得实质性的发展。

东亚区域合作的制度构建合理的和可行的路径是以"10+3"为基础和为先导，在这个基础上逐步扩大，逐步深化。比如，自贸区建设，先从"10+3"开始，要比从"10+6"开始容易。但是，由于认识上的不一致，先从"10+3"开始的路径基本被堵死，看来今后也难以以此为基础

---

① 魏玲：《东亚地区化：困惑与前景》，《外交评论》第27卷，2010年第6期，第43页。

先行推进。2011年9月中日联合提案成立三个专家组，为进行东亚自贸区的建设提供了一个灵活的路径选择，即无论是从"10+3"，还是从"10+6"开始，都是可以考虑的。但是，事实上，要是一下子在差别巨大的16个经济体之间开展自贸区协议谈判，那会是很困难的。不过，由于美国推动 TPP，一些东盟成员参加了 TPP，这样，如果东盟不在推动东亚区域整合方面有所作为，一则东盟有被分裂的危险，二则东盟会被排挤出中心位置，因此，东盟具备了积极推动东亚自贸区的新压力。东盟学习美国领导 TPP 的方式，由其设计东亚自贸区框架，邀请其他东亚国家参加，对于"10+"的结构不作限制，即非东盟成员采取灵活参加的方式，尽管美国与俄罗斯参加了东亚峰会，原来的"10+6"架构已经改变，但是它们开始参加"10+"FTA 的谈判现实性不大，因此，最可行的是中日韩三国先参加，或者澳新印也一起参加，中国对此应该持开放态度。当然，谈这样大的自贸区困难很大，要靠东盟的强有力领导，东盟能否发挥这种领导力还有待观察。

另一个途径当然是中日韩三国的自贸区建设可以取得较快的进展。如果进程顺利，2012年三国将就自贸区开始谈判。也许宣布开始谈判并不太难，难的是使谈判进程取得实质性进展，并且不因出现困难而中断。如果三国能够在2015年完成基本的谈判，那么，三国自贸区的建设就会在推动东亚自贸区建设方面发挥重要的助推器作用，因为，2015年是东盟共同体宣布建成的时间，在此基础上，就可以顺势而行，往前推进整个东亚地区的大自贸区建设进程了。当然，这是一个理想化的目标设计，如何，或者能否实现，还要取决于许多因素。同时，中日韩三国的合作超出构建自贸区，非常重要的一个方面是建立了领导人与多个部长会议机制，在推进多领域合作方面不断增进共识和推动新的进程。[1] 从中国方面来说，既然这样的发展是非常有利的，那就应该做出最积极的努力，全力加以推动。

东亚地区货币金融方面的合作已经取得了显著的进展，下一步的努力应该放在以下几个方面：一是把承诺建立的外汇储备库资金落实，向一个

---

[1] 张蕴岭、沈铭辉主编：《东亚、亚太区域合作模式以利益博弈》，经济管理出版社2010年版，第24—25页。

具有实际资本的区域合作基金过渡,以在防止金融危机再发,支持各国经济发展上发挥积极的作用;二是在建立宏观经济办公室的基础上,进一步加强区域经济合作机制的建设,使其能够在提供宏观经济观测,预警和协调,汇率稳定,推动区域经济治理等方面发挥积极的作用;三是以区域合作基金的建立为基础,推动区域资本市场的较快发展,为这个地区的外汇储备资金回流,成员经济发展融资等提供新的机制。[①] 目前的货币金融合作从"10+3"开始,在取得实质性发展的基础上,可以扩大到其他参与东亚合作机制的国家。中国是东亚区域货币金融合作的积极推动者,作为一个有着巨大外汇储备和人民币走向国际化的国家,进一步发挥其积极的引领作用至关重要,中国应该在这方面有更大的作为。

上述趋势表明,东亚合作的制度化建设可能会沿袭多路径,多层次的方式发展,因此,中国的参与和推进也应该采取灵活、积极和务实的策略。

另外,一个值得深入思考的问题是,在中国对外开放与参与战略中,如何定位区域与多边战略。以上的分析表明,尽管参与和推动区域开放与合作对中国来说非常重要,无论是在亚太、东亚,还是在全球范围,都有必要做出更积极的努力,但是,在今后的一个时期,出于多方面的原因,中国的区域自贸区的新进展可能会非常有限,这一则是由于中国经济结构的特点,本身的开放能力;二则是外部的环境,尤其是发达国家对与中国谈判自贸协定的意愿。这样,中国今后一个时期靠参与和推动区域合作实现扩大市场准入,拓展更大的贸易与投资空间,是难以实现目标的。面对这样的形势,中国的可行选择,一是巩固和深化已经谈判成功的自贸区协议,尤其是在中国—东盟自贸区的全面建设上,应该给予更大的投入,二是把推动多边贸易进程取得进展作为一个重点,发挥更为积极的,有影响的作用。

中国是一个大国,是靠积极参与全球体系,利用世界市场和世界资源取得迅速发展的。因此,随着本身的发展,中国应该成为一个更为积极的

---

① Yoon Hyung Kim & Yunjong Wang, Regional Financial Arrangements in East Asia, KIEP, 2001 p. 3; Zhang Yunling, China and Asian Regionalism, World Science, 2010, Singapore, pp. 128 – 130.

多边体制参与和推动者。在如今和今后的发展中,世界经济的发展面临四个大的挑战:一是世界经济的发展面临综合性危机,需要进行全球治理,发展中国家,尤其是包括中国在内的新兴经济体的参与有着重要的意义;二是世界经济的动力和结构发生重大转变,新的增长动力不再是来自发达国家的需求,而是来自新兴经济体的经济增长,世界经济的重心向新兴国家,尤其是向亚洲转移,这样的转变要求新兴经济体,尤其是亚洲国家,其中主要是中国,必须进行结构性调整,发展支持自身发展的内动力;三是由于世界经济结构的转变,推动全球市场开放的动力减弱,保护主义压力上升,在此情况下,新兴经济体,其中包括中国必须竭力保护世界市场的开放,用自身的行动推动世界市场的进一步开放;四是世界发展面临来自全球气候变化,以及其他新的挑战,世界,其中包括新兴经济体,必须转变发展方式,探求新的可持续的发展道路。

这几个方面的变化表明,中国的未来发展面临着新的外部环境,中国参与全球治理,推动世界市场的开放,下气力进行发展方式的转变,这些都关系到中国未来发展的重大利益,也要求中国负起更大的全球责任。从这个意义上说,中国将会实行参与和推动区域化与参与和推动全球化相平衡的战略。[1]

---

[1] 张蕴岭:《政治战略以区域为重点,经济发展靠全球市场》,《国际经济评论》2011年第5期,第29页。

如何理解中国的崛起及其意义[①]

引　言

中国经历了快速的经济崛起，外界认为，中国的崛起将成为21世纪的重大事件之一，并将会改变世界原有的权力格局平衡。自从1978年实行改革开放政策以来，中国经济的规模得到显著的增长，尤其是2000年加入世界贸易组织以后，中国经济规模的扩大尤为引人注目。仅仅在过去的十年中，中国的经济总量已经从世界第六位上升至第二位，贸易增加了3倍，从2004年的1万亿美元增加到2011年的近3万亿美元。[②]据估计，如果照这样的发展趋势，中国的经济总量将在2030年或更早些时候超越美国升至世界第一位。

中国作为世界上人口最多的国家，在过去30年经济年平均增长10%，其快速崛起对地区和世界都造成了巨大的影响。全世界都在把注意力集中在如何与一个陌生的和快速发展的中国打交道。有些人声称，中国的崛起是一个威胁，因为它将改变甚至终结已经由西方世界主导了两个世纪的现存体系和秩序。另有一些人则对中国会影响区域秩序和周边关系而感到忧虑，因为中国具有这样做的经济和军事能力。其实，既然中国已经融入了全球体系，对世界而言，至关重要的是接纳和适应一个正在崛起的中国，并且鼓励中国与外部世界进行良性互动。

　　[①] 原载《当代世界》2012年第4期。本文为作者参加2011年10月由亚行研究院与美国皮特逊国际经济研究所召开的关于亚洲崛起的国际研讨会提供的论文。原文为英文，由徐海娜博士译成中文。
　　[②] 中国的经济总量从1978年的0.22万亿美元增加至2000年的1.2万亿美元，在18年中增加了5倍多，但是从2000年1.2万亿美元增加至2010年5.88万亿美元仅用了10年时间。

尽管中国将会继续其崛起进程，但同时它也要应对许多挑战，且只能成功不能失败。中国将会继续拥有许多优势，比如，作为一个发展中经济，它仍拥有巨大的潜力，社会和政治环境会继续保持稳定，改革开放的政策将会坚持下去。然而，中国会面临许多新的挑战，比如，正在改变的国际经济环境，再平衡的压力，缩小社会收入差距，推动可持续发展模式，以及推进政治改革等等。

作为一个正在崛起的大国，中国需要更加重视与外部世界的关系。事实上，中国与外界的关系就像一个硬币的两面，中国承诺和平崛起，世界也应把中国的崛起视为积极的发展。

事实上，中国的崛起并非是单个事件，一组新兴经济体正在同时崛起。在亚洲，印度和东盟成员国也正在崛起中，新兴经济体将成为最具活力的增长引擎，到2030年，它们将是最大的经济群体。

面对新的变化，许多新问题亟待解决，其中，最应当受到关注的是权力转移所具有的意义以及如何规划未来。

本文意在从区域和全球视角检视中国崛起所带来的冲击和影响，重点关注面对当前国际金融危机和未来的不确定性时，中国和国际社会必须共同面对的挑战。

一　认识中国经济的崛起

自从中国实行改革开放以来，中国的经济发展取得了巨大的成功。中国的快速发展使中国在世界 GDP 中所占的比重从 1991 年的近 4.2% 增长至 2010 年的 13.6%（按购买力评价）。在过去的 20 年中，中国经济的年增长率平均高达 10.5%（如图 1）。中国经济的增长在 21 世纪的头十年变得更加引人注目，其 GDP 的总量在 2005 年超过英国成为世界第四大经济体，在 2007 年超过德国成为世界第三大经济体，在 2010 年超越日本成为第二大经济体，目前，已经居世界第二位，仅次于美国。就总量而言，中国同时也是世界上最大的出口国、最大的汽车市场、最大的制造商和最大的外汇储备持有者。显然，正如评论所指出的，"中国经济的崛起已经造成了世界经济力量的再分配"。①

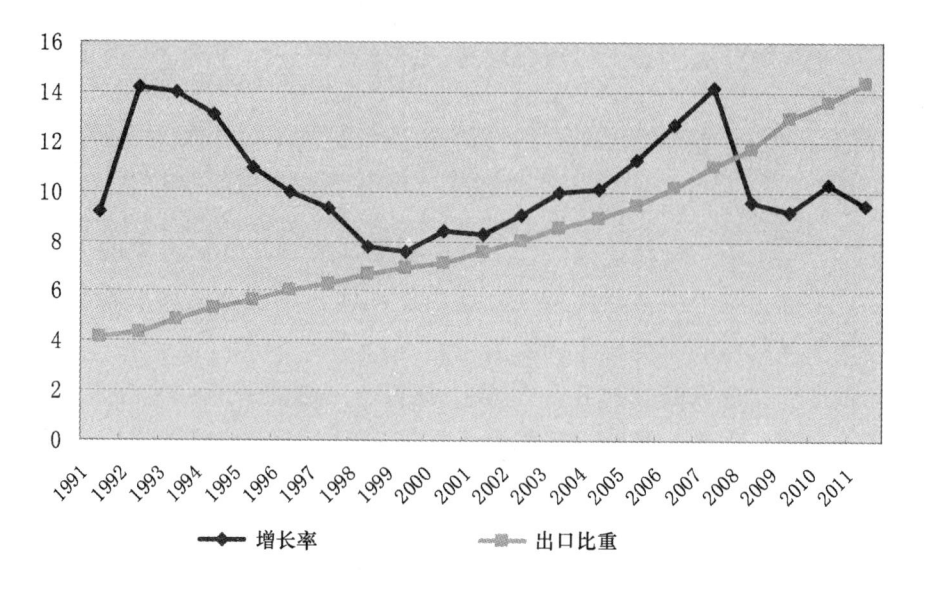

图1 中国经济增长率及其 GDP 所占世界比重（以购买力平价为基础,%）
注：据国际货币基金组织2011年世界经济展望评估。②

用对外贸易衡量，中国的崛起更加引人注目。如图2所示，中国的对外贸易额从1991年的不足1400亿美元增加到2011年的超过3万亿美元，在2002年排名世界第五，2004年排名世界第三，2007年排名世界第二，2008年成为世界最大的出口国，占世界的比例从4.3%上升至10.4%。

中国目前拥有世界最大的外汇储备，1991年外汇储备额为2710亿美元，2011年已升至3万亿美元，较1991年增加了1230倍（图3）。

中国经济的飞速增长得益于其改革开放政策，改革的方向是将计划经济体制转变为市场经济体制，而开放则是使中国融入全球经济体系。2001年加入WTO以后，中国的经济改革和开放加速，因为其经济体制必须与

---

① Martin Jacques, When China rules the world-The rise of middle kingdom and the end of western world, Allen Lane, 2009, p.192.

② International Monetary Fund, *World Economic Outlook Database*, September 2011.

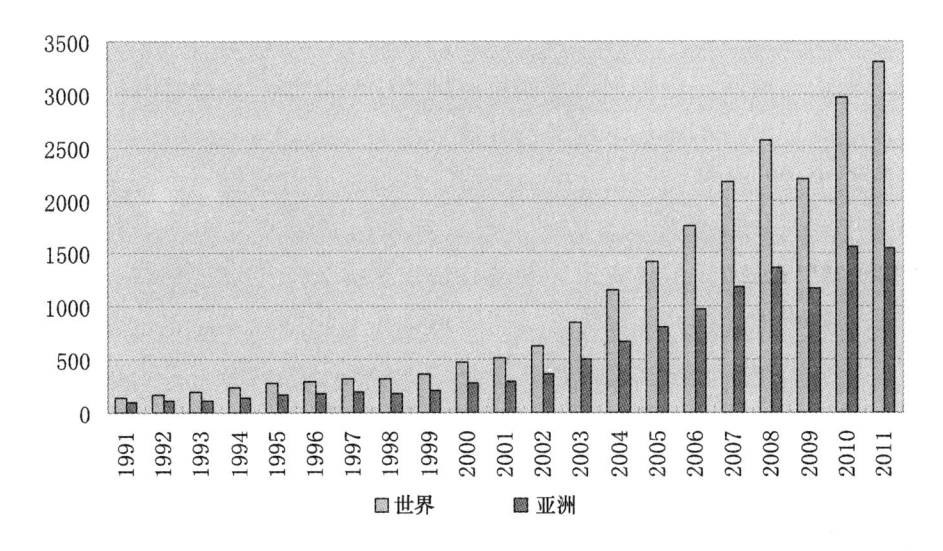

图2 中国与亚洲及世界的对外贸易，1991—2011（单位：10亿美元）

注：2011年数据并非全年数据。中国同世界的对外贸易数据截至11月，同亚洲的对外贸易数据截至10月。

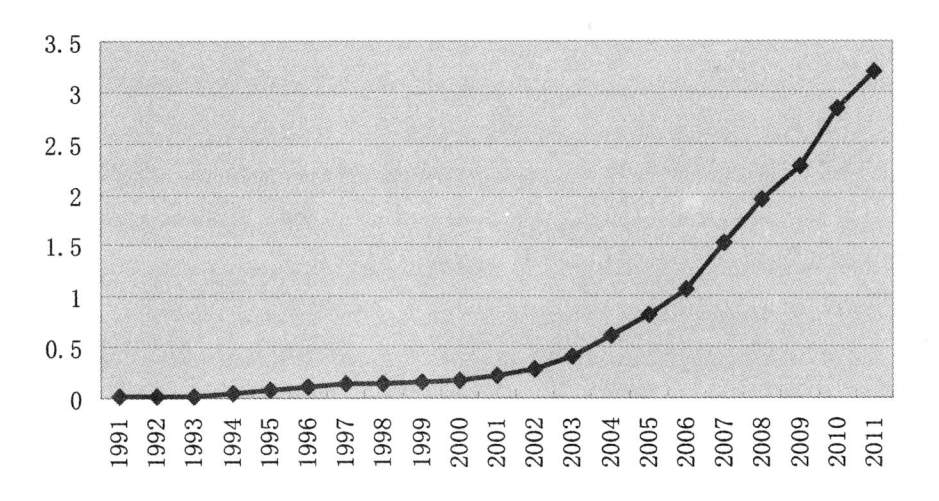

图3 中国的外汇储备，1991—2011（单位：万亿美元）

注：2011年数据截至9月。

国际规则及标准接轨。全球化为中国开拓世界市场并发挥自身优势提供了机遇，而融入国际经济体系的进程也有助于中国加快其经济体制的改革进程，推进利于参与市场竞争的对外开放。

不同于日本及韩国的是，中国采取了欢迎国际直接投资的政策。外来投资对中国发展具有竞争力的出口产业和提高管理能力起到了关键的作用。投入到内地南方沿海省份的香港直接投资成为中国建立现代工业和学习先进商业管理经验的先行资本。中国南部从利用国际直接投资中实现经济繁荣的经验使政策决策者有信心来进一步深化改革开放，使中国融入区域和全球的生产网络。由于拥有良好的商业环境，丰富的廉价劳动力供应，以及巨大的市场潜力等特殊优势，中国成为地区和全球大公司进行重新分工或者进行商业网络扩张的一个主要市场。截至 2010 年，外资在中国投资的总量累计超过 1 万亿美元，使中国成为加工装配产品的"世界工厂"和为全球提供价廉物美商品的主要供应市场。

出口成为激发中国经济活力的最主要因素。通过参与全球市场的竞争，中国的出口行业迅速对自己的技术和管理进行提升，这也有助于提高中国经济的总体水平。事实证明，中国在提升技术和管理水平方面得益于外来直接投资的竞争，也得益于政府对引入新技术所采取的积极政策。[1]

中国快速、持续的经济增长给整个世界带来了巨大的发展机会。特别是在全球经济增长放缓的背景下，中国的经济增长已经成为拉动世界经济增长的一个主要因素。按新增 GDP 计算，中国在 2006 年超过了美国，在 2009 年超过欧盟，成为世界经济增长的最大贡献者。[2]

中国经济的成功当然归功于自身的改革开放政策，但全球化、或者说一个开放的全球市场体系，的确为中国提供了难得的机遇，使其将潜力变为现实。中国获得了"世界工厂"的显著地位，这有助于其实现快速增长和创造巨大的就业机会（这是吸收农村劳动力的关键因素）。由于中国经济发展的速度、总量和方式，其融入全球市场对于重塑全球市场结构意义

---

[1] Dani Rodrik, What's so special about China's Exports? *National Bureau of Economic Research Working Paper*, no. 11947, January 2006; Edward S. Steinfeld, Playing our game-why China's rise doesn't threaten the West, Oxford University press, London, 2010, pp. 104—105.

[2] 卢峰：《测量中国》，《国际经济评论》2012 年第 1 期，第 35 页。

非凡。例如，中国的廉价商品有助于降低日常消费品的价格，而因需求不断增长，中国则加大了能源及原材料的进口，从而拉高了这些产品的价格水平。马丁·雅克曾经说过，全世界都以不同的方式感受到来自中国的冲击：对于在非洲和拉丁美洲的原材料生产商而言，这首先意味着他们的商品以更高的价格出口，并能够进口到廉价的制成品，从而推动经济增长；对西方和日本而言，意味着消费品和服装价格的大幅降低，进而促使商品价格的不断下降；对东亚其他经济体来说，这意味着可供其商品投放的巨大新兴市场，还有可供消费的廉价中国商品。不管具体的影响如何，中国经济的快速发展对全世界大部分地区而言都是有益的。[1]

中国的崛起已经引起国际社会的巨大关注，然而，对中国的看法却观点各异，从"中国崩溃论"到"中国威胁论"等等不一而足。为什么人们对中国的认识有很大的争议？看来，一方面是因为中国经济的崛起太快了（没有为此做好准备），另一方面则是因为中国面临如此多的挑战必须加以应对（对中国应对的能力信心不足）。中国面临的挑战甚多，尽管对中国长远发展做出具体预测并不容易，但我们有理由相信，中国将会继续其崛起之路，到2030年，甚至可能早于彼时，将成为全球GDP总量最大的经济体。据此，有人认为，"这代表着正在进行（非政治意义上）从西方到东方，从发达国家到发展中国家的权力转移"[2]。

当然，我们不应把中国的持续崛起视为理所当然，中国必须能成功地应对挑战。挑战之一就是，中国能否顺利构建一种新的、基于可持续发展的，以及具有社会和政治可信度的发展模式。2011年开始的"十二五规划"表明，中国下决心迎接这些挑战，并努力向新的发展模式转变，即从出口导向型的高增长模式向国内消费导向模式的转变，从低效的赶超模式转向创新（技术和管理）与高效的模式转变，从高速增长为导向的战略向经济—社会均衡发展的模式转变。显然，中国将借此将其经济发展模式转变为关注生活质量，增加社会财富，扩大社会公正，对所有人都机会均等

---

[1] Martin Jacques, When China rules the world-The rise of middle kingdom and the end of western world, Allen Lane, 2009, p. 319.

[2] Daniel Burstein and Arne de Keijzer, Big Dragon-China's future: what it means for business, the economy and the global order, Simon & Schuster, New York, 1998, p. 97.

的新模式。①

目前，尽管中国已成为 GDP 总量仅次于美国的全球第二大经济强国，但中国的人均 GDP 仍远远落后于世界平均水平。考虑到庞大的人口，收入分配的巨大差距，中国作为一个发展中国家的地位仍将保持很长一段时间。从长远来看，中国将会有许多棘手的问题需要处理，例如，如何通过把中国从世界装配中心转变为世界创新中心来纠正贸易失衡，而同时又能为庞大的劳动力群体创造必要的工作机会；如何迎接"提早老龄化社会"所引起挑战，而同时又能继续保持经济的活力；如何推进政治改革，建立一个可信度高的制度，而同时又能确保经济持续增长所必需的稳定社会环境；如何处理好与邻国、特别是与现有的超级大国美国的关系，而同时又能兼顾中国自身日益增长的权力与利益。②

中国的崛起之所以引起如此大的关注，不仅仅是由于其经济的规模，还因为其独特的政治制度，即中国所坚持实行的一党制和社会主义市场经济有别于现有的西方主导模式。在全球金融危机，经济增长放缓的背景下，"北京共识"或者说"中国模式"得到世界的更多关注。③不过，尽管中国一直致力于和平崛起，宣示要构建和谐世界，但仍不能阻止一些人另生他念，他们不断地在问，中国的崛起方式是否意味着西方主导体系的终结？中国是否会利用其正在增加的权力和影响力，按照对自己有利的方式改变现有的全球体系？④

二 中国经济崛起的区域含义

事实上，中国的崛起与世界其他新兴经济体的崛起同时出现。在亚

---

① Zhang Yansheng, "China's New Growth Strategy," *SERI Quarterly*, April 2011, pp. 23—31.
② Susan L. Shirk calls China "a fragile super power" and also "two faces of China's power" because of all those challenges. See Susan L. Shirk, China: fragile super power, Oxford, 2007.
③ 关于"中国模式"的重要文集参见潘维《中国模式：解读人民共和国的60年》，中央编译出版社2009年版。
④ 有些人认为核心问题是老生常谈的问题，即中国是否承认国际组织的现有规则及规范的基本合法性，并且即便在承认之后是否会寻求大幅度改变之。参见 Ezra F. Vogel edited, Living with China-US-China relations in the twenty-first century, WW. Norton & Company, New York, 1997, pp. 131—132.

洲，印度作为世界第二大人口国，实行改革与开放政策，被认为是紧随中国之后另一个崛起的大国。东盟作为一个区域组织在经济发展方面已经取得了巨大的成绩，随着几个具有潜力的新兴经济体（如印尼）出现，其上升趋势将会持续。在过去的几十年中，东亚经济一直领先于世界其他经济，保持着较高的增长速度。其结果是，东亚经济在世界经济中所占的份额获得极大提升，这个趋势还会持续。预计，中国的 GDP 占全球比重将在 2030 年达到 20%，而印度达到 10%，东盟为 5%，这样，届时，三者 GDP 之和将占到全球 GDP 总量的 1/3。[①]

表 1　　　　　　　　　　2030 年人口与 GDP 预测

经济体	人口（百万）		按市场价格计的 GDP（10 亿）			按 PPP 计的 GDP（美元 10 亿）		人均 GDP（市场价格）	
	2005	2030	2010	2030	2010—2030 平均增长率	2010	2030	2010	2030
中国	1303.7	1508.2	5878	24969	7.5	10120	42988	4382	18614
中国香港	6.8	7.3	224	561	4.7	327	819	31514	78965
中华台北	22.7	25.6	430	942	4.0	825	1808	18558	40663
印度尼西亚	218.9	290.7	707	2267	6.0	1033	3313	2974	9538
马来西亚	26.1	35.0	238	721	5.7	417	1264	8423	25525
菲律宾	85.3	117.4	200	438	4.0	369	809	2123	4652
新加坡	4.3	5.3	223	548	4.6	293	720	43117	105994
泰国	64.8	72.8	369	907	4.6	589	1448	4992	12272
越南	83.1	108.5	104	303	5.5	277	808	1174	3425
东盟	—	—	1851	5401	5.5	3024	8823	3093	9025
欧盟	450.6	487.0	16242	25595	2.3	15203	23958	30455	47992
美国	296.4	356.6	14527	27275	3.2	14527	27275	46860	87982
世界	6128.1	8509.1	62911	127621	3.6	74384	150895	7230	14667

GDP：国内生产总值，PPP = 购买力平价。

资料来源：作者预测基于亚洲开发银行数据（2008），国际货币基金组织的《世界经济展望》数据库和东盟（2011）。

[①] 亚洲开发银行的另一个预测是，亚洲将占全球 GDP 总量的 40%。ADB, Asia 2050: Realizing the Asian Century, Philippines: Asian Development Bank, 2011.

表 2　　　　　　　　2030 年亚洲经济占世界比重

	2020	2030
全球产量（市场汇率，美元　万亿）	90	132
亚洲占全球比重	33.5%	38.9%
全球经济增长（表内所列年份的前十年）	4.0%	3.9%
亚洲经济增长	5.8%	5.2%
亚洲占全球增长份额	55.7%	59.3%
全球人均 GDP（按购买力平价）	14300	19400
亚洲人均 GDP（按购买力平价）	10600	16500

注释：亚洲包括 49 个经济体（此处略）。
Source：ADB report：Realizing the Asian Century，2011.
资料来源：亚洲开发银行报告：《实现亚洲世纪》，2011 年。

这样的发展意义重大，意味着主要新兴经济体将会成为最具活力的全球经济增长引擎，[1]结果是，不但新兴经济体占全球经济的比重将会明显提高，而且世界市场的结构也会重塑，因为最具活力的需求将来自新兴经济体，而不是来自发达国家。[2]

在过去的几十年间，东亚经济增长一直受益于两个重要的发展，一是融入全球多边体系，二是亚太地区的区域生产网络（尤其是在东亚）。由于美国市场开放，东亚发展中经济体实行对外开放政策，接受外国直接投资和跨国公司对其生产和销售在该地区的再分工，亚太地区形成了这样一个基本的格局，即美国作为终端消费市场，东亚作为终端产品的生产商。在这个分工格局中，美国公司将大部分的制造业（劳动密集型和资本密集型工业）由美国转移到东亚，而满足这些消费品的需求，则需要依赖外部供给，尤其有赖于东亚地区。在东亚，生产网络逐渐从日本扩延至"四小

---

[1] 正如世界银行首席经济学家林毅夫指出的，六个新兴经济体：巴西、中国、印度、印尼、韩国和俄罗斯将共同包揽全球经济的一半增长。Justin Yifu Lin and Mansoor Dailami, "The Coming Multipolar World Economy," The International Economy, Summer 2011, pp. 30—31.

[2] World Bank, Securing the present, Shaping the future, World Bank East Asia and Pacific economic update 2011 Vol（1）, World Bank, Washington DC, 2011.

龙"，再到东盟和中国。外来直接投资的流动基于从高收入经济体到低收入经济体的合理竞争。这种分工平衡维持了几十年，造就了太平洋两边的密切经济联系。然而，这种平衡似乎随着中国深度参与到这个生产网络之中而被打破，因为中国拥有丰足的廉价劳动力、广阔的市场前景，独特稳定的市场环境，超强的学习能力，优势显著。这样，中国成为了一个主要的生产装配和再出口中心，其结果，中美之间的贸易出现巨大的不平衡，美国的贸易赤字剧增，而中国的贸易盈余大幅度增加。在这种情况下，当2008年美国爆发金融危机时，中美之间实现再平衡的压力就凸显了。

我们可以看到一种新的平衡，即美国不再是东亚日益增加的出口商品的主要消费市场，而东亚经济发展的动力也将不再主要依赖出口部门的扩张。为了重新获得活力，东亚经济体必须进行大的改革，比如，亚洲大约50%的出口是面向本地区之外的，但由于亚洲内部主要从事的是半成品贸易，超过一半的半成品在成为外部市场的消费品之前都是在东亚进行组装，因此，70%以上的最终产品需求来自于外部经济体。[1] 很显然，在外部市场需求下降的情况下，以出口为导向的增长模式是不可持续的，东亚经济体需要通过实施新战略和新政策来刺激国内和本地区的消费需求。这将体现在以下几个方面：

——应推行一种包容性的崭新发展战略，减少经济发展与社会发展之间的不平衡。通过倡导"以人为本"的发展战略、推进城市化、建立全面的社会保障网，使国内的消费水平，即内需提升，从而使经济增长高度依赖外部市场的情况大大减轻；

——要寻找一种与东亚新兴经济体以往所遵循的传统工业模式相异的新发展方式。事实已经表明，单纯的"赶超战略"已经遇到资源、能源、环境及外部市场的瓶颈。这种状况日益严重，难以持续，意味着人们必须改变旧的生活方式，转而适应新的生活方式。[2]

但是，转向扩大内需的发展战略，并不意味着它们必须放弃比较优

---

[1] ADB, Asian development outlook 2010 update, Philippines: Asian Development Bank, 2010b.
[2] 亚洲开发银行（2011）指出，对于稀缺自然资源（能源、矿产、水和肥沃的土地）的竞争将随着经济发展而凸显，随着三十亿东亚人变得富有而恶化，如果东亚人想要模仿西方的生活方式，情况将会更糟。地球无法供应如此大规模的需求，尤其是那些不可再生的原材料。

势，完全不再发展出口部门。事实上，全球危机所暴露的问题并非开放经济的危险性，而是忽视内需潜力所要付出的代价。如果能够克服妨碍内需增长和面向国内市场的生产增长的结构性问题，就能为东亚经济提供新的增长动力。反过来，强劲的国内经济增长也会创造更富活力的对外贸易联系，从而可使经济获得多元的增长源泉。这样，基于地区与全球生产的合理分工，东亚可以继续为世界市场提供价廉和高质的产品和服务。但是，东亚必须在发展"轻型经济结构"上花更多的心思，包括更为重视服务部门的发展、提高创新能力和生产效率。[1]

美国也必须做出改变，它必须通过采取更负责任的货币政策和财政政策降低其贸易赤字，同时应该保持市场开放，反对贸易保护主义。次贷危机及其引发的经济危机表明，美国必须先把自己的事情做好，实现自身内部的平衡。[2]

亚太经济再平衡和结构调整的另一个问题是区域机构的角色。亚太经合组织（APEC）是一个拥有21个经济体，以促进经济一体化和合作为目的的重要区域机构，它设定了茂物目标，推动亚太地区贸易与投资的自由化，规定发达成员和发展中成员分别在2010年和2020年前消除贸易与投资障碍。但是，"协调的单边开放"原则在落实目标上显得软弱无力，使目标难以实现，到了2010年，发达成员并没有落实承诺。[3]美国于2006年提出了建立亚太自由贸易区（FTAAP）的建议，但没有得到APEC成员的积极反应。

APEC框架下的区域自由化没有取得实质性进展，但多层次的地区贸易协定却发展迅速。美国就在亚太地区签署了多个地区自贸协定，1989年与加拿大订立双边自由贸易协定，1994年与加拿大、墨西哥签订了三边的北美自由贸易协议（NAFTA），后来又先后与智利、新加坡、泰国、新西

---

[1] 这将给它们带来好处，即一种"更轻盈、更清洁、更绿色的增长模式"。参见Stephen S. Roach, http: //media. blubrry. com/ps/media. libsyn. com/media/ps/roach2。

[2] 关于如何恢复美国经济平衡的观点非常不一致，有些人谴责中国"公然违背全球贸易规则，破坏美国经济的主体部分"。参见pat Choat, Solving American's economic crisis, Dec. 12, 2011 http//economuincrisis. org/content/solving。

[3] K. Kesavapany and Hank Lim, APEC at 20, ISEAS, 2010, Singapore, pp. 7、61.

兰、澳大利亚和韩国签订了自由贸易协定。2010年，美国宣布领导跨太平洋伙伴关系协议（TPP），又迈出了新的一步。TPP有9个初始成员，目的是签署一个面向新世纪的高标准自贸协定。与传统的自贸协定相比，TPP覆盖了更多的议题，既包括贸易、投资和服务等传统议题，也包括知识产权、劳动力、国有企业等所谓"边界内的"新议题。[1]中国已经是所有亚太经济体的重要贸易伙伴，但并没有参加TPP的最初谈判。

在东亚，东盟于1992年率先建立了自贸区（AFTA），后来它又达成了多个双边和"东盟+1"自贸协定。东亚自贸区的发展受到多个因素的推动，如东盟作为开拓者所起的作用，还有多边议程（世贸组织多哈发展议程）进展缓慢，以及1997年金融危机的影响等。显然，这些因素使东亚各经济体明白，为了在市场竞争中获得优势，必须建立其自身的自贸区，因为不这样做在全球竞争和多边谈判中就会处于不利的地位。[2] 1997年的金融危机促使东亚走向区域化，各经济体之间高度的相互依赖关系有助于催生一种区域经济的认同感。

相互重叠的自贸协定带来了"意大利面碗"效应，[3]为了克服这方面的问题，东亚一直做出努力，力求建立一个涵盖整个地区的自贸协定，然而，迄今为止，无论是基于东盟10+3（中国、日本、韩国）或东盟10+6（中国、日本、韩国、印度、澳大利亚和新西兰）的地区自贸协定，都没有取得任何进展。中国、日本和韩国之间正在试图建立一个三边自贸区，这方面的谈判可能会从2012年年底开始，不过，三国并不是要建立一个封闭的经济集团，而是旨在为建立更大范围的东亚自贸区提供助力。

中国在东亚生产网络中居关键地位，在参与和推动东亚自贸区方面非常积极，发起了中国—东盟自贸区、主导了东亚自贸区的可行性研究、积极推动中国—日本—韩国自贸协定等等。东盟是建立区域自贸区的先行者，已经与其他亚洲经济体谈判达成多个"10+1"自贸协定，其主要的努力首先是自身的共同体建设（到2015年建成东盟共同体）。东盟所面临

---

[1] 日本在2011年宣布加入TPP谈判磋商，有更多国家可能在今后加入。
[2] ADB, Emerging Asian regionalism: A partnership for shared prosperity, Philippines: Asian Development Bank, 2008.
[3] 比喻相互交织的协定犹如缠在一起的一碗面条，让企业理不清楚，从而形成新的经营障碍。

的挑战是，能否积极推动建设一个更广泛、更统一的东亚自贸区。在中日韩三方谈判自贸区协议和跨太平洋伙伴关系协议取得进展的情况下，东盟似乎也感受到了压力，因此，在建立一个更广泛的自贸区框架（基于东盟10＋3，或东盟10＋6）方面，表现出更为积极态势。

印度通过实施东向战略与东亚的经济关系得到迅速发展，分别与东盟、韩国签订了自贸协定，与日本签订了紧密伙伴关系协定（CEP）。显然，印度作为东亚峰会（EAS）的成员，会从建立一个广泛而统一的东亚市场中得到好处。尽管印度经济崛起较晚，在自身市场开放方面较为保守，但随着其自身力量增强与能力提高，在参与和发展东亚自贸区方面将可能会表现得更加积极。

未来，中国、东盟和印度可能被整合进一个单一的亚洲地区贸易框架之中。鉴于深度的地区一体化将有利于区域内的贸易发展，东亚经济的进一步一体化将有利于消除东亚与外部的贸易不平衡。中国已经成为所有东亚经济体的主要市场，在调整地区生产网络结构方面，将扮演关键的角色。从更长远的视角看，如果亚洲经济的一体化可以取得实质性的进展，中国和其他经济体所生产的产品最终就可以主要由本地，而非外部市场来消费。

如何在中国不参与跨太平洋伙伴关系协议、美国不参与东亚自由贸易协定的情况下整合亚太地区经济一体化，这仍然是一个问题。从未来趋势看，一种可能是，通过亚太自贸协定（FTAAP）的谈判来把这两个地区贸易框架（TPP，EAFTA）整合成一个单一的地区协定，不过这并容易做到，也许会寻求其他的途径。①

三　中国经济崛起的全球含义

中国未来的发展高度依赖于开放的国内和全球体系。为了推动国内的

---

①　有观点认为，最好的方式是将地区自由贸易协定多边化，因为地区贸易协定不会因多边主义带来的好处而自动失效。See Jiro Okamoto edited, Whether Free Trade Agreements?, IDE, JETRO, 2003, Tokyo, p. 11。

调整与改革，至关重要的是，中国将继续坚持开放政策，进一步推进市场开放和融入全球及地区体系。中国的未来发展依赖于一个开放的全球体系，因为只有全球体系才能为其发展提供必要的资源、能源和市场。中国之所以必须继续实行开放政策，是因为只有进行公开竞争，才能使其更具竞争力和效率。这也意味着，中国将在进一步推动全球和区域自由化和一体化中扮演积极的角色。①

如果中国和其他新兴经济体能够自我调整并继续保持开放政策，全球经济的发展将变得更加平衡和可持续。当然，这也要求发达国家，特别是美国和欧盟花大力气调整并改变它们的政策，世界经济的不平衡是发展中国家和发达国家共有的问题，单方面努力无效。美国必须扭转国内的低储蓄和高赤字（公共支出和贸易）之间的不平衡，欧盟必须制定更加严格的财政规则，解决沉重的债务问题和保持欧元的稳定，迫使债务危机成员国解决它们的问题。在全球层面上，国际货币体系的改革应该受到更多的重视，一些新建机制，比如二十国集团（G20），应该在促进国际货币体系改革，重振多边进程（通过修改多哈议程）中发挥更加积极和有效的作用。

中国和其他新兴经济体在维持市场开放和一个开放的、以规则为基础的全球贸易和投资体系上有着重要的利益，将积极支持多边主义，其经济的成功有赖于对全球市场的融入。东亚区域生产网络是建立在高度开放的结构基础上的，即是与全球市场体系融为一体的，因此，东亚地区主义并非是对多边主义的一种替代。

通过融入全球体系，新兴经济体不仅受惠于加工出口的自由化，也受益于各国机制的透明度和可信度提高。中国从加入 WTO 中收益良多，无论是在贸易方面，还是在资本与资源方面，都高度依赖于一个开放的全球体系，因此，将会继续积极参与和支持多边体系。

全球经济的比重将进一步向亚洲转移，因此，中国、印度和东盟都将

---

① 爱德华·S. 斯坦菲尔德指出，在某种程度上说，中国当前的经济上升与一个国家以何种方式崛起并改写国际贸易规则无关。这不是一个关于落后的、处于政治外围的国家通过其自身优势，以全球代价获取自身发展的故事。Edward S. Steinfeld, Playing our game-why China's rise doesn't threaten the west, Oxford University Press, London, 2010, pp. 17—18。

成为全球体系的更为重要的利益攸关方,它们将在全球治理和决策制定中扮演更加积极和更加重要的角色,这包括建立开放的贸易体系、稳定的财政体系、公平的国际法律和规则、应对全球气候变化,以及处理与世界其他地区的关系等。为了在全球规则制定和执行活动中扮演重要的角色,中国需要对国际机构给予更多的投入。不过,在全球治理中强化自身的角色也将面临诸多挑战,比如,国内制约因素将限制其重要的国际机构中扮演领导者角色的能力,还会限制其在制定新规则中提供"公共产品"的能力。①随着经济和社会快速的发展变化,中国的经济能力、政治公信力及社会共识也都将面临许多新的挑战。中国必须做出巨大的努力,应对来自经济快速增长和社会再分配之间的不平衡,人口的快速老龄化和建立可靠的社会保障网之间的不平衡,以及高度依赖外部资源和确保供应安全之间的不平衡等诸多的挑战。美国的谢淑丽(Susan Shirk)称中国是一个"外强内弱"的大国,原因是,尽管中国经济规模不断增大,在内部许多方面中国都很脆弱。②

如果要是把亚洲新兴经济体视为一个群体,由于在经济发展水平、经济结构和政策优先性方面存在巨大差异,它们似乎很难在一系列全球问题上形成统一的立场。因此,亚洲新兴经济体要想扮演出色的角色,会面临很多限制。从国内层次上看,挑战之一就是,它们能否在崛起的道路上成功克服所谓"中等收入陷阱"。例如,中国将失去低成本优势,而不得不建立新的稳定结构来保证经济发展,新结构的主要特征是刺激国内消费需求,具备新型创新能力来保持竞争力。在重建过程中,亚洲新兴经济体可能不愿意快速和更广泛的推进经济自由化。对印度而言,其国外贸易份额在 GDP 中所占比重很小,对国外市场的依赖度低,因此,通常对待市场自由化的政策非常谨慎。尽管印度越来越多地融入到全球和地区体系,并在自贸协定谈判中采取了更加积极的自由化政策,但考虑到其在成为经济大国道路上实现社会—经济平衡方面的脆弱性,它面临的一个重大挑战

---

① 有人观点认为:"中国将由于其棘手国内问题的牵制而在几十年内都受到遏制。"Daniel Burstein and Arne de Keijzer, Big Dragon-China's future: what it means for business, the economy and the global order, Simon & Schuster, New York, 1998, p. 27。

② Susan L. Shirk, China-fragile superpower, Oxford University Press, 2007.

是，如何协调好推进经济自由化和获得社会的支持，否则，国内将滋生社会不满和反全球化情绪，这会阻止印度在全球开放与治理中扮演积极的角色。

国际金融危机表明，现行的国际金融和贸易体系在应对新危机和管理新的市场问题方面缺乏效力，为此，在改革国际体系的进程中，增加新兴经济体在其中的表决权和关键职位的呼声越来越高。

一个开放的全球体系对于中国的未来发展至关重要。一方面，中国的强劲增长得益于有利的全球环境，另一方面，中国对全球市场的不断融入，也有利于国际贸易的可持续增长，使其他国家从中受益。尽管中国不得不调整出口导向型的经济增长模式，更加倚重于国内需求，但它对开放的全球体系的兴趣并不会因此减少，这是因为中国未来的经济活力将与全球贸易环境紧密联系在一起，即便国内需求在支持经济增长方面扮演了主要角色之后，中国仍将会继续保持世界第一的贸易地位。除了参与全球贸易、财政和金融体系的改革外，中国还将更加深入地参与全球治理。不过，人们不应担心，中国一旦变成全球最大的经济体，将支持创建一个完全不同于现有体系的新全球体系。

就地区一体化与合作而言，中国支持的是一种开放与灵活的方式，以使其与开放的全球体系互补。作为一个地区大国，中国特别关注它与邻国的关系。中国将通过更加紧密的经贸关系来提高和加强与邻国全面关系的发展，从这个角度来说，在地区事务中要有更大的作为，在与邻国政治与安全关系中增大影响力，这都是其经济力量提升的自然反应，这与中国对多边体系的兴趣、介入和承诺增强并不矛盾。

对外贸易、经济增长与中国的战略选择[①]

在当今世界经济发展中，一个突出的现象是国际贸易迅速发展，贸易增长比整体经济增长的速度快，贸易增长成为推动经济增长的动力之一。随着世界市场开放程度的提高，对外贸易获得更为便利的发展环境和条件，尤其是国际投资的增大，使对外贸易产生了内在的发展动因，成为国际生产分工的必要组成部分。这是一个重要的变化。本文将主要从理论和发展的现实实践上分析对外贸易、世界市场与经济发展之间的关系，并且对中国对外贸易结构的调整与布局提出一些概括性的思路。

一 对外贸易与经济发展

国际贸易无论是在整个世界经济的发展中，还是在一国的经济增长中都起着非常重要的作用。早期的国际贸易理论主要是证明，进行商品的国际交换可以得到利益，通过分工交换，利用绝对优势或比较优势条件，可以获得比不交换更多的利益。尤为重要的是，开展贸易的各方都可以从中获得比不参与交换更多的利益，也就是说，国际贸易交换各方是共赢，而不是单赢，这是各国积极参与国际贸易交换的基础，也是国际贸易得以发展的前提。

近代的国际贸易理论进一步证明，各国可以充分利用自己的资源禀赋条件，发展优势产业，实现最优利益。世界各国都可以有自己的资源禀赋（丰足）优势，因此，各国都可以选择发展自己的优势产业，参与国际贸

[①] 原载张蕴岭主编《世界市场与中国对外贸易发展的外部环境》，中国社会科学出版社2007年版。收录本书时对文内小标题做了修改。

易交换。而现代贸易理论则进一步证明,国际贸易是经济增长的发动机,即通过增加出口,促进整个经济的增长。①

对外贸易利益的最基本源泉是分工能够带来效益,因为分工可以实现生产的专业化,而专业化可以提高效率。然而,对外贸易的效能远远超出这一点。概括起来,可以实现以下几个方面的利益:

(一)通过扩大出口实现经济规模效益

经典的理论证明往往只是两国模型,双方交易。而实际上,国际贸易交换大都是多方交换,具有世界的性质。在没有对外贸易的情况下,生产的规模取决于国内市场需求规模,而在有国际贸易的情况下,生产的规模取决于外部市场(世界市场)的需求。为世界市场生产,可以达到两种效果:

其一,突破国内市场的规模限制,发展以世界市场需求为基础的生产。这样,不仅可以发展大产品大市场,也可以发展小产品大市场,这对于那些国内市场狭小的小国来说,特别重要。在此情况下,只要生产的条件具备,产品具有竞争力,就可以实现小国发展大产业。同时,规模生产可以降低成本,因而可以实现利润的最大化(合理化)。

其二,突破国内市场需求的限制,发展面向国际市场,但国内没有需求(或需求很小)的产业。在没有国际贸易的情况下,如果国内没有需求,则不可能生产,或者需求有限,产生资源的剩余。而在面向国际市场的情况下,则可以完全不受国内市场需求的限制,仅为国外市场生产,或者把剩余的部分作为出口。这对于那些新产品来说特别重要,可以一开始就面向国外市场,对于拥有丰足资源的国家来说,提供了利用空间(出口)。同时,生产的条件也可以突破国内经济条件的限制,通过引进外资进行生产。通过引进外资和先进的生产技术,利用本国的要素资源优势

---

① 关于绝对优势理论,比较优势理论,资源禀赋理论以及经济增长理论,分别见亚当·斯密的《国富论》(The Wealth of Nations, The Modern Library, 1937);李嘉图的《政治经济学与赋税原理》(The Principles of Political Economy and Taxation, Homewood, 1963);赫科歇尔—俄林的《对外贸易对收入分配的影响》(Heckscher, The effect of foreign trade on the distribution of income, Readings in the theory of international trade, Homewood, 1950),"区域与国际贸易"(Ohlin, Interregional and international trade, Cambridge, 1933);芬德利的《增长与发展的贸易模型》(R. Findlay, Growth and development in trade models, Handbook of international economics, North-Holland, 1984)。

（对于发展中国家来说是劳动低成本），发展高起点产业。

这样，通过发展规模产业，可以实现整体经济规模的扩大，从而实现国民生产总值的大幅度增长，对于一些小国来说，这开辟了巨大的发展空间。

（二）通过参与国际竞争提升技术水平，推动经济的技术进步

国际贸易交换是一个开放的竞争空间。一种产品进行交换首先要有需求，但是，在存在多方交易参与的情况下，需求的实现要通过竞争来实现，也就是说，只有那些符合需求条件的最优产品（价格、质量）才可以被接受。如果没有竞争，生产者就不会改进产品，因为在市场保护的情况下，需求也被压制在一种静态的空间。而在竞争条件下，产品改进的动力不仅来自供给竞争者，而且也来自不断变化的需求压力。总的来说，参与竞争可以实现以下效果：

其一，竞争的过程就是提升的过程，因此，对于出口者来说，必须不断地对产品进行革新（包括降低成本、提高质量、改进性能或品位），以便使其具有竞争优势。这样，国际贸易就变成了一种动态的发展过程，竞争成为产品（产业）不断提升的推进器。

其二，技术提升不仅推动出口产业的升级，也会带动其他产业的升级。其动力来自两个方面：一是出口部门对国内其他部门的竞争压力，迫使其不断跟进；二是出口部门的技术向其他部门的扩散。因此，参与出口的产业往往作为国内经济的领先部门，带动整个经济的技术提升。

技术进步是经济效益增长的源泉，因此，对外贸易的发展对于拉动整个经济效益的提高起着重要的作用。

（三）出口的增长成为拉动整个经济增长的引擎

由于出口面向国际市场，出口部门的增长可以摆脱国内市场需求的制约，因此，出口部门可以以比国内部门快得多的增长速度发展，这样，出口的增长就可以成为整个经济中增长最快的部门。出口作为经济增长的引擎，可以通过以下两个机制发挥作用：

其一，出口部门的增长会带动一大批相关产业的发展，因此，出口越是增加，则相关产业也会发展越快。鉴于此，出口对整个经济的增长具有乘数效应。

其二，出口部门往往会创造较高的收入，从而可以提高国内的购买力水平，增加国内的需求，增加经济增长的内在动力。[①]

鉴于对外贸易对经济的发展起如此重要的作用，各国把发展对外贸易作为一项经济发展战略也就不难理解了。第二次世界大战之后，世界经济发展中的一个突出现象是国际贸易的增长迅速，其增长速度大大快于整个经济增长的速度。比如，在20世纪50年代到90年代，世界贸易的增长是世界国内生产总值增长的3倍多。[②]一个重要的原因是越来越多的国家采取了积极推动对外贸易的政策，国际贸易规则推动国家市场开放。

从各国采取的对外贸易政策特点来看，主要有两类：一是进口替代政策；二是出口导向（或称出口带动）。尽管它们都是把对外贸易作为经济发展的重要战略，但是，前者是重视进口功能，而后者是重视出口功能。

所谓进口替代，是说通过进口设备，发展国内所需的相关产业，最终以国内生产替代进口。实行进口替代的国家大多实行贸易保护主义，通过高关税对国内产业进行保护，试图通过进口生产设备技术发展独立的产业。尽管局部进口替代可能会是有益的（比如部分重要战略产业），但是，作为一种总体经济发展战略难以达到预想目标。因为，在没有开放竞争的情况下，进口替代容易产生进口依赖，往往出现"等距离"，甚至"拉距离"跟进，因为，由于不能通过竞争实现技术的提升，靠进口设备发展起来的产业会很快变得落后和老化。同时，在没有出口换汇支撑进口的情况下，只有靠借贷进口，这样也容易发生债务危机，因为持续的进口则必然增加外债负担，当偿还遇到困难时，债务危机就会爆发。比如，亚洲的印度、巴基斯坦，拉美的巴西、阿根廷等都是曾经在20世纪60—70年代实行进口替代战略的国家，最后或者因为发生债务危机而使整个经济陷入停滞，或者没有实现产业提升的目标。

[①] 关于内生性增长理论，见罗莫的《不断增加的回报和长期增长》（Romer: Increasing returns and long-run growth, Journal of political economy, October, 1986）和卢卡斯《关于经济发展的商业性》（On the mechanics of economic development, Journal of Monetary Economics, July, 1991）。

[②] 余永定、李向阳：《经济全球化与世界经济发展趋势》，社会科学文献出版社2002年版，第6页。

所谓出口导向，是指以出口为先导，带动整个经济发展的政策。出口导向政策对出口产业的发展给予特别重视，给予重点扶持和提供优惠。在对外贸易的安排上，往往是进口为了出口，这与进口替代的目标是截然不同的。由于出口部门参与国际竞争，因此，必须不断革新，降低生产成本，提高产品质量。鉴于此，出口部门在一国经济中往往是发展最快、产业技术水平和效益最好的部门。出口导向使出口产业保持一种动态提升的发展态势，从而保持出口部门的活力。同时，出口部门的发展会带动一大批相关产业的发展，为整个经济的发展积累外汇，从而弥补资金技术缺口，因此，出口部门的发展成为拉动整个经济增长的引擎。由此，实行出口导向的国家往往取得经济起飞的成功。亚洲的日本、"四小龙"、中国大陆等都先后实行了这种经济发展战略。[①]

当然，出口导向所体现的是一种政策取向和发展结构，并不是完全以出口部门在整个经济中的比重为标志。一般来说，在较小规模的经济中，出口在整个经济中的比重大，比如，像新加坡，马来西亚，其对外贸易额大于整个国民生产总值，而大国经济中，尽管贸易总量很大，但在整个经济中的比重不一定很高，比如在日本、美国，尽管绝对出口量很大，但出口在整个经济中的比重较低。

在实践中，一些国家，比如日本，利用政府的支持，有选择的发展高起点出口产业（从资本密集到技术密集），在较短的时间内确立出口的高端竞争优势，因此，出口部门成为整个经济中的技术领导者。日本在20世纪70—80年代的电器产品、汽车，90年代的电子、电讯产品等都成为对美欧具有很强竞争力的部门。这些产业的发展不仅大大扩展了日本经济的发展空间，积累了巨大的财富收益，而且也有力地带动了整个经济的技术水平提升，使日本在较短的时间内跃升为世界第二大经济体。

"四小龙"（韩国、新加坡和我国的香港、台湾地区）是实行出口导向政策，迅速实现经济起飞的又一种成功案例。"四小龙"都是缺乏自然资源、内部市场狭小的经济体。它们都实行鲜明的出口导向发展战略，

[①] 关于对进口替代和出口导向的理论性评述见多米尼克·萨尔瓦托《国际经济学》（第五版），清华大学出版社1998年版，第268页。

以出口部门的发展带动整个经济的增长。韩国是实行保护型出口导向的战略，即在大力发展出口产业的同时，对国内的市场加以保护。为了保证出口产业的领先性，甚至限制国内的消费。在政府的扶植下，韩国的出口产业迅速由劳动密集型（20世纪60—70年代）向资本密集（20世纪80—90年代）与技术密集（21世纪初）转移。新加坡、我国香港和台湾实行的是开放型出口导向的战略，即在大力发展出口产业的同时，开放内部市场竞争。由于实行双向开放，出口产业与面向内部市场的产业完全在开放竞争的条件下发展，实现了产业的迅速升级。不过，这些经济体的内部市场规模较小，出口产业在整个经济中占的比重很大，因此，几乎所有的大企业都是面向出口的。出口企业在竞争中形成产业优势，利用国际市场做大，成为整个经济的支柱产业。台湾是最典型的例子。出口产业从简单劳动密集型产品开始，迅速转向资本—技术密集型的电脑配件产业，发展起供应世界市场的庞大出口链，以供应世界市场为目标的生产，为产业的发展提供了巨大的空间，到20世纪90年代，台湾的许多电脑产品，如显示器，集成电路板等，甚至占到世界市场的70%—80%份额。

"四小龙"利用出口导向在较短的时间内实现经济腾飞，这个事例提供了一种新鲜的经济发展范例：一国（或经济体）在存在资源与市场限制的条件下，可以利用世界资源和世界市场实现发展的跃升。[①]

在大国经济发展中，中国自实行改革开放政策以后所取得成功也是与采取出口导向战略密切相关的。中国在决定实行改革开放政策时，面临两个发展的制约：资金和技术。这两个制约就是通过发展出口导向型产业逐步破解的。中国可以利用的最大资源是丰足的劳动力供给，通过设立沿海经济特区创造局部优化环境，实行"两头在外"和大力吸引外来资金（开始主要是香港的资金）的出口导向政策，迅速发展起具有竞争力的出口产业。到20世纪90年代中期，许多劳动密集型的产品占据了很大的世界市场份额。同时，通过引进外资，一些资本密集型产品的出口也迅速增长，到本世纪初，一些技术密集型产品的出口也开始增加。

---

① 安忠荣：《现代东亚经济论》，北京大学出版社2004年版，第43页。

迅速发展的出口，成为带动中国整个经济增长的引擎，出口的收入为经济的发展积累了资金，出口型企业也充分利用成长起来的国内市场，发展起了综合型经营，成为国内最具竞争力的企业。对整个经济发展具有重要意义的是，由于出口产业发展具有优势的劳动密集型产品，这样，就利用了中国最具有竞争优势的资源。通过大量使用劳动力，既大量增加了就业，又实现了收入的扩散，这样，又进一步培育了国内的经济发展基础，从而为整个经济的发展提供了巨大的动力。①

印度是利用局部出口导向战略，发展优势产业的另一个典型。自 20 世纪 90 年代后期，印度利用自己的英语优势和丰富的技术型人力资源（工程师和技术工人），发展出口导向型软件产业，利用外包市场，迅速发展起具有优势的软件产品，形成以软件产品为核心的连带产业群，占据了世界 40% 的软件市场。②

从各国（或经济体）的成功案例来看，及时实现产品的革新与升级是至关重要的。在开放的国际市场上进行竞争，一方面要不断的创造新的需求市场（通过新产品，因为同类产品的需求是有限度的），另一方面要对付后来者的进入竞争（往往是利用更低的价格优势），因此，出口导向产业的发展面对一个压力很大的发展环境。同时，出口导向产业的发展极大地受制于外部经济环境，因此，受外部环境（价格、经济下降、对出口的限制等）出口部门的波动或危机往往成为造成整个经济剧烈波动（乘数的负效应）甚至是危机。比如，20 世纪 90 年代后期发生的亚洲金融危机，就有贸易条件恶化的因素。以出口电子产品为支柱的韩国、泰国、马来西亚，在遭受到电子产品价格大幅度下降之后，都出现了贸易赤字剧升的局面，这是导致公司债务形势恶化的一个重要起因。尤其是在当今出口竞争激烈，产品技术升级迅速，更替速度加快的形势下，出口的风险加大，出口部门波动对经济的影响增强。

---

① 由于中国的劳动密集型出口制造业使用大量劳动力，且这些劳动力来自低收入的农村，这样，就实现了收入的社会扩散。这对中国来说具有特殊的意义。

② 与中国的制造业为中心的模式相比，由于软件业对社会基础设施和劳动力需求有限，因此，对收入的社会扩散和对整个经济的拉动效应较小。

二 世界市场发展的主要特征

第二次世界大战以后，世界经济的发展出现了新的形势：世界被分为两个对立的集团，西方集团是资本主义市场经济，东方集团是社会主义计划经济，前者对外贸易得到迅速发展，而后者只有很少的以商品交换为基础的对外贸易。这种态势一直持续到20世纪80年代末（中国在70年代末开始实行改革开放政策，走社会主义市场经济道路，积极参与国际贸易交换，加入主体世界市场），以苏联的解体为标志，东方集团瓦解。此后，世界绝大多数国家都融入一个统一的世界市场。

由于第二次世界大战后开放与相互联系的世界市场主要是西方国家为主体的市场，因此，对世界市场的分析主要是指这一部分。战后世界市场的发展出现许多新的特征，其中，国际贸易的发展是构成这些新特征的关键因素。

国际贸易的快速增长对推动世界经济的发展起到越来越大的作用。从根本上来说，尽管整个经济的形势决定着国际贸易的走势，但是，国际贸易也有着相当独立的运行轨迹，并且往往对整个经济形势的变化起着重要的导向作用。

国际贸易的快速增长取决于两个重要因素：其一是越来越多的国家（或经济体）实行开放的经济发展政策，积极参与国际市场，采取促进出口或出口导向的发展战略，这使得参与国际贸易的主体增多和参与国际贸易交换的商品量大幅度增加。其二是市场变得越来越开放，使得国际贸易的环境大大得到改善。市场的开放有两个重要机制推动：一是各国（或经济体）自主开放市场，降低关税壁垒；二是通过国际贸易组织（原关税与贸易总协定，GATT）推动的国际贸易市场开放谈判，使得发达经济国家的关税降到很低的水平，发展中国家的关税也大幅度降低，[1]目前，作为世界经济支柱的制造业的关税壁垒已经基本打开，农业、服务业的开放也已

---

[1] 到20世纪末，世界平均关税率降到6%，发达国家降到3%，免税进口部分超过40%，发展中国家降到9%。余永定、李向阳：《经济全球化与世界经济发展趋势》，第44页。

经列入新的谈判回合议程。

在当今全球化的发展中,国际贸易的全球增速是最重要的推动力量,而全球化深入发展所提供的有利环境(包括金融、服务的全球化发展)又为国际贸易的发展提供了更为便利的条件。我们看到,在当今的国际贸易发展中,物品贸易的交换是与金融业、交通运输业、电讯业,以及其他服务业的发展紧密联结在一起的。比如,贸易交换的资金支付,是通过金融系统来完成的,而现代电子支付全球系统的发展又为国际贸易交换提供了极为方便的条件。现代交通运输、电讯的发展也是如此。因此,大规模的对外贸易必须有与之相适应的相关部门的发展支撑,而这些部门的迅速发展则成为推动整个经济增长的重要驱动力。

发达国家之间的贸易交换增长迅速,成为国际贸易交换市场的主体。一般来说,经济水平相近的国家之间的贸易交换发展较慢,因为它们之间的优势选择空间较小。然而,第二次世界大战后国际贸易增长最迅速的市场是经济发展水平相近的发达国家。究其原因,导致经济发展水平相近的国家之间贸易迅速增长的原因主要是产业内贸易。所谓产业内贸易(intra-industrial trade),是指同一部类产业产品的交换。同一部类内产品交换的大幅度出现是产业内分工深化的结果,也就是说,随着产业的技术升级,产品变得越来越复杂,部件构成更为精细,从而形成一种产品在很多不同国家生产。比如飞机制造,数量巨大的零部件,分散在许多国家生产。像电器、电子、电讯产品的生产也是如此。现代生产的精细分工改变了传统的国际贸易的内涵和性质,使国际贸易交换过程与生产过程直接联系起来,从而在不同国家之间建立起了经济发展链。也就是说,原来只在一国内部进行的经济运行活动(生产和与生产相联系的服务业),扩展到不同的国家进行,贸易交换不再仅仅是初级产品和终端产品的交换。同时,生产的分工和与此相联的国际贸易交换与跨国投资直接相联系,这里,行为的主体是跨国公司,他们根据不同的需要把复杂的生产工序分散到许多个地区进行,实现生产的最优分布,因此,产业内贸易又在很大程度上表现为公司内贸易(intra-company trade),而正是这相互交织的公司内部交换市场成为世界市场交易的主要力量。

自20世纪70年代起,被称之为新兴经济(emerging economies)[①]的一批国家(或地区)迅速崛起。他们采取出口导向发展政策,出口的主要市场是发达国家,从而使得它们与发达国家之间的贸易得到迅速增长。这些国家(或地区)之所以能够大量向发达国家市场出口,主要是因为:其一,发达国家进行结构调整,放弃劳动密集型,甚至许多资本密集型的产品的大规模生产,需求由国外市场供应。新兴市场利用自身的优势,进行大规模生产,向这些市场提供物美价廉的产品。其二,出于降低成本的需要,发达国家的公司把复杂的生产工序分解,把大量的中间产品部件分转到新兴经济国家(或地区)进行生产,而新兴经济国家(或地区)具备了承担分工生产的能力,可以提供高质量的中间产品。这两个方面的生产,尤其是后一类生产,有着巨大的发展空间。

事实上,新兴经济的出口大都有着跨国公司投资的背景。为了降低生产成本,跨国公司纷纷把生产移向新兴经济。因此,到20世纪80年代,新兴经济与发达国家之间的贸易增长速度超过发达国家之间的贸易增长速度。这种新的形势表明,国际生产分工发生重大的变化与转移,新兴国家(或地区)成为跨国公司国际生产分工体系的重要链条,成为它们投资的重要市场。在这种国际链条中,新兴经济市场不再仅仅是低端加工,而是作为越来越重要的中端产品生产基地,要么是当地公司作为供应链条的直接供应商,要么是跨国公司直接投资生产。因此,形成了投资—贸易相连的新市场关系。

值得指出的是,新兴经济只是作为跨国公司国际生产分工链的一环,因此,它们并不是产品的终端市场,因此,它们的产品最后还是要进入发达国家市场,比如,美国就是东亚新兴经济出口的主要市场。当然,由于新兴经济市场是整个世界分工市场的一环(或者多环),因此,这些经济的发展有着很强的外部依赖性。不过,这不是一种简单的单向依赖,而是与其他国家(或地区)经济之间形成一种复杂的相互依赖关系与结构。

区域化越来越成为世界发展的一个大趋势。区域化的一个重要标志

[①] 关于新兴经济的范畴,并没有严格的定义,主要是指那些经济增长速度快,并且高度参与国际经济交换与分工的国家(或地区)。

是，国际贸易的很大比重是在一定的区域范围进行的。也就是说，当今的国际贸易具有很强的区域性特征。据估计，目前全球贸易中，约 1/2 为区内贸易。在世界三大经济区，即欧洲、美洲和亚太，区内贸易都占大多数。在欧洲，2/3 的贸易是在欧盟内部进行的。在北美，60% 的贸易是在北美自由贸易区内进行的，在东亚，区内贸易占的比重超过 1/2。[①]

经济的区域化受到两个主要机制的驱动：一是由政府的推动安排，使区域内的贸易环境改善（降低关税与非关税），从而使得区域内的贸易增长。二是由市场机制本身，尤其是通过生产的区域分工与布局，使得区域内的贸易比重增加。

由政府所推动区域安排主要有两种形式：

其一是发展区域组织。区域组织往往包括多种内容，既包括经济，也可以包括政治。但是，区域贸易安排是最主要的内容，往往也是最先开始的内容和发展最快的领域。区域化发展最早和最成功的是欧洲。在冷战分割时期，西欧国家成功的发展起了欧洲合作，从煤钢联盟开始，到欧洲共同体，再到欧洲联盟，规模不断扩大，程度不断加深。冷战结束后，欧盟进一步扩大，吸收了东欧国家加入，这样，欧洲联盟囊括了除俄罗斯之外的所有欧洲国家。欧洲内部市场一体化大大促进了区域内贸易，在大多数年份，其内部贸易额都在 2/3 以上。尤其是建立欧洲统一大市场，被认为会产生巨大的效益。[②]其他一些区域组织的内部贸易没有欧盟这么高，但是，区内的贸易比例也呈上升趋势，比如东盟，原来区内贸易的比例只有大约 1/10，通过建立内部自由贸易区，目前区内贸易比例已经升到接近 1/4。[③]

其二是自由贸易协定（FTA 或紧密经济伙伴关系协定，CER，CEP）。自由贸易协定不同于关税同盟，其方式和内容比较灵活（当然，必须符合 WTO 规定），可以是双边的，也可以是小区域范围的（三边、四边），一个国家往往可以与多个国家签订自由贸易协定。由于自由贸易协定使当事

---

① 世界银行：《全球变革与东亚政策倡议》，中国财经出版社 2005 年版，第 58 页。
② 比如，按照对欧洲统一大市场（single market）的效益分析，可以提高国内生产总值（GDP）5.3%。见切科奇尼《欧洲的挑战》（The European Challenge, Wildwood House, 1988）。
③ 世界银行：《全球变革与东亚政策倡议》，中国财经出版社 2005 年版，第 68 页。

各方之间的贸易障碍消除或大幅度减少,自然会促进它们的内部贸易交换。目前,各种各样的自由贸易安排有几百个。这些安排无疑会加强国际贸易的区域化特征。①

跨国公司投资是促进区域市场机制发展的重要驱动器。公司驱动的市场联系机制主要是生产和经营的分工,既通过单纯的贸易交换,也通过直接投资网络。如前所述,目前,在一些地区,比如东亚地区,投资贸易网络是构成区内贸易的主要因素。出于地缘的优势考虑,公司往往首先把分工生产放在条件优越(包括劳动力成本、素质、管理成本、交通运输,以及当地市场)的近邻市场。同时,在一个地区内,一个或几个核心经济往往构成"天然的"区域扩散与联系经济网络。比如,在亚太地区,尽管没有统一的区域自由贸易安排,②但是,区内贸易所占的比例高达3/4。在东北亚地区,中日韩之间没有自由贸易协定,但是,以投资—贸易网络为基础的区域贸易交换迅速发展。

当然,全球化与区域化是并行发展的。在区域内部的贸易中,很大的一部分都与全球市场有着密切的联系,尤其是小区域的内部贸易,往往与区外市场有着直接的联系,是大区域甚至是全球市场的一个中间环节,这在东亚地区的区内贸易中表现得特别明显,多数最终的产品都是出口到区外,主要是美欧市场。

世界市场在国际组织、各国政府和跨国公司三重力量的作用下变得越来越开放。这使得国际贸易变得越来越便利和有效率。但是,也应该看到,世界市场远不是自由的,对国际贸易交换的各种障碍和限制(保护主义)依然存在。

概括起来,我们可以把市场障碍分为三类:第一类是制度型的;第二类是自然型的;第三类是发展型的。

---

① 区域贸易安排会导致"贸易转向",即由区外的贸易交换转向区内进行,从而使区内贸易增加。"贸易转向"是一种此赢彼输的转换,不过,它可以由"贸易创造"机制来部分弥补,即因区内福利提高,增加总体购买力,而增加对外的购买。关于贸易转向和贸易创造理论的论述,见维纳《关于关税同盟的问题》(Viner: The Customs Union Issue, 1953, The Carnegie Endowment for International Peace);米德《关税同盟理论》(Meade: The theory of customs unions, North-Holland, 1955)。

② 亚太经合组织(APEC)只是通过承诺的方式,进行松散的贸易和投资自由化促进努力。

关于制度型的市场障碍，主要是：

其一是关税壁垒。尽管经过数次贸易谈判回合，世界各国的平均关税税率已经降得很低，但是，还有大量的被列为敏感部门的产品，仍然受到高关税的保护，比如，日本的农产品，保护关税高达300%以上，在被认为高度开放的美国，有些产品的保护关税也超过100%。

其二是非关税壁垒。非关税壁垒形式多样，有明列的，也有隐含的，有政策性的，也有技术性的。比如，准入标准，海关程序，技术要求，卫生检疫等，还有的是通过政策对消费倾向进行干预等。

此外，还有尚存的对所谓计划经济国家的特殊限制，美国、欧盟至今仍然对中国实行非市场经济国家歧视。

关于自然型的市场障碍，主要体现在天然的不利环境与条件，如内陆国家，缺少出海口；地理障碍（山、水等），使交通运输难以发展，天气条件不利（干旱、多雨等）。这些，大大影响开展国家贸易交换的环境。除去一些有特殊自然资源的国家（如石油、天然气、煤等）会吸引外资进入对资源进行开采，一般情况下，天然形成的市场障碍会大大限制这些国家参与国际贸易市场。

关于发展型的市场障碍，主要体现在由于经济不发达而对参与国际贸易的能力所形成的制约。世界贸易的70%是由发达国家进行的，大多数发展中国家由于生产的能力低，参与国家贸易交换的数量很小。由于国际竞争力很低，不少国家实际上被推挤在国际市场的边缘。值得指出的是，就是在一些积极参与国际贸易的发展中国家，主体的力量是外来的跨国公司，而当地企业并没有很好的成长起来。

市场障碍仍然是影响国际贸易发展的重要因素。以上我们分析的诸多因素可以归结为两类：一是进入能力，也就是说发展出口，进入国际市场的能力，这是许多发展中国家面临的问题；二是进入市场的环境，也就是说能否和怎样进入国际市场，发展中国家的出口往往受到发达国家对其出口的各种规定限制。前一个问题是世界经济发展的问题，后一个问题是世界市场的秩序问题。这两个问题都是对世界经济发展的严峻挑战。

贸易保护主义的形式多样。尽管违反WTO规则的贸易保护主义是不合法的，但是，在实际中还是大行其道。大体来说，贸易保护主义主要有以下几种形式：

其一，反倾销，这是限制进口的最常用手段。往往利用自定的价格标准确认某产品为倾销产品，对其征收惩罚性反倾销税，使其失去进入市场的竞争力。以往，主要是发达国家对发展中国家的出口进行反倾销，目前，越来越多的发展中国家也开始运用反倾销措施。鉴于中国仍然被世界绝大多数国家以非市场经济对待，因此，中国成为遭受反倾销制裁最多的国家。[①]

其二，利用压力，要求出口方进行"自动限制"，为出口方设定出口限额。比如，70年代美国对日本实行的汽车出口"自动限制"，就是通过谈判压力，配额是日本额自动接收的。目前，美国对中国的纺织品、鞋类也开始实行"自动限制"。

其三，对弱势产业列入"敏感产业"，进行高关税保护，或者强制设定进口配额，要求出口国家遵守，限制进口的增长。

其四，改变各种各样的技术、卫生、环保标准，以及劳工标准规定，使出口商难以达到，或者为此付出巨额成本，由此失去出口的能力。[②]

在事实上区分合理的、必要的市场保护和贸易保护主义有时是很困难的，尽管严重违反国际规则的保护主义行为是受到制约的，可以通过诉诸WTO进行争端裁决，但是，在大多数情况下，出口方处于不利的地位。[③]

当然，尽管理论的证明总是强调自由竞争是最有经济效率的，但是，任何一个国家的市场总是必须在开放与保护之间寻求平衡。出于复杂的社会政治原因，任何国家都会设定一定的市场保护措施，甚至对一些被认为不经济的产业进行保护，对过度的进口竞争进行限制，因此，理论上的出口扩张与现实的市场准入有着巨大的差别。除非一种产品处于绝对的垄断供给地位，否则，一种产品的市场扩张必然会受到各种限制。

---

① GATT/WTO允许实行反倾销措施，但在实际的操作中，标准的认定并没有清楚的规定，这被认为是WTO制度的一个缺陷。见伯纳德·霍克曼等《世界贸易体制的政治经济学》，法律出版社1999年版，第266页。

② GATT/WTO允许对幼稚产业进行保护，允许对涉及危害环境、劳动者利益的产品进行制裁。但是，这里仍然存在标准设定与谈判规则运用上的困难。

③ GATT与WTO的一个根本区别在于，前者基本上是一个规则约定的俱乐部，对犯规者没有办法制裁，而后者有了争端机制解决裁定。但是，裁定过程相当复杂。

WTO 的基本要义是推动开放市场、非歧视和开展全球贸易竞争。因此，国际贸易规则制定的目标是创造一个更为开放的世界市场，但是，规则的制定越是深入，触及的领域越是敏感，就越困难。国际贸易谈判的乌拉圭回合谈判准备花了 5 年，谈判花了 8 年，而目前正在进行的多哈回合谈判将会用更多的时间。

三　中国的出口发展与未来战略选择

20 世纪 70 年代末，中国开始推行改革和对外开放政策。概括地说，改革就是抛弃传统的计划经济体制，转向市场经济，开放就是利用外部资源和世界市场发展自己。改革开放政策取得了巨大成功，在短短的 20 多年里，中国的经济发生了翻天覆地的变化。中国经济的奇迹是如何发生的？

20 世纪 70 年代末，由于文化大革命的影响，中国经济处于破产的边缘，经济体制僵化、缺资金、缺技术、缺市场。如何走出困境，创造经济增长的动力？

鉴于整个计划经济体制的改革需要时间，有效的办法是划出一块特区，实行特殊政策，"进行体制外循环"，这就是深圳经济特区诞生的战略性布局。深圳、珠海经济特区开始于 1979 年 7 月，一年以后，扩大到汕头、厦门，4 年以后（1984 年）扩大到所有沿海地区，建立了 14 个沿海经济技术开发区，再过一年之后（1985 年），建立长江三角洲、珠江三角洲和闽南三角洲沿海经济开放区，1988 年又把沿海开放带扩大到华北、东北，把一大批沿海县市列入开放经济区，同时，当年又把海南岛列为经济特区，1990 年又一个大举措是，开发上海浦东，在浦东实行经济特区的政策。[①]

经济特区的初期发展都基本实行"三头在外"（资金、技术、市场）的发展道路，利用"三来一补"，加工出口，"滚雪球"似的扩大发展。这个方略之所以成功，主要是借助了香港的投资和出口渠道。在短短的几

---

① 作为这个战略的继续，2006 年又开辟天津滨海经济区，旨在拉动华北地区经济发展和提升。

年内，由于低成本竞争优势，香港的大多数加工制造业转移到大陆。在广东的一些县市，如中山、顺德、东莞形成了劳动密集型产品的出口加工中心。随后，由于台湾投资的进入，加工产品由服装鞋帽，扩大到电气电子产品。引入的加工出口投资为中国内地迅速发展起了一大批使用"先进设备"，"实行现代管理"，面向国际市场的"现代化"企业群，同时也培养了工人队伍和管理人才。利用这个基础，中国出口加工业迅速扩大发展。到20世纪90年代初，中国的出口加工业不仅规模得到很大的发展，而且实现了"产业升级"，从简单的"三来一补"，轻工产品（纺织服装、箱包、鞋袜），发展到引进加工和制造，扩大到电气、电子、电讯产品，既包括成品，也包括零部件。

同时，一方面，随着中国经济的发展，国内经济环境的改善，外资不仅投入到沿海经济特区，也投资到其他地区，尤其是一些大中城市。中国经济的巨大发展潜力，丰富的低成本劳动力供给，大量的受过高等教育的技术人才，以及优惠的吸引外资政策，使得越来越多的外国公司投资中国，其中既包括"四小龙"的优势加工业，也包括美日欧的综合跨国公司。到2005年，中国吸引的外资投资总量接近7000亿美元，形成了巨大的生产能力，另一方面，中国国内的企业逐步成长起来，尤其是非国有中小企业，迅速发展，生产直接面向国际市场。到21世纪初，中国发展成为全球重要的加工出口基地，中国的出口企业加入到全球采购供货体系。到2005年，中国的出口跃升到全球第三位，出口占国民生产总值的比例为36%。[①]

分析中国经济的增长趋势和结构可以发现：

其一，沿海地区是中国经济增长的重心，而在沿海地区的经济增长中，出口的增长非常迅速，在全国的出口中占最大的比重，这表明，沿海经济的发展得益于出口经济的发展。

其二，在全国的经济增长中，出口的增长速度总是大大快于整个经济的增长速度，出口在经济中的比重不断提高，这表明，出口的增长是拉动整个经济增长的一个重要驱动力。

---

① 中国商务部统计资料，www.mofcom.gov.cn.

其三，外资在中国的出口增长中起着重要的作用。这突出的体现在外资企业出口在中国出口中所占的比例不断提高。目前，外资出口所占比例达60%以上。外资企业出口的产品结构由前期的简单劳动密集型，逐步转向资本密集型，这是影响中国出口产品结构改变的一个重要原因。

如果说"四小龙"提供了一种在缺资源、缺市场的情况下，利用外部资源、外部市场实现经济成功起飞的范例，那么，中国所提供的则是另一种经验：在中国有资源，但是缺少利用资源的体制，有市场潜力，但是没有启动起来的情况下，通过"给政策"在局部范围创造利用条件，通过加工出口实现"外循环"，在发展过程中推进技术、管理的扩散和国内市场的培育，实现经济由局部发展，到整体发展。在这种发展中，外部资源和外部市场起着非常重要的启动与支撑作用。

从总的趋势来看，中国的出口增长是迅速的。但是，在一些年份，增长缓慢，甚至出现相对下降。1978—1989年间，出口年增长率低于20%的有5年，低于10%的有3年，1990—2000年间，分别为2年和1年，2001—2004年间，分别低于20%的仅有1年。尤其是进入21世纪以后，除2001年增长较慢外，其余年份都呈现高增长。导致中国出口加速增长的主要原因是外资出口加速，这体现在外资出口在中国整个出口中的比例增加。

中国出口得以迅速增长得益于一个不断扩大的外部市场。从世界市场总的发展趋势来看，在大部分年份保持迅速增长，其规模不断扩大。到2004年，中国对外贸易在世界贸易中的比重已经从1978年的几乎忽略不计，提高到6.5%。应该说这个比例还是不高的，从这个角度来说，如果与世界主要贸易大国的份额相比较，并且从世界市场发展的前景来看，世界市场支撑中国对外贸易增加的容量还是很大的。

中国出口的市场主要是发达经济国家。按照2004年的统计，中国向美国（21.1%）、欧盟（18.1%）和日本（12.4%）的出口占全部出口的51.6%，如果加上向香港的出口（17%，主要的再出口市场是发达国家），则占近70%。如果与20世纪90年代初相比，中国向美国、欧洲和日本出口的比例都显著增加了，1990年，向美国的出口所占比例只有8.3%，向欧盟的出口只占9.4%，向日本的出口为14.5%，三者占中国全部出口的

1/3。事实上,美欧日三个市场向来是中国出口的主要市场,造成这样大的差别的原因是香港市场功能的变化,即其中一个大的转变是大陆利用香港作为转口市场的比例大幅度降低,直接向美欧和日本市场出口的比例大幅度提高。①

美国是中国出口的最大市场。美国市场的特点是:容量大,结构空间大。所谓容量大,是指其进口的总量增长。美国靠长期保持巨额贸易赤字支撑巨大的进口,这是别的国家所无法比拟的(美元的独特地位)。所谓结构空间是指,美国通过结构调整,放弃或基本放弃大量劳动密集型以及资本密集型生产,靠进口满足国内消费。

欧盟是各成员国市场的集合,各国市场容量和结构有很大的差别,但资本密集品(电气、电子、一般机械、耐用消费品)占有很大的比重,这为中国制成品出口提供了很大的扩展机会。最大的市场是德国、英国、法国和意大利,这几个国家对中国的产品需求具有这种鲜明的特征。

日本市场在中国的出口市场中一直占据重要地位,在20世纪90年代初,在发达国家中是比例最高的(这与中国向日本的直接出口比例较高有关,而当时香港在向美国以及欧洲的转口中占据重要地位)。21世纪初以来,中国向日本的出口增加很快,比例进一步提高,在有的年份,成为最大的出口市场,其原因是日本对中国的投资增加,成品和零部件的返销大幅度增长。比如,本世纪初,在中国向日本的出口中,约37%是零部件,目前这个比例更高些。②

在发达国家三大市场之外,中国出口增长最快,市场重要性最大的是韩国。中韩1992年才建交,此后经济关系发展迅速。韩国之所以成为中国的出口大市场,主要原因是投资拉动。韩国在20世纪90年代初以后开始向外发展直接投资,中国是其最重要的投资市场,到21世纪初,中国成为其最大的投资市场。韩国在中国的投资主要是成本转移型,一部分投资面向出口其他国家,一部分用于返销回本国。返销成为促进中国向韩国

---

① 数据根据商务部统计数字计算。
② Kathie Krumm and Homi Krharas edited: East Asia integrates: a trade policy agenda for shared growth, World Bank, Oxford University Press, 2004, 24.

出口的最主要因素。根据 2001 年的数据，中国向韩国的零部件出口占总出口的 20% 以上，目前这个比例更高，因为韩国向中国的投资此后进一步增加。① 不过，投资也同时带动进口，由于韩国市场容量的限制，中国从韩国的进口大大超过向韩国的出口，连年产生巨额贸易逆差。中国正在与韩国就自由贸易区问题进行可行性研究，不过，即便有自由贸易协定，中国要进一步扩大贸易份额也不那么容易。

与韩国情况类似，进行转移性投资的还有香港地区和台湾省，自 20 世纪 80 年代起，香港逐步把加工制造业转移到内地，这形成了中国内地第一代出口产业的基础。与此同时，香港投资者利用逐步发展的内地出口体制，直接向国外市场出口，而不必经香港转口，同时，内地随体制改革提升，企业直接出口能力提高，利用香港转口的需求减低，因此，内地向香港的出口比例不升反降（这是相对的，直到目前，对许多产品来说，香港的转口作用仍然具有相当重要的作用）。台湾自 20 世纪 90 年代后期开始迅速增加向大陆的投资，这种投资也大大促进了返销贸易的发展，这使台湾省进入中国大陆的前 10 大出口市场行列。不过，投资带动的进口远远超出其所带动的出口，加上台湾当局对从大陆的进口进行限制，因此，台湾的贸易盈余一向数额巨大。

在中国的前 10 大出口市场中，变化最大、增加最多的是东盟市场，2004 年所占中国出口的比例达到 7.2%。20 世纪 90 年代初，中国向东盟的出口很少，1991 年只有 38 亿美元，到 2004 年增长到 429 亿美元，增长了 10 倍还多，尤其是进入 21 世纪以后，中国向东盟的出口进一步加快，年增长率超过 30%。中国与东盟的贸易关系发展如此迅速，是与双方经济关系的总体发展密切相连的。2001 年，双方同意用 10 年的时间建立自由贸易区，2002 年为此签署紧密经济伙伴关系框架文件，2003 年开始实施早期收获计划，2006 年 7 月开始落实物品贸易自由贸易协定。这种发展为对外贸易提供了总体有利的环境。同时，双方贸易的发展得益于区域投资网络的发展，跨国公司在中国的投资与在东盟的投资被置于一个大的分工

---

① Kathie Krumm and Homi Krharas edited: East Asia integrates: a trade policy agenda for shared growth, p. 24.

框架之中，形成零部件的进出交换和往返加工，这是中国东盟之间贸易资本密集和技术密集产品（所谓高技术产品）交换迅速发展的重要原因。在中国向东盟出口的最大宗产品中，电子、电信、电脑类产品数量最大，就是这个原因。比如，在2004年的中国向东盟出口中，45%是机械与电子（HS84—85），而从东盟进口这类产品所占比例则高达52%。[1]

在中国目前的十大出口市场中，还有澳大利亚、俄罗斯和加拿大，由于各自市场容量的限制，2004年，三国的市场份额加起来只有4.4%，还不到韩国所占的比例。

除此而外，中东、拉美和非洲市场比较分散，2004年分别占3.6%，3.1%和2.3%。近年来，中国向拉美的出口增长，增长率快于向其他地区的出口，比如，2003—2004年间，年出口增长率都超过50%，不过出于市场容量以及一些国家对中国出口的限制，拉美市场所占的比例仍然不大。中国把开拓拉美市场作为重要战略，已经与智利签署了自由贸易协定，与拉美大国巴西的经贸关系也在加强，未来也可能会与拉美的区域合作组织，如南方共同市场，安蒂斯合作组织等谈判自由贸易区，这些努力会为中国进一步扩大与拉美的贸易提供更为有利的条件。

近年来，中国向中东地区的出口显著增加，年出口增长率都在30%以上，中国成为中东市场消费品的主要供应商。中东国家本身生产能力低，所需商品需求基本上靠进口，随着中国海湾合作委员会自由贸易区的建立，该地区为中国出口提供的市场潜力仍然可观。

非洲是中国传统的出口市场，不过，鉴于市场的规模，非洲在中国出口市场的地位一直很低，尽管近年来中国向非洲的出口保持较快的增长率，但是，市场份额没有增加。中国向非洲的出口主要是日用消费品，一般机械制品，这类产品中国拥有很大的优势。南非是中国最大的出口市场，由于南非经济比较发达，中国向南非的出口有相当一部分是电子、电讯产品。[2] 中国正在与南部非洲联盟谈判自由贸易区，建成之后，会为中国提供更有利的市场机会。

---

[1] 根据中国海关统计数据计算。
[2] 根据商务部贸易统计数据计算。www.mofcom.gov.cn。

从总体来看，南亚地区不是中国出口的主要市场。但是，由于市场的规模因素，总量不大的贸易也可以在当地占据重要份额。比如巴基斯坦，孟加拉，以及斯里兰卡，与中国的贸易占据非常重要的地位。值得注意的是与印度的贸易，尽管起点较低，但是，发展速度很快。考虑到印度经济发展的潜力，进一步向该市场扩大出口的机会还是存在的。①

从总的来看，目前中国在国际贸易市场上所占的份额还是较低，许多市场有待进一步开发。按照目前的趋势，在未来5年左右的时间里，把中国在世界市场上的份额提高到10%是可能的，中国国内积聚了巨大的出口能量，只要措施得当，结构合理，只要保持12%的年增长率，在未来15年内，把占世界出口市场的份额提高到20%也是可能的。②不过，要达到这样高的比例，不仅仅是增长率的问题，而更重要的是贸易结构问题，同时也有总体上的经济结构问题。这是需要进一步研究的。

我国实行外向发展战略，依靠不断扩大出口实现了经济的快速增长，这个战略是成功的。但是，也应该看到，我国以大力引进外资和推动出口为核心的外向发展战略也遇到许多问题。归纳起来，我国在这方面面临着以下几个方面的问题：

其一，我国是世界上出口增长得最快的国家，但也是遭受反倾销最多的国家，中国的出口增长受到了来自国外的巨大阻力。我国为什么遭受如此多的反倾销？概括起来无非是两个方面：一是外国的贸易保护主义，对中国具有竞争力的产品进行贸易歧视，利用反倾销对中国日益扩大的出口趋势进行遏制，阻止中国产品进入；二是我国自身的原因，主要是出口产品在一个市场过分集中，或者我国出口商之间自相残杀，过度压低价格。

尽管世界市场越来越开放，但是，世界市场上贸易远不是自由的。除了传统的关税保护外，各种各样的非关税壁垒仍然大行其道。中国作为一个国际贸易的后来居上者，在一些产品领域拥有特殊的竞争优势。我国的竞争优势建立在几个优势要素基础之上：供给丰足、低成本和优质的劳动

---

① 印度仍然是一个对本身市场严加保护的国家。中国的不少商品刚刚进入市场就遇到限制，如反倾销。

② 赖平耀认为，中国现在在国际贸易市场的比例太低，应该与人口比例相当。见《中国的对外贸易：绩效、问题和未来的政策选择》，《国际经济评论》2005年第5—6期，第13页。

力，大量的外资进入，以及动态开放的经济体制与政府的强势管理与支持。这几个要素加在一起，是许多国家不可比拟的。我国的出口发展快，竞争性强，优质廉价的商品不仅对发达国家形成竞争，而且也对发展中国家形成巨大的竞争压力。我国的竞争性产品即有劳动密集型的，也有资本密集型的，以及技术密集型的（目前，主要是中等技术）。对发达国家，中国冲击的主要是具有社会含义的"保留产业"（夕阳产业），对发展中国家，中国冲击的主要是具有发展意义的"竞争性产业"（新兴行业）。按照经济竞争分工理论原理，各国应该只生产那些具有比较竞争优势的产品，而放弃那些不具有竞争优势的产品。但是，从国家的角度，出于经济—政治—社会综合发展的考虑，必须"不惜代价"保护一些特殊行业。出于为了阻止中国商品扩大在当地市场的份额，越来越多的国家对中国的产品进行限制，比如，设置技术壁垒（安全标准、卫生检疫等）、实行数量限制（限额、配额），反倾销等。比如，1995年WTO成立以来，中国大约遭受700多起反倾销起诉，世界每7起反倾销起诉就有1起涉及中国，每年涉及的反倾销起诉金额高达400亿—500亿美元。2005年，中国出口到美国的纺织品近一半遭到反倾销起诉或调查。对中国产品实施反倾销的主要是美国和欧盟，但是，近年来，发展中国家越来越多的加入到对中国产品实施反倾销的行列。比如，在2005年上半年的反倾销案例中，发展中国家就占60%多。[1]看来，如果中国的出口继续目前的势头，越来越多的国家对中国商品设置障碍，进行限制这个趋势未来只会加剧。

当然，我国商品受到反倾销也有自身的问题。这主要是：出口商品类别过度集中，升级换代进程慢，同类商品数量持续增长，并且在一个市场上份额过于集中。比如，中国出口的纺织品占世界出口的13.9%，服装占26.5%。照现在的趋势，随着2005年纺织品服装协定落实，对纺织服装配额的取消，这个比例还会增加，因为中国积累了巨大的生产能力。[2]我国的一些商品在一些国家的进口中占到很大的比例，有的甚至在90%以上。

---

[1] 《人民日报》2005年10月10日，第6版；新华网（www.xinhuanet.cn）新闻中心，2005年10月7日。

[2] Kazutomo Abe, General and Cross-sectoral economic effects of CJK FTA, a study report for international symposium, 2005, Sep. 26, Beijing.

这往往成为对中国商品进行限制的理由。同时，我国由于国内存在地域发展差别，生产的国内结构调整空间大，在沿海成本上升后，公司可以把生产向中部转移和进一步向西部转移，这样对于国外市场来说，中国的产品结构调整期太长，因此，导致一种产品在一个市场的份额持续扩大，更多的同类商品挤进一个市场，从而造成出口的过度膨胀。

其二，我国出口走的是加工制造模式，大进大出，加工再出口。在我国的对外贸易结构变化中，变化最大的是加工贸易进出口。比如，1993年，我国的出口中加工贸易占48％，2004年比例升到55％，而在进口中，1993年为加工出口的进口占总进口的35％，到2004年升到46％。就市场结构来分析，贸易争端方面的问题在很大程度上出在进出口的结构错位。以2004年的数据来分析，我国用于加工出口的进口36％来自韩国、我国的香港和台湾地区以及日本，而加工后出口到这几个市场的比例仅占24％。这就是说，从东亚这几个市场进口的加工产品经过加工后出口到别的市场，这个市场主要是美国，其次是欧盟。2004年，我国从美国的加工品进口仅占中国进口的3％，而出口到美国的加工品比例为13％，从欧盟进口的加工品占4％，而出口的加工品占7％。比较东亚与美欧的数据可以看出，我国在东亚地区的加工品进出口差（12个百分点）在美欧市场得到弥补（进出口差17个百分点）。也就是说，中国的加工产品在东亚的逆差，在美欧是顺差。[①]我国的出口市场矛盾有着鲜明的区域产业结构转移背景。也就是说，原来美欧与东亚"四小龙"以及日本在出口上的矛盾转移到中国（日本虽然也是与美欧顺差，但结构不同）。

我国的对外贸易建立在"加工出口中心"这样的结构上，导致了两个突出结果：一是出口严重依赖进口，二是加工的利润很低。比如，我国60％的出口要依赖进口支撑，这样进口成本的变动对于中国的出口竞争力有着重要的影响，加工利润往往只有4％—5％。我国的快速出口同时带来了巨大的能源与原材料需求，以往能源和原材料在相当一个时期都是很低的，这有利于进口报出低成本，但是，目前能源与原材料价格已经暴涨，

---

① 数据计算根据吉富胜［日］《东亚经济共同体理念的沿革与日中关系》，日中经济讨论会讲演文，2005年，大阪。

预计以及今后一个相当长的时期,世界原材料价格、能源价格将处于上升阶段,这对于我国坚持加工制造为主的出口形成巨大的挑战,出口商面临着利润大幅度降低的局面。

同时,尽管扩大出口对经济的增长起着重要的拉动作用,但是,资源消耗型的增长(尤其是考虑到中国现阶段资源—产出利用系数较低的因素)带来其他许多问题,其中主要的是:资源进口价格上涨导致成本加大,资源消耗型生产导致严重的环境代价。因此,出现了出口扩大与可持续发展的矛盾。这样我国面临三个选择:其一,大幅度降低出口赢利,这样许多企业面临破产停业;其二,环境生态恶化,导致发展成本增大;其三,转变生产结构和市场战略。显然,前两个选择是不可取的。

其三,经济增长过度依赖出口。自20世纪90年代以来,我国的出口增长加速,在一般年份(除个别年份外),出口的增长都大大快于国内生产总值的增长,这使得出口在国内生产总值中的比例大大提高。1990年,我国外贸出口额占国内生产总值的比例为16%,而到2001年升到23%,到2004年进一步升到36%,估计2005年超过40%。[①]这个趋势表明,国内内需提高缓慢,生产的增长主要靠增加出口。这是总的数字,如果从部门来分析,一些部门,尤其是劳动密集型商品生产的增长主要靠出口。

经济过分依赖出口使得经济变得脆弱,外部市场环境变动必然对国内经济产生巨大的影响,如果出口受限,增长率降低,则整个经济的增长就会以更大的幅度放慢(乘数效应)。同时,如前所述,因环境变换(原材料能源价格上涨),出口收益降低,也必然影响整个经济的效益,从而形成高产出低效益,加剧我国的数量型增长弊端。

上述情况表明,尽管在我国未来的经济发展中,出口仍然会起着重要的作用,尤其是劳动密集型产品的出口继续是中国利用比较优势参与国际市场,获得竞争优势的一个重要基础,但是,必须进行战略性调整。

针对目前出现的问题,有必要调整经济增长的动力结构,增加内需拉动力,降低出口/国内生产总值比率,减少经济增长对出口增长拉动的依赖。

---

① 中国统计年鉴各年数据。

具体一些来说，我国市场战略调整可以考虑以下几个思路：

其一，调整经济增长动力结构，增加内需拉动力，降低出口/国内生产总值比率，减少经济增长对出口增长拉动的依赖。这里要区分两个不同的概念：一是总体依赖程度，这主要是指出口占国内生产总值的比例。二是部门依赖程度，主要是指一个部门的出口/产出比率。这里所说的降低比率，首先是指总体比例的降低，目前太高了，而且有进一步上升的趋势。要首先实现保持目前的比率不变，也就是说，经济增长的增量主要来自内需增加。从目前中国经济增长的情况来看，实现这一点要作很大的努力。此后，通过进一步调整，把出口/国内生产总值的比率降到25%以下。至于部门的出口依赖，要区别对待，有些部门会高些，有些部门可以大大降低。像日本，是出口大国，贸易顺差大国，但是，出口占国内生产总值的比例不高，不过，一些部门，如电子、电气、汽车出口的比例较高，出口增长是部门增长的重要或主要的动力机制。比如中国的纺织品行业，许多类产品的出口/产出比例已经很高，外部主要市场占有率已经很高，进一步出口扩张面临困难（市场限制，效益降低），因此，出口的战略主要是稳定主要商品的市场占有率，这要通过转换产品结构，实现品牌与质量的提升来实现。

其二，由于中国所拥有市场、劳动力和技术的独特优势，其作为地区以及在一定程度上说也是世界加工铸造中心的地位还会保持下去。因此，在今后相当一个时期内，继续发展加工出口贸易是保持中国对外贸易活力的一个重要因素。同时，这也是能够继续充分利用中国丰富的劳动力资源，保持出口竞争力，增加国内就业机会的一项重要政策。但是，必须注重质量升级而不是进一步靠数量型扩张。数量型扩张既降低收益，也消耗资源。我国现行的出口资源消耗型比重太大，劳动密集型产品并不与资源消耗型必然画等号，要发展劳动精细型产品，减少粗放型产品。像服装产品，既是劳动密集型，又是技术密集型产品，还是知识密集型产品。我国现在的出口纺织品出口比例过大，服装比例较少。同时，在出口市场的分布上，一个值得注意的趋势是，必须限制一般制成品向发展中国家的出口，避免对当地生产造成毁灭性的竞争，要扩大投资，进行当地生产，在这样既可以减少贸易摩擦，又可以扩大当地市场。其实，这样的生产也可以带动劳动力输出（技术工人和管理人员）。

其三，现在我国已经是第三出口大国，照这个趋势发展，我国将会在比较短的时间内成为第二出口大国，甚至第一出口大国。但是，在我国的出口中，外资占的比例太大，加工贸易占的比例太大，附加价值太少。这种大规模，低附加价值出口是加剧我国与其他国家不断发生贸易冲突的一个主要原因。我国必须加强自主创新能力，逐步增加出口产品中的本国价值创造比例，提高高附加价值产品的出口，尤其是机械、电子、电气、通讯产品的出口（尽管我国出口中制造业产品以及高技术产品的出口在我国总出口中的比例很高，但是附加价值低）。要争取用5年左右的时间使这种情况有一个较显著的改变。

其四，要充分利用我国的区域合作优势，尤其是双边自由贸易协定。目前，我国所谈判的自由贸易协定涉及20多个国家，今后还会进一步增加，要使企业充分了解这些市场，利用直接出口和对外投资，扩大对这些市场的进入。同时，目前的自由贸易协定都包括投资和服务领域，要透过投资增加出口，增加服务业的投资出口。

显然，中国经济发展的转型是必然要做的，是一个艰难的过程，但是一个提升的过程，也是一个再生的过程。中国经济实现了20多年的持续高增长，基本完成了起飞阶段，现在要向下一个阶段转变，这不仅是内在发展的要求，也是外部环境的要求。

如何把握周边环境新变化的大局[①]

最近一个时期以来，我国周边形势发生了一些重要的新变化，对我国的对外关系和周边发展环境产生了重要影响。如何分析和认识这些变化，如何把握周边环境的大局，在此，做一些分析，提出一些看法。

一 我国周边形势的演变

我国是世界上少有的有着如此多的邻国，如此多的遗留争端的国家，这些特点构成了我国独特的周边关系特征：一是邻国情况复杂，与中国的关系变数多，近而不亲者多；二是遗留争端复杂多样，包括领土的、历史的、海域的、人文的等等，一有风吹草动就容易发酵；三是局势随中国兴衰而动，特别是随着中国的强势崛起，不断地激起涟漪，引起多重反应，并出现新的特点，目前的转变特征是由弱势中国下的关系向强势中国下的关系演变。

周边关系和环境历来对我国的发展环境影响极大。在新中国成立后的相当长时期内，安全威胁主要来自周边地区，迫使我穷于被动应对，被迫卷入战争。改革开放以后，我国努力扭转被动应对局面，把主要精力集中到主动构建发展和平稳定的国际环境上，为此，着力改善了与西方国家的关系，以改善对美关系为主轴，迅速改善了那些与美国关系紧密的国家关系，其中包括中国周边国家的关系，从而极大地缓和了中国面临的安全威胁，拓展了中国回旋和利用的空间。

冷战结束以后，我国迅速与俄罗斯以及从前苏联独立出来的新生国家

[①] 原载《国际经济评论》2012年第1期。

关系正常化，同时，也恢复和改善了那些原来与前苏联关系密切的国家的关系。到20世纪90年代，我国终于实现了与所有周边国家之间关系的正常化，第一次实现周边没有敌国的新环境，这应该说是新中国建立以后的一个重大的转变。

在此基础上，我国采取三大措施，积极构建新的对外关系与周边环境格局：一是努力解决边界争端问题，为此，先后与新生的中亚国家，俄罗斯以及越南划定了陆地边界，还与越南完成了北部湾海域的划定，并与印度就边界问题开始进行积极的磋商；二是主动构建非对抗、非结盟的战略伙伴关系，加强了以经济关系为基础的全面关系的发展。建立伙伴关系避免了冷战结束后可能发生的对抗，大大拓展了我国对外关系的活动空间；三是积极参与和推动区域合作，通过参与和推动中国—东盟全面经济合作框架、东亚多层合作机制、上合组织、六方会谈等，构筑了一种基于现实利益的，具有包容性和灵活性特点的周边关系框架。

由于我国经济的迅速发展，我国为周边国家提供的"公共产品"利益大大增加，我国成为周边大多数国家的第一，或者第二大贸易市场，为他们提供的资金，合作项目也大幅度增加，由此，我国与周边国家建立了重要的共享利益基础，同时，通过各种合作平台，我国与邻国之间可以开展对话，协商和发展合作。在这种转变中，我国在周边关系和环境拥有了比较大的主动性和影响力。

总结以往成功的经验，可以归结为：其一，我国有一个清晰的大战略，这就是构建一个有利于和平与发展的周边环境，在这个战略指导下，我们通过主动解决边界划界，降低冲突热点，发展对话合作，取得了周边关系构造的主动权和影响力；其二，中国的努力得到周边国家的回应，出于本身发展的利益，寻求利用中国发展带来的利益和机会，欢迎中国发挥积极的作用。因此，过去一个时期周边关系和周边环境的改善和合作加强是两个方面的积极主动性合拍，互动互利的结果。

二 周边的新变局

近年来，我国周边关系和环境发生了一些新的，重要的变化。新变局主要体现在三个方面：其一，争端升温，其中南海争端成为新热点。南海争端升温主要体现在两个方面，一是南海地区问题，即国际海域稳定与安全问题；二是岛礁主权与资源开发问题。前一个问题涉及区外国家的参与，后一个问题主要涉及越南、菲律宾等当事国。由于越、菲等极力把两者连在一起，使得南海问题国际化趋势提升，这样的态势使我国处于一种"失道"和被动应对的局面。其二，应对"强势中国"形成一种"准共识"，催生了一种复杂的"准结盟"势力滋长，一些国家利用时机进行"多向平衡"操作。尽管这些国家的具体利益考虑和目标不尽一致，但总的来说，在应对强势中国带来的挑战上是基本合拍的，有共同语言的。这种新形势制约了我国刚刚形成的主动构造周边环境的能力。其三，地区合作转向。自20世纪末以来，东亚国家在没有美国干预和参与的情况下积极推动了本区的合作，我国通过积极参与提升了自身的影响力。但是，出于复杂的原因，东亚合作深化遇到瓶颈，对中国增大的作用保持警惕，而美国通过领导跨太平洋伙伴关系协定谈判（TPP）使大家的关注力转向，并通过加入东亚峰会重构东亚合作的机制和方向。在此情况下，东亚地区的合作的发展面临新的环境和挑战。

在这些新的变化中，一个突出的特点是，以往，矛盾和热点问题主要围绕周边的其他国家而展开，尽管许多与中国有关系，但中国不是矛盾的聚焦点，如朝鲜半岛问题、越南入侵柬埔寨等问题都是由其他国家相互之间的关系产生的。如今，这种形势发生了新的变化，即中国因素突出，成为了一些矛盾的焦点。

同时，在诸多变化中，都有美国活动的影子。随着中国实力和影响的提升，美国感到在亚太、亚洲地区的主导地位和利益受到威胁，因此，开始转移战略与布局重点。美国的战略重点是"应对中国崛起的挑战"，其核心目标是遏制中国势力和影响的扩张，防止中国替代或者削减美国的存在与影响力。为此，美国一方面高调宣称"重返亚洲"，旨在加大美国对亚洲事务的参与力度，另一方面强调"亚太世纪"，旨在突出美国的主导地位和作用。2009年美国提出重返亚洲，开始将更多的战略目光投到东亚地区，外交和军事资源也源源不断地向中国周边地区投放。美国通过加大在中国周边的投入，利用多层关系机制，大力构建应对"强势中国"的网络。美国的这些做法迎合了一些国家的胃口,力图利用美国的介入对中国施加压力,增强应对"强势中国"带来的挑战。这种形势为我国周边热点问题带来危险性和不确定性,也在一定程度上搅乱了我国苦心经营的周边安全环境秩序,给我国的周边外交带来新挑战。

三 如何认识与把握大局

新变局意味着我国周边关系架构与形势出现了新的变化,对此,必须进行新的认识并给予高度重视,重要的是做出正确的判断。

第一个判断是,我国周边形势的大格局没有发生逆转,没有形成一个敌对包围圈。尽管应对"强势中国"是美国和许多周边国家的一个战略性布局,但具有多层含义。包括美国在内,周边国家并不是要拉开与中国全面对抗的架势,也没有封住我国战略运筹的空间。

第二个判断是,尽管新变局增加了我国的被动应对性,但我国因实力增强形成的主动构建环境的能力也大大增强。周边国家,其中也包括与中国有争端的国家,对中国发展的依赖性增加,我国与周边国家形成了很强的共同"发展利益",中国的作用是无可替代的,稳定、和平、发展是一个重要的共识,在这种情况下,重要的是我国要充分利用自己的优势,突出与周边国家的共同发展利益,保持冷静与理性的头脑,不自乱阵脚。

把握中美关系大局仍然是核心。美国的主导战略是构筑对我国的制约与平衡网,但其战略特点还是以"防"为主,这与冷战时期的美苏对抗是根本不同的,考虑到与中国的经济、政治与安全利益,其挑动周边国家遏制中国的做法也是有限度的,这个限度是不破坏与中国关系的大局。一个现存霸权国家与一个崛起大国之间有这么难分难解的、密不可分的利益关系是过去没有过的,"不发生大的对抗"是双方的战略底线,这是中美关系的一个重要特点,也是一个基本稳定器。美国下决心要加大在亚洲事务中的参与和影响力,要以引领亚太来平衡亚洲势力增长,这个大战略是确定了的,未来它会在这些方面进行更多的投入。同时也应该看到,周边一些国家之所以支持或者说接纳美国的介入,是因为美国可以为他们提供一些利益"公共产品",可以从中得到一些好处。但是,美国本身问题缠身,要想独掌亚太也难，会发现在许多方面都会是力不从心，一些随从者也会是三心二意，"脚踩多只船"。

对我国来说，"与狼共舞"是一个必然的趋势。应该看到，自反恐以来，美国对亚洲，尤其是东亚的投入大为减少，而与此同时，东亚在没有美国参与的情况下，区域关系发生很大转变，区域合作取得了很大的成效，其中，一个突出的变化是中国的实力和影响大大提升。这种发展的确对美国传统地位和战略利益形成了挑战和威胁，因此，引起了美国的极大战略恐慌。美国担心，这个地区的"退美国化"会继续发展，因此，一改以往的"默认"或者"忽视"态度，决心加大对亚洲的投入，重树美国的地位，力图使失去的战略空间回归。对于美国的这种快速转变和大力投入，我们也有些缺乏充分的思想和战略准备。一些舆论甚至认为，现在我国面临着前所未有的严峻局势，周边关系"黑云压城"。这显然是一种不符合实际的过度恐慌和误判。

我们看到，尽管出于复杂的原因，美国的一些做法得到许多国家的迎合，但是，如果美国过度操作，激起战略冲突，也会损害亚洲国家的利益。尤其是对于苦心经营的东盟来说，这会制约其构建新地区关系结构的能力，为此，东盟不会把主动权拱手让给美国，在前不久，东盟在美国参加东亚峰会之际，发表新的巴厘宣言，强调要在国际事务中发挥更大作用，这应该说是一个立场宣誓。同时，周边国家与我国有着密切的经济和安全利益的基础，他们担心中美发生对抗会损害他们的发展利益，使他们处于艰难的选择，他们并不愿意在中美之间选择站队，因此，对美国的介入也是有一定警惕的，力图在中美之间保持平衡。因此，要加大我在周边地区的工作力度，调整策略和重点，突出增进互信和利益共建，不把周边邻国推向美国。

东亚地区仍然是我国的经济与安全重点。这个地区已经建立起多层合作框架，以新的方式创建了地区的基本稳定、协商与合作机制，今后面临的新挑战是如何适应新的变局，推进进程往前走，并且加以深化。在经济上，美国还是主要的最终需求市场，美元主导地位未变，美国具备推动高水平制度开放的条件，具有市场和制度"公共产品"提供的能力，这些都是我国所不具备的，这也是为什么会有这么多国家积极参加TPP谈判的一个基本原因。美国通过领导TPP进行新制度化构建，建立深度一体化开放市场，通过突出亚太，凸显其主导地位，以此来争取主动。在此情况下，我国通过大力支持东盟推进东亚自贸区建设（不必严守"10+3"，可以推动10+6），加快中日韩自贸区进程，尤其是进一步深化中国—东盟经济区的建设，具有重要的意义。

美国、俄罗斯参与东亚峰会机制已成为事实，因此，如何构建美俄参与下的合作框架，是一个新课题，美国参与东亚峰会的兴趣是战略问题，其实，有这样一个地区战略框架，把中、美、俄、印、日几个大国以及东盟拢在一起，进行对话，对我有好处，在一定程度上说，这是求之不得的，我可以充分利用这个平台，主动引导，构造于我有利的和平发展外部环境。在这个框架里，不会形成对我的战略压制，也不可能形成"7对1"的架势，因此，对东亚峰会的发展，要持更为积极进取的态度，我国应花更大的气力进行谋划、参与和引导。

过去一些年，东亚经济的制度化整合进展缓慢，除了中日不和之外，东盟不积极也是一个重要的因素。如今，在美国主导TPP进程的情况下，东盟出于担心被边缘化的考虑，看来会在推动东盟一体化与东亚地区一体化制度整体合作上变得更为积极。东盟也要学美国的做法，主动制定制度框架，邀请东亚其他国家参加，以维护东盟的核心地位，不让美国领导的TPP冲击东盟的一体化建设和其在东亚地区制度框架构建的中心地位。我国要利用这个新的发展态势，大力支持东盟发挥引领作用，推进东亚的一体化与合作进程。

处理好我国与东盟国家的关系特别重要。东盟有应对中国快速发展所带来的挑战的战略考虑和设计，但是，它作为一个整体，还是把发展与中国的对话、协商与合作关系放在突出的地位，东盟有"防华"之举，但要避免与中国发生对抗，它不会再成为反华阵地，也承担不起反华的代价。

东盟是我国的地缘战略区，有着直接的经济政治与安全利益，地缘优势所内生的直接利益链接是其他国家所不具备的，因此，我应继续深化我国与东盟的关系，加大在东盟国家，尤其是友好接邻国家（老挝、柬埔寨、缅甸）的投入，借助东盟的互联互通计划，构建我国与东盟国家的直接连接通道和网络，加深东盟发展对我市场的融合与依赖性，同时也要加大在文化教育上的投入，让更多的东盟国家学生到中国学习，不因出现一些矛盾而转变对东盟的看法与感情。

　　南海问题已经成为影响我国对外关系和国际环境的一个重大问题。越南、菲律宾力图引入外部势力把问题炒热，稳住已得利益。但在解决争端条件不具备的情况下，各方都清楚，贸然使用武力代价太大，因此，维护大局稳定是一个基本共识。因此，南海问题要以寻求政治解决为主，积极利用东盟框架，突出各方整体利益，求得大局稳定。中国与东盟签署《南海各方行为宣言》是一个大的突破，表明双方将南海大局问题置于中国与东盟整体关系框架之内，我们还是要继续利用好这一框架，稳住大局。如今，南海问题一时难以有解，但其影响会继续发酵，影响甚大，为此，我应"多重下注"，在提升我干预能力的同时，应增加我应对的主动性，比如，在维护南海航行安全上采取更为进取性的姿态，除双边商讨外，还可在中国—东盟合作框架下召开南海争端当事方非正式对话会议，或者专家对话会议。现在，国内关于南海问题的说法很多，信息很乱，尤其是关于我国对整个南海海域的权利问题，很不明确。我国涉及南海海域与岛礁的法律主要有三部（1992年领海与毗连区法、1996年的领海基线法、1998年的大陆架与专属经济区法），对我国的南沙、西沙、东沙、中沙地区岛礁主权，以及领海、海基线，以及西沙的专属经济区有明确的界定，但并没有涉及整个南海海域的主权问题。所谓南海地区国际航行安全问题，主要是涉及我国对整个南海海域的拥有权，如果这个问题明晰了，表明争端主要是涉及南海地区的岛礁及其相关的领海、毗连区与专属经济区，尤其是限定在争端主要是南沙地区的岛礁及相关水域，那么外部介入就少了借口，这样也可以体现我国按照国际法处理南沙争端的立场。越南、菲律宾挑事端也不是新的，过去与我也发生过多次军事冲突，但这毕竟只是争端国家之间的问题，外部很难介入。因此，为要在南海问题上争取主动，有必要对南海问题作更为清晰、准确的说明，这个问题不应再采取"模糊战略"，解决争端需要时日，明确立场可以选择时机，越早越主动。表明立场，不是主动放弃，具体解决还是要当事方进行谈判。

　　朝鲜半岛问题仍具有敏感性。在过去几年中，六方会谈一直有一个核心的设计，即以解决朝核问题来推动解决朝半岛和东北亚的安全问题。当前，形势发生了变化，朝鲜已经拥有了核武器，让其轻易放弃很难。美国也不会主动改变对朝政策，主要的做法还是拉韩、日向朝鲜施加压力，并利用朝核问题来抓住韩、日，巩固军事同盟，维护美国的主导地位。原来担心，朝鲜发展核武器会引起日、韩搞核武，看来，美国不会轻易放手让他们搞核武器。解决朝鲜的核武问题，需要综合的大思路，大变化，需要时间。看来，以弃核为先决条件，解决朝半岛问题很不现实。目前，韩国民众对南北局势紧张担心增加，对李明博推行的一边倒政策多有不满，2012年换届后，韩国对北政策会有明显调整，南北关系会有缓解。金正日去世可能会提供一个契机，在维护朝鲜稳定接班上，看来各方"不谋而合"，即保持局势稳定，不激化矛盾，这为今后各方接触提供了基础。当然，朝半岛问题矛盾重重，累积太多的问题，一时难有解。重要的是稳定基本局势不出大乱子，在中美战略缺乏协同的情况下，只要不出现大的对抗格局，在朝鲜半岛问题上，我国还是有很大的战略活动空间的。我国应在支持和推动朝鲜走改革开放发展之路上做更多的工作。我国应利用好领导人更替的时机，明确表示支持和维护朝鲜的渐进改革、开放、发展，但同时也要通过各种方式使之明白并感到压力，如果经济不发展，老百姓日子得不到大的改善，就难保不出乱子。再则，我国也要利用中韩战略伙伴关系的框架，支持韩国改善与朝鲜的关系。事实证明，南北对立，把我夹在中间，对我与朝韩的关系都产生很大的消极影响，也可以让美国等钻空子。目前，美国正在大选。大选之年，美国对朝政策难有大的变化，因此，在此情况下，我国应该发挥更大的影响力。"六方会谈"作为中国主动构建的一个重要区域机制，还是要维护，具有稳定大局的作用，也可以争取战略主动权，防止局势一边倒，根据新的形势，在议程和方式上要有所创新。

中日关系重要，但大的改善很难。中日关系中的历史问题淡化，现实利益矛盾突出。在中国总体实力不断提升，经济总量超日本的情况下，日把"应对强中国"作为主要战略，为此，向美国靠拢是一个大战略取向，同时日本自身也积极开拓空间，尽可能保住自己的影响，并积极参与"防华制华"网的构造。但是，日本经济增长对中国市场的依赖很强，国内要求稳定与中国关系的利益集团影响和压力也不小，为此，日本将搞"不对称性平衡",即突出与美国的关系,不搞坏与中国的关系,对华关系可能会紧紧松松,来回摇摆,找不到方位。尽管如此,我对日本的工作还是要做,要突出现实的发展利益,尽量稳住中日关系的大局,不因像钓鱼岛这样的老争端问题恶化总体关系,挑起大的矛盾,这一点不仅我们要把握,也要向日本说清楚。

中日韩已经建立起了对话合作机制,要花大气力推动这个机制的发展与深化。在东亚自贸区建设止步不前,在日本参加美国主导的TPP,韩国与美国建立自贸区的情况下,推动中日韩三国自贸区的建设具有特别重要的意义。在构建三国自贸区中,由于我国经济发展水平相对较低,为要推动进程取得进展,我应准备做出更大的开放承诺。同时,目前该机制主要集中于经济和非传统安全合作,亦可以考虑增加传统安全话题内容,以突破美日韩军事同盟的屏障。

上海合作组织有利于稳定我国的西北地区安全,扩大战略与利益空间,成为推动我国与俄罗斯、中亚各国关系的一个平台。我应进一步加大对该组织在各个方面的资源投入,不断提高其合作水平。上合组织发展的一个基本原则是稳中求进,保持上合组织的内部结构稳定,在现有的基础之上整合已有资源,提升其合作水平,考虑到俄罗斯的关注,不可激进,也不要轻易扩大规模,对美国的参与,要特别慎重。尽管共同安全是上合组织的起点和重点,但推进以共同发展为目标的经济合作是未来可持续发展的一个基础,我国要利用地缘优势,提出上合组织内的"互联互通计划",加大投入,推进落实。

在今后一个时期,周边关系大战略的最重要目标还是要积极构建一个稳定、和平、合作、发展的环境,要利用我国不断提升的实力和影响力,增强把握和导向大局的能力,只要把握好大局,就不会出现反华包围圈,也不会成为一个不受欢迎的"孤独的大国"。

中国与邻国关系的发展与转变[1]

与邻国的关系在中国对外关系中居于特殊的和首要的地位，处理好周边关系是改善中国国际环境的基础。改革开放后，尤其是冷战结束后，中国与邻国的关系发生了巨大变化，如今，周边环境得到根本性的改观，周边邻国成为中国创建长期和平发展环境，构建和谐世界和地区的首要之地。然而，近年来，随着中国的迅速发展和实力提升，中国的周边关系也发生了一些引人瞩目的变化，这些变化对于中国与周边国家的关系产生复杂的影响。

一 对中国与周边关系发展的回顾

新中国成立后，由于复杂多变的国际环境，在相当一个时期里，中国与邻国的关系处于紧张状态，冲突以及战争频发。从总的来看，中国在处理与邻国关系中处于被动的地位，其中，主要的原因是中国的安全受到威胁，因此，在很多情况下，中国与周边一些国家的关系被置于捍卫国家安全的被动应对型架构。比如，为了国家安全，中国被迫卷入朝鲜战争，全力支持越南抗法抗美，中苏分裂后，又不得不实行国家动员进行备战，甚至不惜以武力惩罚越南。由于大的形势变换转折，与邻国的关系也处于复杂多变的状态。

20世纪50年代，中国周边地区的总体关系结构是受两极格局和意识形态制约的，几乎在所有地区都形成了阵营分野，造成阵线分明的对峙或对抗局面。新中国建立以后，受到当时特定历史条件制约，中国不得不实

---

[1] 原载张蕴岭主编《中国与世界：新变化、新认知与新定位》，中国社会科学出版社2011年版。

行"一边倒"的对外政策,与苏联结盟,抵御美国为首的西方阵营的压力与遏制。在此情况下,除了极少数例外,中国与邻国的关系被划分为对立的两个阵营。[①]总的来说,中国与从属于西方阵营的邻国的关系处于隔离或对峙状态,而与从属于东方阵营的国家之间的关系得到正常发展。朝鲜战争爆发后,这种分隔就变得更为突出了。[②]

20世纪60年代初,中苏关系开始恶化,到60年代末,两国发生严重对抗,甚至爆发了边界武装冲突,苏联从中国的盟友,变成了最危险的敌人。[③]由于中苏关系恶化,中国与邻国关系的结构也发生了一些重要变化,一些与苏联关系密切的国家,比如,越南、印度和蒙古,也站到苏联一边,这使得中国与这些国家的关系也逐渐恶化,甚至转向敌对。

20世纪70年代初,为了化解来自苏联的安全威胁,中国开始采取与西方和解的战略,积极推动与美国关系的正常化,并且建立反苏合作阵线。中美关系的发展也改变了中国与邻国关系的结构,使得中国与属于西方阵营的邻国,如日本、泰国、菲律宾、马来西亚等的关系逐步实现了正常化。

然而,尽管中国与邻国的关系发生了一些变化,但是,被动应对的局面没有得到改变。从总的来看,在相当长一个时期,中国总是被动的处理与邻国的关系,因此,这使得中国与邻国的关系处于不稳定的状态,不时把中国卷入对抗甚至战争的旋涡之中,像朝鲜战争,由于中国直接大规模卷入,对中国的周边环境与邻国关系产生极大地影响。在被动应对的架构下,中国无法建立起一个符合自己发展利益的,且能够发挥主导性影响的周边环境。这里有国际大格局的影响因素,其中主要是冷战大格局的影响;也有自己本身的因素,比如经济不发达,实力弱所产生的对外部安全威胁的畏惧;意识形态之上,不切实际的"世界革命"外交(尤其是在

---

① 张蕴岭:《构建中国与周边国家之间的新型关系》,载张蕴岭主编《中国与周边关系:构建新型伙伴关系》,社会科学文献出版社2008年版,第1—2页。

② 参见章百家《改变自己 影响世界——20世纪中国外交基本线索刍议》,载牛军主编《中国学者看世界 中国外交卷》,新世界出版社2007年版,第16页;唐希中等:《中国与周边国家关系(1949—2002)》,中国社会科学出版社2003年版,第55页;颜声毅:《当代中国外交》,复旦大学出版社2004年版,第205—210页。

③ 叶自成:《新中国外交思想:从毛泽东到邓小平》,北京大学出版社2001年版,第151页。

文化革命中）所导致的人为树敌等。在相当一个时期，中国的内政取向多有变化，国家战略重心的定位也不时发生大的转变，尤其是对国家安全的认定有时也发生偏差，这些都对中国与邻国的关系产生影响。①

中国实行改革开放政策后，对外关系，其中包括与邻国的关系发生重大转变。由于中心转移到经济建设上来，对外政策也进行大幅度的调整，中国的周边外交也逐渐打破了意识形态的控制，把重点放在改善和发展与各国的稳定、和平与合作的轨道上来。②

在新的思想与战略的指导下，中国在处理与邻国关系上有许多新的举措，作出了新的努力，取得了显著的成果。

中苏于1979年10月开始举行关于双边关系的谈判，中国的主要目标是解除苏联对中国的实际威胁，提出了《关于改善中苏两国关系的建议》，其中包括消除安全障碍，发展经贸关系，开展边界谈判。③ 1984年，两国签订了关于经济合作和科技合作的协定，1987年，重新开始进行边界谈判，直到1989年5月戈尔巴乔夫访华，中苏实现关系正常化。

中国作出新的努力改善与东南亚国家的关系。1978年，邓小平访问泰国、马来西亚、新加坡。中国明确表示，支持东盟国家维护独立与主权，支持东盟加强东盟自身的团结，此举推动了中国与这些国家的关系的改善。不过，由于柬埔寨局势恶化，中越之间的矛盾分歧加大，1979年2月，中越边境战争爆发，整个80年代，中越之间的对峙长期存在，两国虽未断绝外交关系，但各方面的正常联系基本中断。

中国与日本的关系也取得了突破性发展，1978年间，中日不仅实现恢复邦交，而且还签订了《中日和平友好条约》，奠定了政治与经济关系发展的新基础，尤其是经贸关系，得到迅速发展。

在南亚地区，中国与巴基斯坦一直保持密切的关系，但与印度的关系由于60年代的边界冲突，长期处于不正常局面。为了改善与印度的关系，1981年6月，黄华副总理访问印度，双方关系开始解冻，并就边界问题开

---

① 安全亦取决于对安全判断的主观能力。见张蕴岭主编《未来10—15年中国在亚太地区面临的国际环境》，中国社会科学出版社2003年版，第6页。
② 唐家璇：《新中国外交的光辉历程》，http://www.fmprc.gov.cn/chn/ziliao/wjs/t8737.htm。
③ 苏军入侵阿富汗使开始松动的中苏关系再次停滞，但持续时间不长。

展谈判,①尽管中印关系此后的发展并不顺利,但是,还是朝好的方向发展。②1988年12月,印度总理拉吉夫·甘地访华,这使中印关系进入了比较正常发展的轨道。

此外,中国在保持与朝鲜关系平稳发展的同时,改变了对韩国不接触的政策,从发展经贸关系入手,逐步扩大联系,为两国关系实现正常化奠定基础。

从总的来看,经过调整,中国与邻国关系总体得到很大改观,尤其是经贸关系得到迅速发展,这样,以改善双边关系为基础,实现了中国周边安全环境的综合改善。③

进入90年代,国际格局发生重大变化,苏联解体、冷战结束。冷战结束带来的一个重要变化是大国关系结构的调整。由于两大阵营的对立不复存在,大国关系中出现了一种新的趋势,即通过对话、协商与合作的方式寻求建立伙伴关系。这为近邻国家处理其与中国和其他大国的关系、参与地区事务开辟了更大的空间。④

在国际局势缓和的大背景下,谋发展成为主流,这为中国与邻国发展关系提供了新的基础。改革开放使中国的经济实力显著上升。中国实力的上升也为中国在周边地区发挥影响力提供了一定的条件,从而推动了中国主动营造有利的周边环境的意识和政策。在新的格局和环境下,主动构建一个长期和平发展的国际环境,成为中国对外战略的主体内容。而在构建长期和平发展环境中,周边环境被置于突出的位置,因此,与邻国的关系也就被放在首要的地位。

为了构建一个长期发展的和平环境,中国积极推动国家间的伙伴关系。构建伙伴关系是中国的一大创造。"伙伴关系首先是一种非对抗性

---

① 1981年6月,中国政府提出关于中印边界问题的"一揽子解决"建议,即将东、中、西三段边界"作为一个整体联系起来加以考虑"。

② 中印关系的发展并不是很顺利,1986年12月,印度议会通过法案,将印度在边界东段占领的中国领土上建立的"阿鲁纳恰尔直辖区"升级为"邦",企图使占领合法化,中国政府立即就此提出抗议。

③ 80年代,中越关系是一个例外,两国发生了军事冲突,在一个时期处于严重对立的局面。

④ 张蕴岭:《构建中国与周边国家之间的新型关系》,第2页。

关系，同时也是一种合作的关系。"①这种关系的一大特点是，不直接挑战现有的国际秩序，不结盟对抗第三国，而是积极推动新的对话、合作，创建新的利益基础和架构。伙伴关系的建立使中国的外交空间大大拓展。

中国把努力改善与周边国家的关系，营造一个良好周边环境放在对外关系的首位。到 90 年代初，中国与所有周边国家实现了关系的正常化，包括同印度尼西亚复交，②同新加坡、文莱、韩国，还有从前苏联新独立出来的哈萨克斯坦、吉尔吉斯斯坦、塔吉克斯坦等建立外交关系，同蒙古、越南实现关系正常化，③并且与各国逐步发展起了全面合作伙伴或战略合作关系。

到 21 世纪初，中国的新睦邻外交取得了积极的成效。目前，尽管中国与邻国之间还有一些没有解决的问题，但是，已经没有敌对关系。这是新中国建立以来的第一次。

中国对邻国关系的认识和定位也是逐步深化的。20 世纪 90 年代初，邻国关系只是众多关系的一个重要部分，1997 年，党的十五大明确把"良好的周边环境"置于创建和平国际环境的特别重要地位，到 2002 年党的十六大，与邻国的关系就被置于首要的地位，提出了"与邻为善、以邻为伴"的新邻国关系，并且完整的制定了"大国是关键、周边是首要、发展中国家是基础、多边是重要舞台"的外交方针。

为了从根本上减少和消除周边国家对中国迅速发展所产生的疑虑，促进同周边邻国关系的全面改善和发展，中国对传统的睦邻政策加以丰富和发展，进一步提出"睦邻、安邻、富邻"的新政策。2003 年 10 月，温家宝总理明确指出，"新形势下中国的周边外交方针是：坚持与邻为善、以邻为伴，加强睦邻友好，加强区域合作，把同周边国家的交流与合作推向

---

① 张蕴岭主编：《伙伴还是对手——调整中的中美日俄关系》，社会科学文献出版社 2001 年版，第 5—6 页。

② 1950 年 4 月，印度尼西亚同中国建交。1965 年印尼发生 "9·30" 事件后，两国于 1967 年 10 月中断外交关系。1990 年 8 月，两国恢复外交关系。

③ 中国和越南于 1950 年 1 月建交，70 年代后期中越关系恶化，1991 年 11 月，两国关系实现正常化。中国和蒙古于 1949 年 10 月建立外交关系，60 年代中后期，两国关系经历了曲折。1989 年，两国关系实现正常化。

新水平。"①

在新的形势下，中国与邻国关系得到深化，尤其是经济关系，出现重大的转型—中国成为近邻国家的主要贸易市场。在中国的周边国家和地区中，日本、韩国、东盟、俄罗斯、印度均名列中国十大贸易伙伴之列。经济关系的提升对于政治关系的发展有着积极的意义，使伙伴关系有着更坚实的利益基础。

区域合作是当今世界发展的一个新潮流。中国采取新的战略，通过推动区域合作深化与邻国的关系。

东南亚地区一向是中国的重要战略区。在东盟的合作框架下，东南亚地区由分裂、动荡逐步走向稳定、和平与发展。为此，中国把发展与东盟国家的关系放在突出的位置。在采取一系列积极措施，改善与加强与东盟的关系基础上，2000年，中国率先提出与东盟构建自由贸易区。这个倡议得到东盟的积极支持，2002年双方签署了中国与东盟全面经济合作框架协议，开始了自贸区谈判，先后签订了物品、服务和投资协议，到2010年初包括货物、服务、投资开放在内的自贸区协议开始全面落实。同时，中国通过与东盟构建战略伙伴关系，发表了《南海各方行动宣言》，正式签署了《东南亚友好合作条约》。经过几年的努力，中国与东盟在政治、经济领域形成了多方位、多层次的合作框架。

中国与东盟的合作有力的推动了东亚地区的合作。在中国构建自贸区的激励下，日本、韩国都积极推动与东盟建立自贸区。在东亚形成了"10+1"，"10+3"以及东亚峰会（10+6）为基础的多层区域合作构架。中国成为这些合作机制的中坚力量。中国与东盟的合作，还有由东盟牵头中国参与的东亚地区合作多重机制，成为中国与邻国关系的新框架。

中亚地区是涉及中国周边安全的重要地区，受到极端主义、分离主义和恐怖主义的威胁。中国积极倡导与俄罗斯和中亚国家建立新型合作组织—上海合作组织，共同应对和解决三股势力带来的威胁。同时，在上海

---

① 王光厚：《从"睦邻"到"睦邻、安邻、富邻"——试析中国周边外交政策的转变》，第41页。

合作组织框架内，中国和俄罗斯、中亚国家积极发展新的合作方式，开辟新的合作领域。①同时，上海合作组织还建立观察员制度，邀请具有战略利益的印度、巴基斯坦、蒙古和伊朗作为观察员。上合组织是一个重要的创新。②上海合作组织以新的理念和原则开展成员国之间的合作，建立了领导人的对话机制，实施了一系列旨在维护地区共同安全的合作项目，该组织以安全合作为主要内容，逐步发展经贸合作。通过建立秘书处、反恐中心以及进行联合军事演习，中国、俄罗斯与中亚国家逐渐建立起信任和信心。

在南亚，中国还积极申请成为南盟的观察员，加强在地区层面上的对话与合作。在东北亚地区，尽管存在复杂的历史认知、岛屿和专属经济区的争端，还有朝核问题引起的紧张，中国还是作出积极的努力推动地区层面的对话与合作，比如开展中日韩领导人对话，发表三国合作宣言，建立中日韩峰会等，尤其是中日韩领导人会议，把三国的关系发展与对话合作置于区域制度化基础上，是一个历史性的突破，具有深远的意义。

在解决朝核问题上，中国积极推动和主持了六方会谈，六方会谈机制为缓和朝鲜半岛局势，为通过合作，而不是对抗解决朝核危机，为建立朝鲜半岛长期和平合作的地区机制提供了一个建设性的平台。尽管目前遇到了新的困难，处于停滞状态，但是，从长远看，它还是最终处理和解决朝鲜半岛关系，建立长久和平发展机制的一个基本框架。

在发展与邻国关系上，一个重要变化是，中国变得更为自信和主动。这种信心和主动性反映在两个方面：一方面中国提出了更多的倡议，另一方面中国接受和参与了更多地区制度安排。③

---

① 孙壮志：《中国与中亚国家关系的发展》，载张蕴岭主编《中国与周边关系：构建新型伙伴关系》，第342页。
② 如 John W. Garver 所指出的，"对于上海五国来说，共同面临伊斯兰原教旨主义的挑战是使合作得以形成的核心因素。" John W. Garver: China's influence in Central Asia and South Asia, in David Shambaugh edited, *Power shift-China and Asia' new dynamics*, p. 211.
③ Wang Jisi, China's changing role in Asia in Kokubun Ryosei and Wang Jisi edited, *The Rise of China and a Changing East Asian Order*, JCIE, Tokyo, 2004, p. 19.

二 新形势下的关系发展与面临的挑战

(一) 稳妥处理争端，但受到多种因素制约

经过长期艰苦的努力，我国与大多数邻国解决了边界划界问题，但是目前还与一些国家存在领土、岛屿和专属经济区上的争端。如何解决这些争端，是很棘手的问题。为推动与邻国睦邻友好关系的发展，在缓解和解决与邻国关系中存在的矛盾和困难，特别是在领土争议问题上，中国努力探索新的思路。

中国主张搁置争议，共同开发，促进领土争端的妥善解决。对于领土、资源争端，邓小平提出："有些国际上的领土争端，可以先不谈主权，先进行共同开发。"[①] 对于南沙群岛和中日钓鱼岛等争端，中国主张"搁置争议，共同开发"。搁置争议，并不是不承认争议，而是把有争议的主权问题暂时放在一边，避免激化双方矛盾。共同开发，是从经济利益入手，用经济利益的共同纽带将争议中的各方连接起来，使各方共同获益，为合理解决争端创造有利的环境和氛围，最终实现消除争端的目的。"先不谈主权"并不是不谈主权，而是一个选择谈主权的时机问题。在时机和条件不成熟的情况下谈主权，往往会把事情弄僵；在时机和条件成熟的情况下谈主权，则有利于问题的解决。

中国推动和平协商，合情合理地解决边界纠纷。对于边界争端，中国提出的解决思路主要包括：尊重历史和现实，和平协商；双方相互让步；在和平解决边界纠纷之前，维持边界现状，避免武装冲突，一时解决不了的，可以先放一放，不影响两国发展正常的外交、经贸关系。[②]按照这一思路，中国解决了与越南、俄罗斯、哈萨克斯坦、塔吉克斯坦、吉尔吉斯斯坦等国之间的边界问题，中国与印度也就和平解决边界问题达成了原则协议和共识，缓和了边界紧张局势。

---

① 邓小平：《稳定世界局势的新办法》（1984年2月），《邓小平文选》第三卷，人民出版社1993年版，第49页。

② 唐希中等著：《中国与周边国家关系（1949—2002）》，第17页。

从总体上说，中国在边界问题的解决上，主张求同存异，不纠缠历史旧账，强调面向未来，以长期的、战略的眼光解决问题，强调未来合作的利益，从双边关系的大处着眼。新的挑战是海上专属经济区的划分问题，随着联合国海洋法生效，这个问题的紧迫性突出，同时，由于这方面的问题非常复杂，各个领区的情况各异，因此，处理起来是非常有难度的。因此，这要求中国继续冷静地、从战略高度处理问题，积极寻求解决争端的机会，不使这些争端影响双边关系大局和中国在周边地区发挥更大作用的大局。

但是，领土、领海、专属经济区的争端是很敏感的问题，往往受到许多因素的干扰，有时候一点小小的火星就会点燃大火，激发民族主义情绪，引起争执反映的涟漪。比如2010年发生的围绕日本在钓鱼岛地区抓扣中国渔船事件，中日关系就急剧恶化，不仅导致两国外交关系紧张，也引起两国民众之间的不信任提升，使经过多年努力出现改善的中日关系又陷入低谷。

南中国海地区岛屿和海域划分争端本来在中国东盟合作大框架下得到稳定，但是，2010年越南在东盟地区论坛会议上提出南海岛屿争端问题，引发美国介入，一些人也借机渲染，为中国东盟国家的关系投上一丝阴影。

中印关系也受领土争端问题的干扰，在印度，领土问题成为一些人渲染中国威胁的借口，在一些情况下，也成为政治领导人利用的筹码，成为两国战略竞争的一个内在因素。近年来，印度一些媒体不时爆出有关领土争端的新闻，成为恶化中印关系气氛的导火索。

严峻的挑战是，在大多有争议的地区，对方都居"有效占领"的主动地位，对方越来越不认可在占领区存在争端，尤其是，在中国迅速发展和国力增强的大趋势下，中国的关于搁置争议、联合开发原则被认为是中国的"拖延战略"，越来越担心中国在足以强大之后会强制夺取。因此，面对中国势力的迅速提升，这些国家大都引入外部干预，尤其是美国介入，而美国则借机实现遏制中国的战略意图，这使得问题变得复杂化和更具敏感性。

（二）经济关系密切，但竞争性也增强

中国经济的持续高增长为邻国带来市场，使得中国周边国家的经济关系得到迅速发展，中国成为大多数周边国家的最大贸易伙伴，这使得中国与周边国家之间的相互经济依赖增强，共同利益增加。这大大加强了中国与周边国家关系发展的利益基础。

但是，在中国实力增强的过程中，周边国家所受到的影响和冲击无疑是最直接的。中国实力的迅速上升，对邻国带来复杂影响：比如，它可以引起邻国对中国的担心，对中国崛起后战略意图的怀疑和疑虑，进而激起"中国威胁论"，或者拉入外部大国，平衡中国的影响；中国发展的成功，中国为邻国提供越来越多的利益（贸易、投资、援助等）又会拉近他们与中国的关系，推动他们与中国合作，但同时，他们也会面对越来越大的来自中国的竞争压力，尤其是，邻国感受到的竞争压力也会成为其国内的政治与社会问题。中国需要处理政府与社会的关系问题，因为中国所提供的市场机会主要只能使那些大公司首先受益，而大众特别是穷人很难从中受益。

还有，中国对于资源的需求越来越高，也使邻国感到担心。中国的经济以制造业为中心，加上国内消费的增长，导致中国对资源的需求迅速上升，在资源方面国内供需的缺口也迅速拉大。其结果是中国不得不从海外获取更多的石油、天然气和其他许多自然资源，以保障稳定的供给。从资源供应的角度，周边地区处于优先的位置。从短期来看，这会为邻国带来财富；但是从长期来看，这也可能会造成关系的紧张，因为供应国会担心自己的主要资源迟早会被耗尽。中国也需要对越来越多的外国直接投资进行管理，并对不发达邻国提供更多援助，帮助它们实现可持续发展。

由于中国的实力还处于上升的过程中，从某种意义上说，中国与周边国家的关系尚未定型。在这个过程中，中国要作出切实的努力，减轻周边国家的疑虑，推动与邻国关系的发展，比如，以更为有效的方式，传达出中国的战略意图，避免邻国对中国的战略意图产生误判；更多地参与地区组织和多边合作，以制度、利益相互依赖等方式减少不确定性，结成利益共同体，在双方获取合作利益的同时减轻邻国的忧虑，增强邻国对中国的

信任。

（三）美国不是邻国，但是影响周边环境的重要因素

美国虽然不是中国的邻国，但是美国因素深刻地影响着中国与邻国的关系。在冷战时期，中国与周边国家的关系受到美国因素的很大影响。20世纪50年代，中国执行"一边倒"的外交战略，导致的一个结果是中国同美国及其在中国周边的盟友进行严重的对抗，美国也把中国视为需要加以遏制的对象。20世纪70年代初开始，中国同美国及其在中国周边地区的盟友联合。中国与日本、马来西亚、泰国、菲律宾等国关系的改善，受到中美关系改善的重要影响。

冷战结束后，美国对中邻关系的影响主要表现在，它试图防止任何一个有可能挑战美国霸权的国家出现。美国在中国周边有许多盟国，美国努力强化与日本、韩国、澳大利亚等传统盟友的关系，并试图扩大盟友队伍，比如，美国与印度的军事交流与合作迅速发展，美国借助反恐之机使它的力量向中亚国家渗透。美国的这些做法，客观上加大了中国的安全压力，加上美国在全球范围内对中国影响力的某种遏制，美国是对中国构成最大战略压力的国家。[1]

中国在发展与周边国家关系的时候，必然受到美国因素的影响。以中国与东盟国家的关系为例，东盟国家有利用美国平衡中国影响力的考虑，与此同时，美国也要努力防止中国对东盟影响力的上升，它也有主动进行平衡的一面。至于中国与美国的盟友发展关系，更要受到美国因素的影响。除双边关系以外，中国周边的诸多热点问题如朝核问题中，都有美国因素的存在，美国也在台海问题、南海问题上起着重要的作用。

2010年，美国高调宣称"重返亚洲"并采取了许多重大的措施。比如，借朝半岛局势紧张加强美日、美韩军事合作，进行大规模前沿军事演习，推动美日韩三边军事合作框架，这里显然有平衡和应对中国实力上升

---

[1] 王缉思：《中美关系：寻求稳定的新框架》，载牛军主编《中国学者看世界 中国外交卷》，新世界出版社2007年版，第233页。王子昌：《美国因素对中国周边安全环境的影响》，《当代世界》2005年第4期，第9—10页。

的因素，也对中国与日韩关系的发展增添不利的因素。再如，面对东亚合作潮流的发展，美国明确反对没有美国参加的东亚制度建设，并改被动为主动，签署东南亚和平友好条约，加入东亚峰会合作机制。美国加入东亚合作机制将会对东亚合作进程产生重要影响。

尽管在中国与周边国家的关系中，美国不是决定性因素，但美国因素不可忽视，并且将会长期存在。如何处理与美国的关系，维护自己的周边安全环境，并推动中国与邻国关系的健康平稳发展，是中国必须面对的一个重要问题。[①]尽管中国的区域关系战略并不是反美的，但是，没有美国参与的区域组织或机制仍然使美国极不放心。因此，中国在发展与美国的双边关系的同时，必须越来越多的考虑中美关系的地区因素，在可能的情况下，创造美国直接或间接参与的机制，对改善中国周边地区的环境可能有好处。

（四）进一步增强主动创造能力，取得战略主动权

自改革开放以来，中国加快了融入国际社会的步伐，中国对周边外交的重视程度也不断提高。20世纪90年代以后，中国与周边国家的关系有了实质性的提升和发展。真正意义上的周边外交逐渐成形。成功的周边外交，对于中国的未来发展十分重要，它有助于为中国国内集中精力谋发展而创造、营造、塑造安定的周边环境；周边也可以成为中国崛起为世界一极力量的主要支撑点与战略依托带。与近邻国家的共同发展，也可以提高亚太地区在世界格局中的战略地位。

过去很长一个时期，中国在与邻国的关系中是一个被动者，改革开放以后，我们把对外关系的重点转向经济发展，构建和平发展环境，使我国与邻国的关系得到新的发展，逐步实现了与邻国关系的正常化，基本上扭转了被动的局面。进入新世纪，我国与邻国的关系开始转向主动，这主要是因为：其一，中国与邻国在新的基础上发展起了紧密的利益关系（以经贸关系为基础）；其二，中国以新的思维、新的战略，积极主动提出倡议

---

① 张小明：《中国与周边国家关系的历史演变：模式与过程》，《国际政治研究》2006年第1期，第69页。

和设想，推动双边和地区的合作。

在主动的形势下，中国就可以做更多的事情，通过主动的努力，使双边关系和地区秩序向有利于和平发展的方向发展。进入新世纪以来，中国在经济、政治（政府功能性合作）、安全（主要是非传统安全，也包括传统安全）以及社会和文化（如资助孔子学院）等几乎所有可能的场合提出了新的设想。通过这些倡议，中国不仅提出了想法和建议，也提供资金上的支持。

从防御性的角度出发，中国曾认为，外部的制度性安排是用来对付和遏制中国的，因此往往加以批判和拒绝。而现在，中国认为发展地区制度合作安排是符合其利益和角色的。在过去的相当长时期，中国为其生存而感到担心。随着信心的加强，中国逐渐承认和接受了当前由美国或西方联盟主导或在其中有主要影响的现存地区与世界秩序。尽管中国并不赞同现有体系中的所有方面，但中国也并不认为现有秩序是完全不符合其利益的，因此并不试图挑战这一秩序。而且如果可能的话，试图融入这一体系。当然，另一方面，作为崛起的大国，中国的一些利益和要求在现有秩序中是不容易轻易得到满足的。这使中国试图推动发展与现有制度安排相平行的一些新的制度安排，以更好地服务于其利益。这可以解释为什么中国在新的地区制度安排中变得越来越积极主动。[1]不过，中国在这一方面比较谨慎，避免直接挑战美国的权力和影响。[2]

由被动应对到主动创造的明显转变是到了这个新世纪。推动区域合作是这个转变的一个凸显例子。2000年，朱镕基总理在东盟提出来要与东盟建立长期的经贸关系，搞自由贸易区。这显然是一个主动型战略。改革开放后，我们先是要求加入世界贸易体系—关税贸易总协定，也就是当今的世界贸易组织（WTO）。要求加入WTO不是创造，虽然是一种主动性参

---

[1] 有些学者认为，中国已经成为国际体系的圈内人，是一个试图维护体系的现状国。A. I. Johnston: Is China a status quo power, *International security*, vol. 27, no. 4, quoted from Susan L. Shirk: *China: fragile superpower*, Oxford University Press, 2007, p. 107.

[2] 正如一名美国亚洲问题专家Robert Sutter所指出的，中国看来"急于找到一种方式，使得中国在亚洲和世界范围中迅速上升的影响力不被看成是对美国的权力和影响力的挑战"。Robert Sutter, China's regional strategy and America, In David Shambaugh, *Power shift-China and Asia's new dynamism*. University of California Press, Berkeley, 2006, p. 291.

与，但是在关系构架上很被动，人家掌握着主动权。我们要求人家允许入伙，人家不会轻易放你进入，结果谈了15年，好不容易才进去了。2000年就不同了，我们主动提出来，得到东盟的响应，很不一样。我当时是专家组成员，在研究过程中，就可以把我们的一些想法与东盟商量，处在主动地位。中国—东盟自由贸易区建设这步棋把我国的外交这盘大棋搞活了。接着，日本跟进、韩国也跟进，我们走在了前头，使得东亚地区的合作有了显著进展。还有就是上海合作组织的建立，也是我们采取主动，以新的理念和方式处理共同的非传统安全威胁，取得了与俄罗斯、中亚国家合作的主动权，创建了新的安全与发展合作形势。

我们创造环境从推动区域合作开始，进一步延伸到国际层面，比如在这次金融危机中，通过20国集团会议，我们提出了许多新的主张，旨在推动建立更加合理的国际货币金融体系，这有利于我们的发展，也有利于世界的发展。我们推动构建合理的国际经济体系，不是要搞革命，推翻现有的旧体系，而是与其他国家一起，对其进行调整、改革，实现稳定、有序的逐步过渡。这样一种稳定转变的秩序对大家都有利，我们是发挥建设性的作用，不是破坏性的作用，我们是通过参与现有体系取得发展的。

在国际关系方面，我们主张以一种新的思想、新的方式来构造对外关系和安全结构，为此，我们提出了"新安全观"。什么是"新安全观"？就是跟旧安全观不一样的安全关系和架构。旧的安全观是什么？就是军事结盟关系，是二战以后形成的，是以美国为主导的军事同盟，包括双边同盟和地区同盟（大西洋联盟）等等。我们提出的"新安全观"，核心就是共同安全、协商对话，避免使用对抗的方式、军事的方式。在与邻国的关系上，我们提出来很多新的原则，比如，与邻为善、以邻为伴，安邻、睦邻、富邻等等，我们不仅说说而已，也实际努力去做。

在国际秩序方面，我们提出了构建和谐世界。和谐世界思想基于我们的传统价值文化，也基于和平发展的需要。中国的传统文化价值强调"和而不同"，和就是和谐共存，和睦相处，是在尊重不同的前提下求得共同发展。世界是多样的，不同是客观存在的，和是争取的目标。我们提出来构建"和谐世界"，这就改变了长期以来形成的西方主导的基本价值观和思想文化观念。

冷战结束以后，本来是可能发生一场大的冲突的。苏联垮台了，社会主义体系没有了，剩下的就是中国，还有几个小的国家共产党执政，西方在推行民主的口号下，要实现"历史的终结"，这个形势很危险。我们小心地、谨慎地、主动地创造环境，提出构建"伙伴关系"。伙伴关系就不同于敌对关系，寻求的是合作，而不是对抗。我们不是在搞游戏，而真是在努力构建合作伙伴关系，我们和俄罗斯、美国以及其他大国构建伙伴关系，和邻居也构建伙伴关系，而且有不同的特点、不同的定位，这是我们取得了主动。现在，伙伴关系已经成为世界普遍接受的一种新型国际关系方式。二战以后的冷战时期，是两个阵营的敌对关系，两个联盟对抗，把世界推向冲突的深渊。冷战结束后，我们与其他国家一道，以新的观念、新的方式处理国家间关系，经过努力改变了世界的格局，我们是有贡献的。应该说，很大程度上，通过这样一种创造，既改善了我们的发展环境，也在一定程度上改变着世界的国际关系格局。

中国的快速崛起引人关注。我们主动提出来要和平崛起，走和平发展的道路。如前所述，像中国这样一个大国强大起来了，它要做什么，大家都关注，因为涉及人家的切身利益。我们提出始终不渝地坚持走和平发展的道路，走一条不同于传统大国崛起（特别是近代）的道路。我们坚持和平发展，开始很多人可能不信，如果我们坚持下去，让时间考验，慢慢大家会把它作为国际关系中新的准则，至于将来能不能成为主导的关系，还要看我们本身的发展。

从总体上来说，自新中国成立以来，有真正意义的创造型周边外交的历史并不长，而且，在这个过程中，新生事物不断涌现，出现了许多新问题和新挑战，同时，也提出了很多解决问题的新思路。如何与邻国长期友好相处，是我们面临的一个重大历史课题，这也是一个学习和探索的过程。我们需要不断总结其中的经验教训，使中国与周边邻国的关系长期稳定、和平、合作与发展。

正确把握我国面临的国际环境[①]

争取长期和平发展的环境是我国实施改革开放政策以来的大政策。在当今复杂多变的国际形势与格局下，如何分析和判断我国面临的国际环境，对于我国制定对内、对外政策至关重要。

一　大国关系与安全环境

新中国成立后，大国关系一直对我国的外部环境、对外政策以及在一定程度上的国内政策取向产生重大影响。

20世纪50年代，由于美国及其他西方主要国家的遏制政策，迫使我国不得不实行"一边倒"的政策和苏联式的计划经济体制；60年代，中苏关系破裂，中国安全受到威胁，迫使中国重构对外关系，实行联美抗苏的政策，改善中美关系以及与西方其他大国的关系对于支持我国实行改革与开放政策起到积极的作用。苏联解体，冷战结束后，我国确立独立自主的外交政策方针，发展起了以稳定、对话、合作为特征的大国伙伴关系框架，这对于创建一个有利于我国发展的长期和平环境是非常必要的。进入21世纪，国际形势和国际格局发生许多新的变化，展望未来十几年，国际形势和国际关系格局的发展具有很大的不确定性，对我国来说，风险与机遇并存。重要的是我们能够洞察风险与挑战，未雨绸缪，及早准备对策，把风险降到最小。

我国一向把发展稳定的大国关系作为一个大政策。从我国面临的外部

[①] 这是2006年为政府有关部门撰写的一份调研报告，亚太所的部分研究人员参与了讨论，报告由我撰写，收录本书时略有删减。

环境分析，未来十几年具有挑战性的是我国与大国的关系和与此相关的国际安全环境。

（一）大国关系面临的挑战

大国关系是我国对外关系中影响最大的关系，也是对我国外部环境起决定性影响的因素。

在我国与各大国的关系中，与美国的关系居于首位，是具有导向性、动一发牵全局的关系。

在未来十几年内，尽管我国在处理中美关系方面所拥有的主动权会进一步增加，但是，起主导作用的还是美国的对华政策。美国对华政策的制定，取决于其对中国发展对美国战略利益影响的认定。美国对中国发展的战略认定建立在三个判断基础之上：一是中国是否对美国形成挑战，作为美国的挑战者；二是中国是否改变现有秩序（美国主导的），损害美国的根本利益；三是中国强大了要做什么，是否会创建自己的国际（尤其是地区）秩序。美国是一个超级大国，一个霸权国家，同时也是一个意识形态至上、强烈反共的国家；但是，另一方面，美国是一个两党制、三权分立的国家，其决策判断受到各种因素的影响和制约，会因时间和形势而变化。于是，反映在美国政府的对华政策上，往往表现为主观性、非理性和非连贯性的特征。这些特征会以不同的形式反映到美国对华关系的实施之中。

从总的来看，美国的对华关系有三个基本取向：接触、制约和防堵。所谓接触，主要体现在把中国纳入现有的秩序和规则之中；所谓制约，主要是通过限制高技术流入（包括民用和军事）延缓中国的崛起进程，通过构造同盟网络限制中国的作用影响；所谓防堵，主要是稳固和加强自身的力量和部署（主要是军事）以防止不测，并在发生冲突时保持优势。在具体落实上，这三个方面之间有联系，也有分离，不同的时期可能有不同的重点，有协调也有矛盾，但是，在一般情况下，是三个方面的综合。在具体政策上，往往摇摆于现实主义与理想主义之间，在实际利益与政策落实上相矛盾；在表现形式上，既是"非敌非友"，也是"似敌似友"。在未来十几年内，估计这个基本特征不会发生变化。显然，中美关系的巨大风险还是"不确定性"。美国看中国是这样,我国看美国也是这样。因此,重要的是通过务实的操作,最大限度地降低实际政策和行为中的这种"不确定性",尽可能的增加分析认定上的透明度和政策取向上的可预测性。对我国来说,最大的挑战和风险是,美国在战略与政策上对我的敌意(因素)增加。

我们对未来一个时期美国对华战略与政策作以下几个判断:

其一,美国将继续对华接触政策。对美国而言,这主要是因为中美之间有着密切的相互依赖的利益。在许多重大利益,包括战略利益上,美国需要中国的合作。中国是在参与现有国际经济政治安全制度的基础上发展崛起的,这使得中美之间有着接触的基础和利益结合点,因而与冷战时期美苏对抗有着根本的不同。美国与中国接触的政策目标是把中国纳入现有的国际体系和规则。这尽管不完全符合中国的利益,但也不是势不两立。中国不会接受美国从政治上改变中国,因此,会反对美国对中国政治发展进程的干涉。但是,只要不是强制性的干涉,对话空间是存在的,中国也会在自身的改革进程中借鉴吸收外部的经验。在地区和国际问题领域,美国的首要战略是维持现有秩序和结构,应付新的挑战(如反恐)。随着中国的影响力增强,美国需要与中国协商,需要中国的理解甚至是合作。出于复杂的原因,美国难以将中国作为其"友",即战略同盟。这一方面是意识形态的因素,但另一方面也是因为中国不会甘做顺从美国的盟国。因此,从政治层面,我们看到,美国并不喜欢中国的崛起,但是,也不得不与中国进行协商对话。从中国方面来说,进行协商对话也符合自身的利益,因此,我国也应积极争取,乐观其成。

其二,美国会继续对中国的崛起进行制约。美国担心中国的强大会对其利益形成挑战,这个心病是无法消除的。因此,美国会拖延中国崛起的进程,尽可能限制中国拥有可以成为强国的技术、武器装备。对于向中国的高技术和尖端武器转让,美国会继续加以限制,并且不仅自己这样做,还会竭尽可能地要求别国也这样做(利用技术专利、盟国关系等)。当然,由于中美之间、中国和其他大国之间有着密切的经济联系,跨国公司作为市场行为主体进行跨国投资生产,因此美国要想完全封住高技术、尖端武器流入中国是困难的,这里也有美国利益与其他国家利益、国家利益与跨国公司利益上的矛盾和竞争。由于中国是世界市场和现有国际体系的参与者，因此美国难以利用国际机制对中国进行封锁。同时，另一方面，美国还会采取多种措施以遏制中国的作用和影响，维持美国本身的影响和利益，比如加强同盟，扩大同盟网，配置和支持抗衡力量等。这些行动主要在中国周边地区，因此，中国会在自己的周边更多地看到和感觉到美国活动的影子。美国这样做，并不表明已经把中国作为敌人对待，而是作为挑战者对待。

其三，美国会继续采取实质性的措施对付可能出现的危机和冲突。从目前的趋势看，未来十几年内，中美发生全面对抗的可能性极小。台湾问题是唯一可以把中美拖入军事冲突的热点，美国对此不放弃准备。对于中美双方而言，台湾都具有重要的战略意义。从中国的角度看，台湾涉及主权，涉及整体安全与利益，对台独和台湾被分离的任何取向都是不能容忍的。从美国的角度看，台湾具有战略意义，也具有政治意义，除非台湾内部政治走向与大陆融合，否则美国不会轻易放弃台湾。美国在台湾问题上可能会做两件事：一是以发展民主的名义，支持台湾发展独立的政治，保持与大陆的分离；二是把台湾纳入亚太安全体系，建立一体的地区情报、防卫网络，同时结合其亚太综合安全体系的调整，增强能够对付台海危机的优势军事力量和体系。尽管美国在亚太地区的军事调整和部署并不全部是为了台湾问题，但是，应对台海危机无疑是最主要的一个部分。应该说，美国在亚太地区的军事调整和部署是其全球战略调整部署的一个组成部分，涉及我国的部署还不是进攻性的。对我国而言，只要台海局势可控，中美发生军事冲突的风险就可以降到最小。

尽管如此，在美国的战略中，对我产生重大挑战和威胁的因素还是值得给予高度重视的：

其一，美国压缩中国的发展和战略空间。美国充分利用其在亚太地区的前沿军事部署、安全网络体系和绝对优势军力，一方面保持和加强其主导与霸权地位，另一方面最大幅度地挤压挑战者的生存空间。尽管对美国形成挑战的战略竞争者，远不止中国，还有俄罗斯、欧盟，甚至包括印度、日本、伊朗等，但是，中国的分量无疑是很大的。压缩我国崛起和扩大影响的空间是美国的一个重要战略意图。由于美国拥有最先进的技术，因此在其建立地区甚至全球安全体系（包括监测、预防）后，我国的一举一动都会在其监控之下。美国将会继续在三个方面加强这种部署：一是保持自身的优势，发展最先进的军事技术和装备；二是在深化和加强现有军事同盟的同时，扩大同盟网，发展新的同盟国，限制中国的活动空间；三是挑动和支持中国国内的反对势力，分散和削弱我国的政治治理能力。

其二，美国施加压力，加剧经济摩擦。美国是中国的主要出口市场，是中国贸易顺差的主要来源，今后十几年内，美国市场的分量还会很大。同时，另一方面，中国资本进入美国市场的规模也会进一步扩大。面对中国的经济崛起和竞争，美国会进一步加强限制，用各种手段降低中国产品的竞争力，甚至为中国经济的增长制造麻烦。20世纪70年代，面对日本的竞争，美国采取了很多措施，其中包括限制日本产品进入、压日元升值，结果，日元的大幅度升值对日本经济造成了致命的创伤。尽管目前中国的出口竞争还基本上没有触及到美国的高端产品，但是，今后十几年内，这方面的竞争会加剧，尤其是中国收购美国的公司，会引起政治波澜，甚至影响外交关系。美国拥有影响中国经济的动员能力，对此，要有充分的准备。

总之，中美关系事关全局，影响极大，风险最高，但是，另一方面，也要看到，中美关系回旋发展的战略空间还是很大的，是可以加以利用的。在稳定中美关系、避免冲突（尤其是战略冲突）、发展合作方面，我国还是有很大主动权的，并不是完全被动应付。

中俄关系在我国对外关系中居于重要地位，具有特殊性。其重要性在于，俄罗斯是大国，是我国的邻国，关系好坏对我影响极大，而且俄拥有丰富的资源，是我重要的供应市场。其特殊性在于，两国面临相似的国际环境，有着很大的战略合作空间。中俄已经基本没有历史遗留的未解难题，有着相互需要的利益基础。尽管中俄不是密友，但也不是对手。从未来十几年的发展看，中俄之间并不存在结构性战略利益冲突，因此，双方总体上仍将继续保持稳定的战略合作关系。

但是，俄罗斯的未来目标是恢复大国地位和影响力，对中国的崛起亦保持警惕，在对华关系上，其政策取向是防止中国对中亚国家具有过大的影响力和深层次介入，避免经济上对中国的过分依赖（包括能源供给市场），防止中国控制其资源和领土，尤其是防止中国大公司过度参与其资源开发，以及人口大量移入西伯利亚。因此，我们会看到一个两面性的俄罗斯：在国际战略上与中国协调合作，在双边关系上与中国拉开距离空间。

最可能对中俄关系产生伤害的是以各种形式出现的（有时是人为制造的）"中国威胁论"（掠夺资源、人口入侵、军事技术赶超等）。由于中国的快速发展和显著提高的影响力，在俄国内，警惕中国的"中国威胁论"还是很有市场的。这必然会反映到俄罗斯的对华政策上，比如限制对中国的军事技术转让，制约中国在双边关系以及地区合作中的影响力，阻止中国公司购买俄罗斯以及中亚国家的资源和其他资产，俄还会凭借资源优势，在中日韩之间打牌，牟取最大利益。对此，要心中有数，但是，发展与俄罗斯的全面合作还是具有战略和现实意义的，应该务实推进。

关于中日关系，从日本方面来说，它主要有三个担心：一是中国对日本形成的竞争；二是中国压缩日本的影响和作用；三是中国解决台湾问题危及日本的生存安全。中日关系正处在复杂的转型过程。一方面，两国经济关系空前发展，互为重要市场，建立起紧密的投资生产链；另一方面，政治互信滑坡，海岛和资源争端凸显，安全战略冲突。

中日关系有稳定的一面，主要的构成因素有：其一，密切的经济联系纽带。中国需要日本的市场、资金和技术，而日本也需要中国的大市场。处于转型期的日本经济，尤其需要中国的市场。为数众多的日本公司要靠中国市场生存，向中国的出口成为支撑日本经济增长的重要因素。这是日本政府必须考虑的因素。其二，中日是近邻，出于各自的利益需要，稳定关系是中日政策的主导取向。尽管日本国内民族主义、右翼势力影响增大，但是任何政府领导人都必须考虑与中国关系的基本稳定。其三，中日关系被植入美日关系、亚太和东亚区域合作的框架之内，从而形成了一种稳定关系的外部压力。

中日关系也存在不稳定的变数，主要的问题表现在：其一，日本对中国的关系定位。日本进入新的政治外交转型期，转型的一个重要考虑因素是如何面对中国的实力上升，与一个强中国打交道。应对中国崛起带来的挑战和其认定的威胁,是日本今后十几年国防、外交的重要内容。为了动员国内政治的支持,日本政治家,同时也是日本的政府,会对中国表现出强硬的姿态,在一些方面(如历史问题,东海划界问题)甚至与中国进行对抗,这样会对未来的中日关系产生不利影响,也会引起我国国内的强烈反应。其二,强化美日同盟安全战略主导之下的日本的行为。日本把与美国的安全同盟置于首位,借此实现自己的大国地位和作用。日本借助美国,延伸情报收集监测范围,提高应对和干预军力,成为美国压缩他国尤其是中国战略发展与活动空间的助手。同时,另一方面,日本还可能会以自己的安全受到威胁为由,助推美国及美日同盟采取措施,对日本赋予参与和干预权利。在一定情况下,日本也可能会主动挑起事端(比如,东海资源开发),为发展自身力量、进行干预寻找借口,并且助推美国采取行动。其三,日本在台湾问题上做动作。日本与我国台湾有着千丝万缕的联系,尤其是与台独势力,联系根子很深。未来十几年内,日本还是不会公开支持台独,其最可能做的,也是影响最大的,将是支持美国并与美国一起把台湾实质性地纳入美日安全体系,为台湾建立保护伞,阻止大陆对台采取军事行动。其四,在东海地区采取对抗行动,在我国不承认的中线以东进行油气开采,并且通过国内立法授权军方保护日本公司。如果发生这种情况,必然会引起中日的直接冲突。鉴于中日政治关系的现状,发生此风险的可能性很大,要未雨绸缪。

中印关系既是老关系,也是新关系。从未来发展看,中印关系将难走出老关系的阴影,但会在新关系方面出现新的机会,因此,双边关系会进一步得到改善和加强。

从新关系的角度来看,主要有以下几点因素:其一,中国的迅速发展为印度提供了机会,因此,加强与中国的经济联系与合作是印度未来的重要战略。这也符合我国的利益。虽然印度可能会在经济层面与中国形成一定的竞争,但总体上不会对中国构成实质性的挑战,中印的互补性很强,进出口重点有较大差别。其二,印度在几经调整之后确立了"东向战略",即通过参与东亚区域合作,走出南亚,一方面为其经济发展提供扩展的机会,另一方面,扩大其政治影响力,拓展战略空间。中国是实现其东向战略的一个关键。其三,印度要成为世界大国,尽管与中国存在一定的竞争,但是,改善与加强同中国的关系具有重要意义。同时,在争取崛起的有利国际环境方面,两国有着许多共同或接近的利益。

但是,新关系的另一面,即印度崛起对中国挑战的一面,也是值得重视的,挑战也是严峻的。其一,印度的防华、制华战略。出于地缘和历史的原因,印度把中国的崛起看作是威胁,把"防华、制华"作为一个现实政策。印度不惜国力,发展超强军力,主要是为了做大国和对付巴基斯坦,但也是针对中国的。在解决两国边界划定上,尽管印度显示出一定的诚意,但是,仍然不想做实质性的妥协,因此,解决的难度很大。其二,美印战略联盟大大提升印度的军事实力,使其核武合法化,扩延了美国遏制中国的包围圈,加强了美国在印度洋上的实际干预能力,划定了把我国排斥在外的战略区。其三,南亚地区仍然存在不稳定因素。尽管印巴关系会趋于改善,但是,内在的矛盾仍然很多,印巴都是核国家,尽管发生核战争的风险几率很小,但是,冲突的根子存在,尤其是恐怖主义活动很难避免。如果事态严重,就会激起印度的干预。同时,印度也会尽力排斥我国在南亚地区的影响力,力图强化其在南亚的主导地位(包括南亚地区合作)。

中印同时崛起,这是21世纪的一件大事。两国从总体上看,不是零和性质的争做大国的敌对关系,因此,"两强"具有很大的共容性,这是未来十几年,对中印关系的大局具有根本性影响的一个特征。

(二) 新安全环境的挑战

未来十几年是我国发展的战略机遇期,实现发展的战略目标,需要一个和平的发展环境。从总体来看,随着我国的实力增强,我国掌控外部环境的能力也会进一步提高,但是,也应该看到严峻的挑战是存在的,有时,挑战所激发的风险可能会凸显。

所谓安全环境,最基本的含义是,一国生存与发展具备的综合条件。从外部来说,对安全环境的威胁主要来自于不稳定、冲突或战争。威胁是安全的对立面,安全就是要减少或消除威胁。威胁即导致发生冲突或战争的因素很多,既可以是单个因素,也可能是多种因素的综合作用结果,一般来说,后者的可能更大些。因此,分析未来安全环境主要是对可能引起冲突或战争的因素进行分析判断。

一国的安全环境总是处在一定的安全结构之下,而这种结构则构成一种秩序,决定安全秩序的主要是各国之间关系的架构,其中起主要作用的是大国的对外战略与政策和以此为背景的对外关系。一个国家的对外战略与政策,尤其是大国的对外战略与政策,必然对它与其他国家的关系产生决定性的影响。因此,分析我国的安全环境必须认真分析大国的对外战略与政策,尤其是其对我国的战略与政策,从这个意义上说,大国关系是构成我国安全环境的一个关键因素。

然而,安全环境不是一种简单的双边关系,而是一种综合关系结构,或者说是一种秩序。每一个国家都处在这种秩序之中。尽管大国关系对于构成这种秩序往往起着关键的作用,然而,它还取决于许多其他的因素。有时,其他的因素对于秩序的构成,尤其是对于秩序的维持会产生重大影响,一种秩序的破坏很可能是来自突发性的因素。世界上没有绝对的客观存在,任何因素都具有相对性,因此对形势的任何判断都离不开自己的利益定位与价值判断。

导致安全环境恶化的因素很多,有些是现实存在的,有些是急剧生成的,有些是主动造成的,有些是被动接受的。比如,领土与主权争端是一个现实存在的因素。领土争端或因领土问题引起的冲突与战争,是危及国家安全的最原始、最直接的因素。一般而言,领土争端主要是由于疆界未定,冲突则是由于邻国之间一方对未定疆界领土的主动圈定和占有,有的情况下,也可以是由于几方同时宣称拥有主权并采取实际占有行动。和平解决争端的途径,主要是通过法律的手段划定边界,但在情况比较复杂,一时难以划定边界的情况下,也可以通过约定或协议,搁置争端,从而起到避免因争议引起冲突的作用。但是,在和平手段不能奏效的情况下,也会发生通过强制手段,包括军事手段,来实现目的的情况。军事冲突具有极大的破坏性,是应该尽可能避免的。再比如,安全环境还会在很大程度上取决于对安全环境的定位。一般来说,一国非常强大时,所要求的外部环境是一种保护型安全结构,即保护现有结构秩序,防止别国对自己的地位和利益进行挑战;一国处于弱势地位时,所要求的是一种防卫型的安全结构,即阻挡强者对自己的存在和利益进行侵犯;一国处于发展上升阶段时，所要求的是一种稳定型安全结构，即维持一种稳定的发展环境，但是随着发展的需要，它同时也要逐步开拓一种更有利于自己的环境。一个处在发展上升期的国家对安全环境的定位主要包括：基本安全，自己的主权和基本利益不受侵犯；发展安全，维护自己经济社会的基本稳定，争取有利的发展条件；利益安全，确立自己在地区或国际秩序结构中的基本权益和作用。

因此，一个国家所处的外部环境不是一种完全外在的和被动接受的现状，而是一种有自己参与的、可以改变的复杂结构。同时，对安全环境的判断不仅取决于客观的结构存在，而且还取决于自己的认识和判断。[①]

同时，重要的是，安全环境具有创造性。所谓环境创造，是指通过一定的努力创造一种比较有利的环境，或者改变环境制约因素，使其向有利的方面转变。环境创造是一种主动行为，可以通过一个国家来进行，也可以通过几个国家的合作来进行。环境创造是一种战略。把它作为一种战略的重要意义在于，抓住机会，主动开拓。

从前面的分析我们可以看到，对我国安全环境构成重大威胁的，仍是美国以战略包围与遏制为出发点的安全部署。这集中反映于美国在我国周边地区的部署：一方面，不断加强和扩展在亚太地区的双边同盟关系。这是美国亚太安全战略的重要依托。在巩固已有的美日、美澳关系的同时，美国不断提升与印度等国的军事合作关系。另一方面，发展多种形式的军事合作关系，构造出一个"软性"的基地网。其中包括在菲律宾、新加坡、印尼、马来西亚、印度、巴基斯坦等国增加"军事落脚点"，弥补美军力量原有的"空白点"，恢复了前些年因撤军等因素而削弱的军力，扩展了美军的实际活动空间。同时，以"无障碍进入"的"菲律宾模式"，谋求有关国家成为"事实上的美军基地"。"9·11"事件后，美军以帮助菲律宾打击其国内恐怖主义为名，通过美菲联合军演，进驻菲军事基地。美军没有在菲重新设立军事基地，而是通过签署相关协议，使美军可根据具

[①] 正如有的学者指出的，一国对安全环境的主观认识必然影响其安全战略，而安全战略对其客观安全环境的变化又有相当的反作用。严学通等：《中国的崛起—国际环境评估》，天津人民出版社1998年版，第196页。

体情况和需要,不受限制地随时使用菲有关基地。美国通过与有关国家签订后勤保障、开放领空等协定,开发可支援远距离持续作战的各种保障系统,为美军的具体行动提供必要的后勤支持和各种便利。

尽管美国的战略意图是全球性的,因此在应对我国崛起引发的挑战时,并不像对付前苏联那样具有进攻性,但是,它通过前沿部署和提升军事高技术能力(包括进攻能力和导弹防御体系),把我国的军事能力置于其监控之下,极大的压缩了我国的空军、海军、导弹力量的扩延和活动空间。这一方面会加大我提升军事能力的成本,另一方面也限制了我军事的动员能力,进而影响和制约了我国处理危机事端或干预可能对我造成挑战的事态的能力。从美国的战略企图来看,也正是这样,尽可能压缩我崛起和发挥作用的空间,降低我国除与美国合作之外的拓展空间(比如,扩大海上安全的自主防卫能力)。在一定程度上,这也可能会助长其他国家,尤其是有争端或战略分歧的国家对我国进行挑衅。

领土、领海争端升级是一个新的安全威胁。中国与众多国家毗邻而居,历史上没有严格的疆界划分。近代领土主权概念的引入和政治经济的发展使得中国与邻国之间产生了领土领海争端,疆界划定成了中国处理与邻国间关系的一个最基本的问题。新中国成立后,中国曾经因陆地领土争端与苏联、印度、越南发生过武装冲突,无论是对我国自身的发展还是与这些国家的双边关系都造成严重的影响。经过艰苦的努力,目前,我国仅与印度尚存陆地领土争端,其他基本解决。陆地边界的基本解决为稳定我国的周边形势,深入发展双边关系和发展地区合作奠定了稳固的基础。从印度方面来说,尽管有着通过增强军力和战略威慑力争当世界大国的意图,但是,其通过武力强行占定边界的可能性极小。在中印领土争端上,坚持稳定现状、缓和局势、寻求逐步解决的基本政策符合双方的利益。不过,我与印度之间的领土疆界划定难度很大。

我国与邻国在专属经济区和海洋岛屿上的争端情况比较复杂,有历史原因,也有现实原因。中国与8个海上邻国有海洋争端,与6个国家有海洋岛屿争端。解决这些争端并不是一件容易的事情。正如有的学者指出:"中国的领土完整、海洋权益要维护,邻国的合理权益也要尊重,如何妥善处理海洋争端，将是21世纪中国安全与发展面临的一个非常棘手的问题。"①也就是说，既要考虑到历史，也要考虑到现实，同时也要考虑到国际公约。可以说，在所有争端中，最具感情因素的是钓鱼岛问题，最具风险的是中日东海划界问题，由于涉及资源开发，而且缺乏政治信任和解决诚意，因此发生军事摩擦甚至小规模交火的可能性存在。南海问题比较复杂，由于我国和东盟之间正在发展良性合作，创建了协商机制，因此，发生大规模冲突的风险降低，只要没有外部因素的直接参与和介入，稳定局面、小步推进的趋势将得到维持。

对我国未来外部环境最具挑战的周边热点问题升温，其中，最具有风险性的是台湾问题和朝核问题。

关于台湾问题，从目前的情况看，经过民进党几年执政和国民党下野调整，台湾岛内的政治形成实力相当的两党。这种局面对于防止任何一方走向极端是有利的。尽管台独势力还会不断的躁动，但是，由于两党对立制约，加上我的经济发展与实际军事压力，民进党从政治上走向极端，把台湾推向台独的可能性降低。鉴于未来十几年，我国最需要的是台湾不走向台独极端，以避免我被迫采取军事行动。从这个角度出发，未来台湾局势发展有对我有利的一面。如果国民党上台执政，这种局面可能会更稳一些。因此，我们的一个基本判断是，未来十几年，台湾岛内政治不构成台湾走向独立的环境条件。台湾问题的真正威胁可能来自外部，来自美日与台湾的军事安全关系深化，实质性地把台湾纳入美国主导的亚太安全体系，使美台军事关系常规化。这对于我国来说是一个很大的挑战。如果我对此不做出强烈反应加以制止，则等于认可其进一步发展合法化，同时也会助长台独势力进一步发展。如果做出强烈的反应，我有制约性的措施选择空间较小，因为既不能破坏与美国的大关系，又不能损害我国的总体安全与和平环境，这是一个难题。

关于朝核问题，解决朝核问题涉及多重关系，需要条件，也需要时间。目前的六方会谈会是一个基本框架，为各方所接受，近期寻求新的机制（比如美朝直接谈判）的可能性比较小。然而，六方会谈承担不起久拖

---

① 朱听昌主编：《中国周边安全环境与安全战略》，时事出版社2002年版，第10页。

不决的风险，因此，今后一两年内必须有一定的成果。一个可能的趋势是，美国基本接受朝鲜的分阶段弃核，朝美关系逐步实现正常化。如果是这样，以六方会谈为基础，发展地区安全框架的可能性比较大。这是对我有利的一种局面。但是，美国的战略不仅仅是要解决朝鲜的核问题，还要改变朝鲜的政治，如果把核问题与朝鲜的政治制度联系起来，朝鲜肯定不干，我国也不会容忍。这样，朝核问题可能会久拖不决，致使朝鲜半岛陷入对峙与紧张，六方会谈框架解体。这种局面增加了半岛局势的不稳定性，可能把我拖进复杂的关系与局势之中，这是对我很不利的。考虑到各种因素，美国直接进行军事干预的可能性比较小，利用韩国进行直接干预的可能性也比较小（即便大国家党上台执政）。这样，一种可能是局势持续紧张。同时，朝鲜政治因为外部压力出现剧变的可能性较小，但是，如果内部经济继续困难，出现政治变化的可能性是存在的。

东海海域划界问题作为一个新的热点，在今后几年，其热度会上升。中日之间主要的矛盾，一是大陆架与中线原则之争，二是资源（油气）开发。双方让步的可能空间很小，国内政治与跨国问题紧密联系。一方面日本会借此加强军备，加强干预，其中包括进行军事干预（比如，保护日资石油公司开发）；另一方面，拉美国下水，在发生事端时支持日本。尽管发生大规模军事冲突的风险并不存在，但是，任何小规模冲突都会在双方国内激起大浪。同时，日本以及美国还会借机强化"中国威胁论"，置我于被动。

（三）政策性思考与建议

从总体上看，我国在未来十几年所处的国际环境错综复杂，但是，基本的趋势是好的，维持一个比较稳定且对我比较有利的环境是可能的。关键是要处理好一切影响最大、最有可能引起大乱子的问题。尽管从总的来说，我国对外部环境的发展拥有越来越大的影响力，但还不具备完全按照我国自己的利益来设计和创建国际（其中主要是地区）秩序和环境的能力与条件。因此，在很大程度上，我国还是要参与现有的秩序和接受现有的基本环境，在此基础上，争取对我较为有利的条件，避免（或减轻）发生对我特别不利的环境。在争取和创造一个对我比较有利的国际环境方面，我国有着很大的活动空间和回旋余地。

　　1. 处理好大国关系是最重要的，也是有条件的

　　中美之间能否建立起一种稳定的关系？答案是可能的。美国未来的大战略就是维护和加强其世界霸权地位。我国的大战略是争取一个较长时期的稳定、和平环境，继续发展经济。中国实现这个战略，一是靠积极参与现有秩序，在参与中争取自己的利益；二是靠深化自身的改革开放，通过发展实现有序转变。显然，接受现有秩序并维护其基本稳定，符合中国的基本利益。中国的对美战略是建立在三个基点之上的：一是认可美国的超强作用；二是在尽可能多的领域进行合作；三是提高自己的实力地位。这三个方面构成一个稳定的支架。只要美国承认中国在现有体系里的利益和中国发展与稳定的需要，认同中国的作用，中国就不会是美国大战略的挑战者，也不会对美国构成威胁。从目前看，美国政治是向这个取向发展的。在此情况下，中美之间的矛盾是可以调和的。如果把这种认识作为分析未来中美关系的基本框架，那么，在今后一个时期，保持中美关系大格局上的基本稳定是可能的。如果中美关系发生大变化，不会是中国主动挑战或威胁美国的战略与地位，而可能是下述两种原因：一是美国自己主观的把中国确定为挑战者或威胁者，对中国采取战略对抗政策；二是美国损害中国的基本利益，如支持台湾独立，或对中国实行敌对性政治、军事政策。在美国，存在着敌视中国政治制度、惧怕中国强大的政治势力，因此，对中国的崛起和强大在美国有着复杂的认知。在正常情况下，美国的当权者要考虑本国的总体战略和利益，会把中国作为一个实力上升、影响增大的战略力量对待，即使发生矛盾，也会首先寻求对话与合作。现行的亚太安全机制以美国为主导，这是一个基本事实，未来十几年只会加强，不会削弱，因此，可以考虑以积极的态度探询参与现有安全机制的方式，通过参与和构建（平行发展的）而不是对抗，来破解美国对我国的安全包围圈。

　　尽管中俄之间有不少矛盾，但是未来是可以稳定相当一段时期的。中俄都有一个在现秩序中争取空间的问题，因此，中俄关系确实在一定程度上具有"战略合作的含义"，而这种战略的基本出发点是在争取环境空间上寻求合作。这不仅表现在全球问题上，也表现在地区问题上。一个从地

缘政治角度定位的、稳定的和合作的中俄关系在中俄所需要的稳定环境中居于非常重要的地位,在合作基础上建立稳定的地区秩序(尤其是中亚地区)符合双方的利益。同时,无论从武器更新,还是从资源供给方面,俄罗斯都将是中国长期依靠的对象。因此,尽管两国会在一些问题上有分歧,但不会成为战略竞争对手。未来一个时期,中俄两国有着发展稳定与合作关系的基础和利益需要。当然,这并不是说没有矛盾,比如,俄罗斯需要与中国发展密切的经济关系,但又会担心中国对其资源的过分支配以及中国移民的增加。一个长期稳定的中俄关系需要强有力的经济关系基础,这需要做出更大的努力,不然,建立在政治构架下的关系就可能很脆弱,经不起波折。

中日之间有一个稳定器,两国的经济关系得到迅速发展,形成了相互依赖机制,但是,安全利益分离,整体关系具有很大的不稳定性。从我国的利益出发,关键是如何使其基本稳定,不向出现严重危机的方向发展。中日关系发展的两个重要障碍,一是安全问题,二是历史问题。中国对安全问题的主要关注,不必再集中于担心日本重新转向军国主义和日本对中国构成直接的严重军事威胁,而应担心日本军事力量加强对地区关系可能引起的重大不确定性,以及日本协助美国主导亚太地区的秩序。因此,解决这方面障碍不仅限于中日双边,还要取决于地区关系。历史问题不是可以抹掉的,历史问题的缓解一方面取决于各自国内的政治,另一方面也取决于两国总体关系的发展。中日必须超越历史,可以在这方面做更多的工作。对于当前和今后一个时期出现的中日"政冷"局面和所谓强硬的新生代日本领导人,我们不必"以牙还牙",可以适当"冷处理"。这里的"冷",既是冷静观察,也是不使其升温。一个强大起来的中国不必过分担心日本对自己的威胁,中日如果发生对抗只会在下述情况下发生:一是日本重新走向军国主义道路,视中国为敌;二是美日共同主导地区事务,对中国实行敌视或遏制;三是日本公开支持台湾独立。从趋势看,它们成为现实的可能性都较小。因此,今后一个时期,进一步改善和深化中日关系的空间是存在的,不仅是经贸关系,也包括政治及安全关系。从总体上来说,要扭转日本对中国的强硬态势,还是需要中国本身发展,需要我国实力的增强。另一方面,中日关系也受到中美关系的制约和影响,只有中美关系搞好了，中日关系才会正常化。而中美关系正常的关系定位也要靠我国自身的发展。因此，未来十几年，中日关系会处在一种"摩擦和磨合阶段"。对中日关系的改善需要耐心，不要担心会出什么大乱子，对"政冷"，可泰然处之，多做各个阶层的工作，同时也要学会与右派打交道，做右派的工作。

中印是邻居，都是潜力巨大的上升大国。但是，中印关系是"一种比较复杂，具有双重性的关系"[①]，处于调整转型的时期。中国不必担心印度的崛起。印度要做地区和世界大国，中国应给予理解。与印度建立一种非对抗的、稳定的和协商性的关系，在协商中发展合作，这符合中国的利益，也是可能的。出于发展的需要，在争取发展环境和空间上，两国有许多共同的语言。因此，从这个意义上来说，两国有着合作基础。从未来十几年的发展来看，把握好中印关系的重点还是双边关系和地区关系。今后几年，重要的是加强两国的合作机制，使其正常化，规范化。

总之，在未来十几年，尽管我国与主要大国之间存在各种各样的矛盾，但是，保持和发展一种协调性的关系框架还是可能的。当然，大国关系将呈现出一种动态不平衡与平衡相间的走势，也就是说，一则它们不会是一直风平浪静，二则也不至于恶浪翻船。

2. 要避免使朝核问题成为一个爆炸点，破坏我国的外部环境稳定，或者把我拖下水

朝鲜并不情愿弃核，重要的是，我应该防止使朝鲜的有核合法化。因为，如果存在一个拥有核武器能力的朝鲜，那就意味着东亚地区存在着日本、韩国甚至我国台湾地区在美国的默许下发展和引进大规模杀伤性武器的可能，将会出现核竞赛。早在20世纪70年代韩国就开始寻求核武化。日本的造核能力是一个心照不宣的事实，只要条件许可，可以在很短的时间内成为有核国家。我国台湾地区也秘密进行准备，只要有借口，也可以开始搞动作，这些都将会对我国的安全与国家的统一带来不可估量的风险。因此，如果朝鲜在弃核方面不愿采取实质性步骤，试图以我国的支持为后盾，我应施加更大压力，绝不能让朝核问题拖着我们走，甚至使我陷

---

① ［印］黄绮淑：《俄中印三边关系有发展空间》，《联合早报》2002年12月25日。

入被动。当然，我国在反对美国单方面采取行动，尤其是军事行动方面也是不能含糊的。关于南北统一的趋势，从总体上，我可以对有利于朝鲜半岛南北统一的趋势给予认可，但是，要防止向美国一边倒。在这方面，我要早做工作。当然，理想的局面是，南北统一成为渐进的过程，不出现突然性的巨变。不过，尽管我国对局势的发展拥有一定的制约力，但缺乏左右局势的力量。

3. 把深化地区合作作为创建稳定和有利国际环境的一个大战略

这里的地区合作主要是指与中国周边地区的合作。推动这样的地区合作主要是为了创建一个有利于稳定的地区环带，而不是追求一个明晰的制度性目标。这样一个环带不仅有利于中国，而且也有利于邻国，是建立在共同发展、共同安全的基础之上的。地区合作不同于以我为中心，或者以实力强制性建立的地区秩序，它以共同参与和制度化建设为基础。目前，东亚和中亚地区的合作已经得到一定发展。东亚地区的合作以东盟—中国为稳定器，以"10＋3"主体框架，以"10＋X"为扩展平台。当然，东亚合作究竟能走多远，发展的速度如何，最终实现什么目标，不必过早定论，重要的是过程和实质性内容。在今后一个时期，重要的是保持这个进程，保证这个构架，只要进程继续，构架稳定，就对我有利。上海合作组织首先是为了解决苏联分裂后我国与俄罗斯及中亚国家的安全问题。对我国而言，不仅通过双边，而且通过地区合作建立合作组织来解决复杂的安全问题，是一个新的具有重大意义的发展。当然，中亚地区比较复杂，上海合作组织所面临的挑战不仅来自内部，而且也来自外部，尤其是面临着美国势力的介入与影响。在未来发展中，不要急于求成，要循序渐进。该组织的重要意义在于就涉及我国重大利益尤其是西北地区稳定的问题进行合作，因此，重要的是：其一，保持该地区组织的存在，发展对话机制平台，就重大问题进行协商；其二，努力增添新的、具有实质性内容的合作，其中包括经济合作。在这方面，中国要起主动的作用。中亚国家经济比较落后，要通过推动有利于中亚国家经济发展的项目加深地区经济联系和互利机制。这是保持上海合作组织长期发展的一个重要基础。理想的发展是在中国周边几个地区都能发展起合作机制。因此，中国与南亚地区的合作也应该得到发展。目前已经有一些机制，比如，我国已经参加了有印度、孟加拉等南亚国家参加的曼谷协定,成为南盟的观察员。但是,这还不够,要进一步深化我国与印度以外的其他南亚发展中国家的制度化经济机制,通过多种措施(投资、援助)在他们的经济发展中增加我国的分量。在未来十几年,经过努力,发展一种合作性的周边关系的条件是存在的,目前已经有了一定的基础,取得进一步发展的可能性是很大的。这里,重要的是把确定中长期目标与具体渐进发展有机结合,鉴于历史遗留的问题和现实存在的矛盾,我们不能把目标定得太高,同时,也不能为出现障碍而退缩。中国的崛起为建立一种合作性的周边关系提供了机遇,但也产生了新的矛盾。对中国的防范是周边国家出于自身利益和安全的必然考虑,对此,我们不必把它看成是一种敌对,只能通过实际的发展加以化解。

二 面临的主要经济风险与挑战

中国20多年来的改革开放不仅使经济保持了持续的高速增长,而且也使对外经济联系逐步加深。目前,中国的经济发展已与世界经济环境的变化紧密相关,同时也对周边地区乃至世界经济产生越来越大的影响。未来十几年是中国实现工业化的关键时期。中国经济不仅要继续保持较高速的增长,同时也要完成具有较大风险的经济结构调整,目标是以此保证工业、特别是制造业持续发挥其对经济的高速推动作用。同期外部经济环境的变化不仅将强化上述调整的迫切性,同时也将对调整过程构成持续的挑战。

(一) 我国经济发展趋势及其影响

近年来中国经济的发展历程和结构表明,中国充分利用改革与对外开放实现了持续高增长。今后一个时期,我国经济结构面临发展的转折阶段,具体来说,能否继续实现产业结构升级,发挥其比较合理的经济增长结构和增长动力机制已成为我国经济能否保持持续增长的一个关键。

我国近十几年的经济增长模式的突出特点是以外向型制造业部门作为增长的主要拉动力量,以外部市场解决工业急剧扩张产生的需求相对不足，经济增长的对外依赖程度较高。中国在1989年外贸依存度为24%，2004年已达60%（GDP调整后），远高于同期世界其他工业化大国的外贸依存度，而与一些以外向型发展道路实现经济起飞的中小规模国家接近。这样高的对外贸易依存度在工业化国家中只有英国、德国、意大利等在20世纪50—60年代曾达到过，而美国和日本等人口相对较多的工业化国家都未曾达此程度。

中国工业的迅速增长不仅带动了经济的高速增长，而且使其在经济结构中的比重持续上升，到2004年已达46.2%，这已接近工业化大国在工业化进程中于20世纪50年代曾达到过的历史最高水平。

上述情况表明，中国经济已开始进入工业化的高峰期，高比重的工业是经济高增长的基础，而持续的高增长已形成波动相对较小的高增长平台。工业是经济中可以保持较长时期最高增长速度的产业部门，农业和服务业都达不到工业的持续增长速度。因此，当工业化大国的工业比重和新兴工业化国家的制造业比重在达到峰值，继而都出现了持续或断续的下降后，它们的经济也就从此结束了高增长的工业化阶段，逐步转入中低速发展的后工业化阶段。第二次世界大战后工业化国家工业处于高位时的经济相对高速发展期大致持续了15—20年，这一时期即可视为经济增长的相对高速发展的平台期，也可视为从高速期向中低速时期转变的转折期。

导致工业转入下降期的重要原因是成本制约。资源成本的严厉制约对美欧日等工业发达国家和地区的影响十分明显。在1973年爆发的石油危机之后，它们的经济都从相对的高速增长转入中低速增长。而对发展较迟的新兴工业化国家或地区来说，人力资源成本是主要制约因素。它们的经济起飞期大多是在石油危机爆发之后，在已有的严厉资源制约环境中，它们更多地依赖低人力资源成本的优势，当它们的人均收入超过一定水平（1970年时人均GDP 2000美元，2000年人均GDP约为1万美元）时，人力资源成本优势丧失，制造业转向相对下降，这一过程在中国周边的东亚部分国家和地区十分突出。

我国过高的对外依存度增加了经济增长的风险。由于国内消费启动迟缓，相当大部分的工业产品只能面向外部市场（中国出口总额中，加工贸易产品所占比重已超过一半，相当于中国制造业总产值的40%），工业发展的对外依赖程度这样高,意味着当出口工业受到的外部竞争加剧时,极易对国内经济造成巨大冲击。

我国的出口高度依赖资源投入。粗放型工业的持续高增长已使社会的承载能力趋近饱和,特别是资源和环境成本已对工业的继续增长形成制约。因此,未来,我国经济的重要任务是转变增长方式,调整结构,降低消耗与投入,提高效率与消费,以新型工业化道路延长工业的高增长期。

(二) 外部经济环境变化趋势

20世纪70年代,世界经济开始进入上一长周期的下降阶段,这一阶段大致持续了近30年,目前世界经济开始进入新一轮长周期的上升阶段,在正常情况下,这一阶段将持续到2015—2020年,但世界经济发展很不稳定,不可测因素多,因此未来十几年内我国将面临扩张型,但仍充满竞争和不确定性的外部经济环境。

20世纪80年代以来,随着发达国家工业的相对下降和分工的细化,生产过程在全球扩散,这些分离的生产过程之间的重要联系形式就是中间产品的贸易,它构成了世界贸易增量的主要部分。由于大量中间产品加入世界贸易,使世界贸易的增长远远超过实际生产的增长。1973—1983年间,世界生产平均年增长2.1%,实际出口增长2.6%;而1993—2003年间,生产年均增长2.9%,实际出口年增已达5.8%。今后,随着更多的发展中国家加入全球化生产,中间产品贸易的扩大仍将使贸易以远超过生产增长的速度增长。这样,在新一轮世界经济长周期的上升阶段,世界贸易将在经济增长的支持下有可能呈现更高的增长。

未来,资源产品价格上升,将使名义贸易(包括价格变化因素)增长速度加快。1973年石油大幅提价后,曾引起国际市场商品价格的大幅上扬。但是在世界经济长周期下降阶段的约束下,资源产品价格的增长速度逐步回落,使得其他商品价格增速相应呈现下降趋势,反映在国际贸易中,就是名义贸易额增速超过实际贸易额增速的幅度越来越小。目前,世界经济进入新一轮长周期的上升期,资源产品价格将会出现一个较长的上升期,石油价格的急剧上升即为先兆。价格上升因素将使名义贸易的增长率比实际贸易增长率高出3—4个百分点。

在世界贸易中，发展中国家的地位将保持稳定或略升，而发达国家仍将占据主导地位。20世纪70年代石油大幅度提价后使发展中国家在世界贸易中的地位从20%上升至30%左右，但随后的初级产品持续下降又使其地位相应降回原位。90年代以后，发展中国家凭借出口结构从初级品为主到制成品为主的根本性转变，使其在世界贸易中的地位再次上升至30%，这一结构性变化也使发展中国家贸易地位的进一步提升有了较为稳定的基础，初级产品价格变动的负面影响将会有所减轻。在已出现的新一轮初级产品价格上升时期，发展中国家的贸易地位还会上升，未来十几年内，发展中国家的外贸增长，将会改变世界贸易中持续30年之久的发展中国家与发达国家三七开的基本格局。不过，发展中国家贸易地位的提升主要来自出口方面，主要原因是以石油为首的初级产品价格上升，其次是中国和其他部分发展中国家制成品的出口增长。进口方面仍将是发达国家占据主导地位，发展中国家的制成品贸易增长主要是在中间产品上，最终产品的消费市场还是在高收入的发达国家，这一基本格局在未来十几年内不会改变。

发展中国家在世贸中的地位将有所上升。以中国为重要环节的东亚产业链将继续延伸，但其扩张速度将减缓。东亚在近40年的经济发展期间，成功地加入全球制造业行列，东亚地区在世界出口中的比重持续上升。但是20世纪90年代以来，东亚比重的上升速度迅速减缓。日本等较先发展的经济体在经济转型过程中，制造业相对下降，而中国逐渐取代它们的位置，成为日益重要的世界制造业大国。这种相互替代的过程将继续发展，甚至有可能扭转东亚在世界制成品贸易中比重的持续上升速度的下降趋势。从发展趋势看，越南已是今后加入地区产业替代过程的重要新入者，而印度可能是另一个加入东亚产业链的发展中大国。印度的加入有可能使亚洲在世界贸易中的地位重新恢复上升的趋势。

在未来十几年的世界贸易格局中，最有迅速增长潜力的其他地区发展中国家是部分中东欧国家。这些中东欧国家主要是转型国家，它们或已加入欧盟，或与欧盟近邻，其经济已逐步与欧盟接轨，它们对外贸易的主要伙伴是欧盟。20世纪90年代初，当原苏东集团解体时，这些国家的经济受到沉重打击，它们在世界出口中的地位降到仅2.9%的谷底位置，而后则逐步恢复，2003年达到5.5%。但是，这仍与其60年代初曾达到的11%的份额相距甚远。就其与欧盟之间的密切联系看，它们的出口仍有很大的发展空间，不过它们在世界进口中的地位上升速度要稍低于出口增速。这些国家对亚洲的出口比重很小，大致在2%—4%左右，且变化较小；而从亚洲的进口比重相对较大，大致占其进口的8%—20%不等，且近几年增长较快，大约各自增加了2—4个百分点。

其他地区发展中国家在世界贸易中地位的变化潜力较小。拉美是比较有实力的地区，但是在未来初级产品价格上升的影响下，产业发展的方向将向资源产业倾斜，这对加工制造业的发展实际是一种抑制，对外贸易的增长相应也会受到限制。20世纪90年代墨西哥依托北美自由贸易协定迅速发展其出口加工制造业，外贸增长远高于其他拉美国家，使其在拉美外贸中所占比重从1990年的30.7%上升至2000年的46.6%。其他拉美国家大多无此急剧增长机会，2000年处于第二位的巴西只有15.2%。不过从近两年的发展看，随着石油、矿产品和粮食等初级产品价格上升，巴西、阿根廷、委内瑞拉等国的出口增长较快，而墨西哥则落在了后面。这些变化表明，大部分拉美国家仍未步入国际出口加工制造业的产业链之中。

值得注意的是国际投资的流动趋势。20世纪70年代以来，当工业化国家进入后工业社会后，它们的国内投资率即相应下降，部分资本从国内经济析出而流向国际市场；同时，石油提价后大量石油美元也涌入国际资本市场，使国际资本市场基本处于宽松状态。未来十几年虽然世界经济将处于新一轮周期的上升期，但由于工业化国家工业相对下降是不可逆的，它们不会大量投资以重新工业化，这是使国际资本市场保持宽松的基本条件，国际资本过剩，会游离到其他领域。另一方面，石油等初级产品价格上升也会使出口国将部分出口收入投向国际资本市场。许多新兴的发展中工业化国家虽然对资本需求殷切，但相对于发达工业化国家来说，它们的投资环境乃至对资本的吸引力较差，国际资本主要流向发达国家，流向非实体部门。

（三）面临的主要风险与挑战

未来十几年，中国对外经济关系将面临的风险与挑战主要来自三个方面，即出口市场、进口资源与汇率关系。

1. 关于出口市场风险

我国未来十几年的社会经济发展目标是实现经济增长方式的转变，不仅是要以提高效率、降低消耗等手段为增长提供具有可持续性的动力，而且要以内需为主提供安全与可持续的实现增长的市场。不过，目前市场的高外向依存度向内需为主的转变应与经济结构的转型相适应，两者相应的转变是未来十几年我国经济转型的基本任务，因而出口在经济中的地位仍须保持在较高水平上，不会迅速下降。而从国际市场的发展趋势看，对中国出口的抑制将会增加，它主要表现为与中国的贸易摩擦。

我国已进入对外贸易摩擦的高峰期。贸易摩擦是中国产品强力挤占对手市场份额而引起的必然反应。这是我国保持高出口依存度而必然要面对的风险，其严重性表现为：

贸易摩擦已在我国多数主要对外贸易伙伴中出现，且近年已有急剧上升之势。发达国家是我对外贸易的主要市场，我与美欧日都已出现较严重的贸易摩擦，从发展趋势看，随着我国产业结构的逐步升级，我国对发达国家的出口产品也将相应升级，不仅将与它们的相应产品产生日益强烈的竞争，而且由于我国低端产品不会很快退出发达国家市场，将使对其出口的产品覆盖范围扩大，因而产生冲突的领域也将随之而扩大，特别是由中高端产品引起的贸易摩擦将会更为激烈。发展中国家市场是我正在努力开拓的新兴市场，由于我国许多出口产品尚处于中低端，短期内不会淘汰或转移出去，因而它们在向发展中国家出口时，与当地产品技术水平较为接近，不可避免的会产生竞争。

贸易摩擦将从加工贸易产品扩散到一般贸易产品。贸易摩擦因其产业背景不同而具有不同的性质。我出口的一半是加工贸易产品，它们多为周边地区转移而来的企业所生产，主要出口市场集中在美欧等发达国家。因此这类产品产生的贸易摩擦实质上是转移性摩擦，是日本以及周边国家和地区的相关产业在失去竞争力后转移到我国，同时也将它们原有的贸易摩擦带到我国与其他国家的贸易关系中。此类摩擦因有区域经济结构的多边背景，其解决常限于经济层面。当我国产业升级时，更多的一般贸易产品将有能力走向国际市场，它们也将会引发一系列的贸易竞争以至摩擦，由此引起的矛盾主要集中在双边关系上,更容易导致国家关系的紧张。

解决外部摩擦所需的产业结构调整与解决国内就业的产业结构相矛盾。从东亚的发展看,解决贸易摩擦的重要途径是将引起贸易摩擦产品的生产过程转移到周边地区,它们主要是低端制造业部门,这种转移相应的会将部分摩擦也转移出去。我国现阶段这类部门主要是加工贸易企业,如果它们逐步向外转移至其他发展中国家,我既可以减轻贸易摩擦压力,又可以向这些企业出口机械设备或中间产品,相应扩大对转移目的国的贸易。但从工业化进程看,农业劳动力将随着工业发展而转入工业,而此时吸收农业劳动力的主要部门是低端的劳动密集型制造产业。目前我国农业劳动力仍占总劳动人口的50%,它们向工业与服务业的转移肯定要持续较长时间,而且主要进入对劳动力素质要求较低的工业与服务业部门。如果低端制造业容量不足,则难以吸收转移而来的农业劳动力,影响就业结构的转变,不仅将迟滞经济的发展与升级,而且将会因失业率过高而影响社会稳定。导致这一矛盾的主要原因是前面所述我国利用东亚中小型经济体的发展模式达到了宏观经济结构的转型阶段(工业比重已达高点),但远未达到以劳动成本为主要标准的微观转型阶段(人均收入仍然很低)。解决这一重大矛盾的主要途径是扩大内需。

2. 资源进口风险

我国经济将在高平台增长,对资源的需求也将保持在高位,即使考虑到降低消耗的努力,资源消耗的绝对量也将很大且需要大量进口才能满足。我国未来十几年部分重要资源产品对国际市场的进口依存度将持续上升,到2020年石油为58%、铁为52%、铜为82%、锌为69%、铅为52%等。[①] 因此,资源上对外部的严重依赖使得任何外部变动(供给市场,价格波动等)将对我国的经济发展和社会稳定产生直接的影响,但这又是一个不得不面对的充满风险的选择。

从总的来看,国际市场供给能力的制约对我资源需求的压力不很急迫。目前国际市场上,资源产品供求基本平衡,供略大于求,供给能力对我资源需求制约不强,但新增需求中我国已占较大份额。如果考虑到印度

---

① 王梦奎主编:《中国中长期发展的重要问题》,中国发展出版社2005年版,第22页。

和中东欧转型国家等增长潜力较大的发展中国家今后对资源需求迅速上升的可能性，则世界资源市场供求平衡关系可能逆转为求略大于供，届时我国对外部资源需求虽然因经济保持较高增长而不会出现支付能力不足的风险，但如果资源产地发生经济、政治、社会等方面的动荡或冲突，我国相关资源的进口就会受到影响。

与我竞争新增资源产品份额的地区将主要是中东欧国家与印度等。国际资源产品市场上，发达国家已进入后工业社会，它们对资源的需求占较大份额，基本控制着市场走向，但增长相对将比较稳定。而新增需求较大的国家是中国和中东欧转型国家，未来如果印度能保持较快的发展则印也将是主要的新增需求国家，拉美地区是资源出口地区，因而对资源进口的竞争并不强。因此对我未来资源进口构成较大挑战的，近期主要是中东欧地区，其次将有可能是印度。

开发与控制新增资源是我发展对外经济关系将要面临的较新课题。随着我经济发展对资源需求的增长，我已逐步开展对海外资源的开发以提高我资源进口的保障程度。在对外资源开发中，我国企业不仅要在经济技术上面临发达国家跨国公司的强烈竞争，而且在处理企业与当地政府关系、劳资关系以及在环境和社会保障甚至文化习俗等诸多领域，都将遇到一系列的冲突与困难。而且，对能源等极具战略意义的资源开发，更易引起与美国等发达国家的疑虑乃至敌视，因为在美国等西方国家控制之外的产油国往往是它们认为的"问题国家"，而对试图进入中东、南美等地区寻求资源保障更会被认为是直接触及了西方国家的战略利益。

3. 汇率变化面临的风险

未来十几年，随着我国经济发展水平不断提高、价格体系不断完善、国内劳动力等要素流动渠道的通畅，我国人民币将处于持续升值阶段。由于汇率升值将对国内经济结构产生影响，特别是对低端出口加工业有抑制作用，因此升值过程应与结构调整相匹配，基本方向是缓升，以减轻对国内的冲击，并留有防范国外投机资本攻击人民币的余地。

未来一个时期，我国将持续受到外部要求加快升值步伐的压力。美国的对外贸易赤字持续升高，2004年，货物贸易逆差达6655亿美元，美预计2005年再次超过6000亿美元，其中对华贸易赤字将达2000亿美元。

美已将人民币低估作为导致其巨额赤字的主要原因，一再要求人民币大幅升值。实际上汇率问题已成为美国处理中美关系和国内问题的重要手段，在今后人民币缓升的过程中，美将持续使用这一手段保持对我压力。日本与欧洲也会不时地响应美国，要求人民币升值以降低它们的对华贸易赤字。

汇率升值将产生的金融风险。一方面，人民币升值将使我外汇储备遭受贬值损失。2004年我国外汇储备达6099亿美元，其中大部分是美元资产。美元持续贬值将使我外汇储备遭受巨大损失，但如果我抛出美元资产转求其他储备途径，亦将加快美元贬值从而使已有美元资产贬值。另一方面，外国投机者通过多种渠道将大量短期资本投入我国，伺机攻击人民币，不仅对我缓升值形成压力，而且增加了我国金融系统改革开放的风险。

汇率缓升值将降低我调整汇率的灵活性。人民币汇率小幅度浮动上扬已被认为是汇率调整的基本框架，虽然它可以使我国国内外价格关系的调整有一个较为稳定而清晰的预期，但由于它的浮动范围较小、短期升值幅度小，因而在面对国际市场商品价格急剧波动时，汇率难以及时起到调整作用。20世纪70年代初石油危机爆发时，美元已大幅度贬值，石油涨价实际上可以看作是石油生产国为降低其汇率损失而将油价提升的变相升值措施，而当时石油进口大国日本的日元对美元汇率相应大幅度升值，在一定程度上减轻了石油提价对其经济的冲击，较顺利地完成了向节能型经济的转变。近两年美元持续弱势，国际油价再次蹿升，我国作为石油进口大国，货币汇率与美元保持稳定联系虽有利于出口，但在进口方面损失也较大，国内外油价已成倒挂，不利于我国产业结构向降耗方向的调整。

（四）政策性思考与建议

未来十几年，将是中国社会经济实现工业化的完成时期，工业仍将是经济增长的主要动力。由于已有的经济基础结构限制，未来一段时期内经济发展的基本目标，仍将是在较高对外依存度的非均衡状态下，保持经济的高速增长，并在增长中逐步调整结构，以形成较为均衡的状态。因此，应当对经济在较高风险条件下的高速运行有充分的准备。与之相应，政策的出发点不仅是要规避风险，而且应当更加重视应对风险甚至调整控制风险。

1. 逐步调整增长结构，降低对外依赖程度

首先，在从依赖高投入的传统工业化向依靠提高效率的现代工业化方式转变中，逐步完成沿海等较发达地区的产业升级，降低这些地区经济发展对资源密集和劳动密集产业的高度依赖。在此过程中，应当在利用外资的政策上突出对技术引进的要求。因为今后外资的投入目标更多地将集中于中国迅速扩大的国内市场，而不再是中国依然相对较低但却在逐步上升的生产成本，因此，"市场换技术"将替代"市场换就业"成为引进外资政策的基本方针。主要政策手段应防止外资对相关市场的垄断，促使外资之间因竞争而转让技术。同时，为了促进产业升级，应该调整吸引外资政策，把劳动密集型生产留给国内企业，限制或禁止外资进入劳动密集型产业，只对向高技术产业投资的外资给予优惠。

其次，在继续深化改革过程中，完善社会保障以及改革户籍等相关管理制度，保持较高的政府基础投入，疏通国内要素流动的软硬件通道，逐步消除增长的区位断层，从而全面扩大内需。目前，国内社会经济发展断层比较明显，沿海地区与中西部的发展差距很大，发展断层造成需求的断层，这也是导致我国经济发展内需不足而不得不严重依赖外部市场需求的重要原因。导致沿海与中西部沟通不畅的制度因素一方面是社会保障不健全，影响沿海向中西部的人才流动，而户籍管理则使中西部人力向沿海流动困难；另一方面是交通通讯等基础设施不足在"硬件"上阻碍流通。因此政策方向应是完善社会保障、改革户籍管理等方面制度，通畅国内人力资本要素的流通渠道。同时保持政府对基础设施，特别是中西部地区的持续较高投入，以使沿海与中西部之间各自的经济互补优势得以充分发挥。应当指出的是，虽然近年已对中西部有较大投入，但其背景是亚洲金融危机后为解决外部需求不足而采取的政府加大投入以拉动国内消费的扩张性财政政策，因而其本质上带有较强的短期危机应对含义。从消除发展区位断层以全面扩大内需这一角度看，今后应更突出政府基础投入的长期战略意义，从而保持其相应的强度和持续性。

2. 加强区域合作，构建对外经济制度关系

利用我国国内市场扩张的巨大引力，建立与我联系的制度性框架。我国的大部分外向型劳动密集产业现处于东亚产业链的末端，虽然在经济上获益相对较小，但地位十分重要，因其直接面向东亚产业链的终端市场美国，大量东亚中间产品要进入中国经加工后流向美国。有此关联使周边国家与地区与我经济联系日益密切，但这种联系的基础并不牢固，如果再次发生产业转移，周边地区与我经济联系的紧密程度将会减弱。不过，随着我国经济迅速发展、国内市场规模扩大，我国正在逐步成为区域性的终极市场而部分取代美国市场的地位，我与周边经济关系的基础也在部分摆脱与美产业链的关联，形成新的经济联系。加强区域经济合作，正是在制度上固化这一新的经济联系。

未来，我国劳动成本优势将逐步降低，部分劳动密集型产业将向外转移，同时部分产业为开拓外部市场也将逐步向外投资发展。应利用这些向外发展的产业，在周边建立与我具有较紧密结构性联系的经济关系。政策上应考虑对外向发展企业在金融方面的支持，在政府对外援助方面可借鉴日本对外援助的经验，援助的原则不仅包括我在地区政治、安全方面的利益，而且也应重视受援地区经济环境的重构问题，如侧重当地基础设施建设、培训相关技术人员、官员等，为我国外向发展企业营建较好的投资环境。

3. 降低资源消耗，寻求外部资源稳定供给

未来十几年是我国工业化进程的关键时期，随着经济规模的逐步扩大，对资源的需求在总量上仍将保持增长，这是无可回避的基本国情。因此，资源保障的任务将集中在两个主要方面，一是降低单位消耗，二是扩大并稳定供给。

降低资源消耗除了在经济活动中以政策鼓励开发并采用新技术以提高资源利用效率外，调整价格体系、提高资源产品的相对价格是重要的政策手段。

稳定资源供给将是我国对外经济关系中日益重要任务。在经济增长的对外依赖程度保持较高水平时期，解决贸易摩擦的政治化已成为外交工作的重点之一，而今后随着经济对外部资源依赖的相应上升，保持外部资源

供给的稳定也将成为越来越重要的外交任务。稳定资源供应主要包括寻求外部资源的稳定供应；建立资源的战略储备体系等基本方面。随着我国经济实力的增强，开发外部资源的经济障碍并不严重，但一些非经济方面的障碍可能会逐步突出。如可能会与一些发达国家已建立起来的外部资源开发保障体系产生冲突，冲击它们在一些资源产地的控制地位。为解决这类矛盾，应在对外经济合作中增加对资源供应的保障内容，如要求共同开发、保证通道的畅通等。

4. 适度提高有管理的汇率灵活性

中国经济的持续增长将对汇率产生越来越大的升值压力。对汇率的调升必须与经济的发展和改革配合进行，其中应注意的是汇率调整与资本账户开放的次序关系。

首先，应提高汇率灵活性，适度扩大汇率浮动范围，发挥汇率作为宏观管理手段的作用。随着与全球经济联系的日益紧密，中国经济愈加容易受到外部经济的冲击。汇率灵活性的提高有利于实行较独立的货币政策以应对冲击。

其次，是选择有利时机逐步调升汇率定值，将汇率定值的调整与提高汇率灵活性分别处理。中国经济持续增长为调升汇率定值提供了较好的环境，但在强烈升值预期的投机压力下，不确定升值时间表、保持定值调整的突然性仍有必要。

汇率调整与资本账户的开放应充分分离。资本账户的开放进程应与金融体制改革和经济的外向发展进程相适应，以谨慎缓步发展为宜。汇率的调整可先行，而以资本账户的稳定调整作为防范汇率调整中可能受到的外部冲击的保障。然而，未来十几年是我国货币完成自由兑换国际货币的阶段，为降低风险，就要加快金融体制改革，建立起能抵御风险的金融体制。

三　非传统安全领域的挑战与威胁

对于我国的安全环境来说，非传统安全带来的挑战与威胁对我国的和平与发展所造成的影响会上升。

非传统安全涉及领域广,具有不确定性、不规则性,同时也具有很强的跨国性,许多国内的问题与国外有着直接或间接的联系,内外相互交织,从而增加了应对与解决的复杂性和难度。同时,它们也有着很强的地域性,往往与我国的周边国家直接相连,要么由外部传入国内,要么由我国扩散到近邻,这构成了复杂的影响,也涉及我国与周边国家的关系,处理不好,会产生负面影响。

在此情况下,应对非传统安全问题的方法和途径,需要常备不懈,有预案,有的还需要有应急机制。在国际上,非传统安全问题既需要合作,但也存在竞争,甚至会发生矛盾。跨国犯罪、流行疾病、环境与生态安全、恐怖主义等问题属于需要合作加以克服的非传统安全问题,而面对能源问题,各国既需要相互合作,而彼此间又具有竞争性,从而使解决这类问题更加复杂。

(一) 我国面临的主要非传统安全威胁

从总的来看,未来十几年是我国继续发展崛起的时期。我国经济实力的增强和国际地位的上升,会引起国际经济政治格局不断发生变化。世界各国,其中既包括发达国家,也包括许多发展中国家,对于这种发展和转变的认识和适应需要有一个过程。各国对中国的看法和感觉很不一样,有的是由于对中国迅速崛起对自身构成的挑战与威胁缺乏应变,反应过激或过度,有的则是出于保护自身既得利益或长期战略。

1. 应对"中国威胁论"

"中国威胁论"产生的政治经济或社会基础是:其一,对挑战带来的转变感到不快。中国的实力的持续增长不断改变国际关系现状,使原实力排名在中国前面的国家的国际地位出现相对下降,加之中国的强大还有可能带来其他不确定性因素,从而使很多人,其中包括政治家,产生政治危机感甚至恐慌。其二,从历史的经验主义出发,对未来缺乏把握。许多人从历史经验和现实主义的立场出发,认为任何国家的崛起都对相关国家的利益构成挑战和威胁,认为未来中国必然会将自己日益增大的经济实力转化为军事实力,并且寻求对外扩张。其三,把中国作为战略对手或真正威胁。美国是最具代表性的国家,担心中国改变现有秩序,侵犯美国的霸权地位和利益，也有其他一些国家，比如日本，俄罗斯、印度等，都会从各自的利益考虑对中国进行定位，并把"中国威胁论"作为国内政治的一个筹码。因此，在未来一个时期，"中国威胁论"不仅不会减弱，还可能会增强。

形形色色的"中国威胁论"会对我国的对外关系产生相当复杂的影响。"中国威胁论"经由大众媒介的渲染和夸大，容易造成一些国家的国民对中国产生误解和负面印象。在西方，民意砝码在政治天平上的分量很重。不同层次的劳动者、企业家，以及媒体、国会议员、甚至学者一齐唱响"中国威胁"，会对政府产生巨大压力，使之倾向于采取更加强硬的对华政策，导致我国在发展同这些国家的关系时，会面临更多的变数和困难。

值得注意的是，这可能会助长针对我国公民、华人的排华舆论和极端行动。对中国快速发展的不平衡心理的急剧增长，将导致一些国家的一部分国民将华人和华人企业当作主要宣泄对象。发动针对中国人和中国商品的游行示威，洗劫和焚烧华人餐馆、商店和工厂，警方频繁对华商查抄、无理罚款、敲诈勒索等排华事件和外交纠纷将呈现快速上升态势。

对中国的限制和技术封锁，会对我国引进与利用西方高科技产生不利影响。能够学习和吸收发达国家的先进科学技术，是中国作为后发国家拥有的一大优势，但"中国威胁论"的泛滥则使中国对西方先进科学技术的学习和引进面临更多的困难。西方的"中国威胁论"者坚持认为，中国在高科技方面的发展水平与西方国家日益接近，会使他们的贸易优势彻底丧失，并导致经济崩溃。因此，西方国家为了防止中国学习核心技术，将千方百计地限制对华高科技出口。

"中国威胁论"助长保守主义，激起贸易摩擦。中国通过参与全球经济获利。面对全球化的冲击，反全球化和保守主义势力抬头。势力强大的工会组织会强行促使本国政府加大对中国出口商品的限制，政治家们则利用中国因素打国内政治牌，把国内问题推给中国，对中国的出口加以限制。这会加剧中国与其他国家，其中也包括许多发展中国家之间的贸易摩擦和争端。

2. 重视民族分离主义势力

民族分离主义仍将是世界范围，尤其是中国周边国家频繁发生并带有严重破坏性的思潮和运动。

全球化推进资金、技术、信息和人员等经济要素超越国界在世界范围内重新配置,也推动了人们的生活方式、价值观念,以及种族和宗教的归属感和认同感,使其超越国界在世界范围对接与重组。

发展中国家和转型国家仍将是民族分离主义的重灾区。这些国家处在政治社会转型过程中,超越家族、宗族、种族和宗教局限的国家意识尚未成熟,人们对国家给自身带来的利益缺乏理性判断和深刻认识。在全球化带来时空收缩的条件下,跨越国界与种族、宗教相同或相近的人群建立新的联系和认同,可能会给他们的生活增添了新的意义。经济发展不平衡、民族政策失误和种族歧视等问题的存在,则会削弱民族国家应有的凝聚力。

未来十几年,西方世界的自由民主主义和阿拉伯伊斯兰世界的泛伊斯兰主义作为两种相互对立的理念和价值观,都将继续呈现扩张趋势。这种扩张本身以及两者间日益加剧的对抗和冲突,都将成为民族分离主义发生和发展的主要推动力和重要表现形式。

以美国为首的西方世界将继续坚持西方发展理念与模式的普遍意义,利用多种手段在世界范围推行美式自由民主,提倡所谓"人权大于主权"、"全球市民社会"等带有鲜明非民族国家化的思想与学说。西方国家已普遍进入"后民族国家"时期,现今面临的主要任务是建立超民族国家的政治调控和领导机构。但他们越过国家主权在发展中国家强行推广自由民主观念和制度,给这些国家带来的却是国家意识的下降和种族宗教意识的复兴。为寻找推行霸权主义和强权政治的借口,或"西化"、"分化"那些不符合西方"口味"国家的突破口,西方国家继续打着"人权"、"人道"的旗号干预发展中国家的民族问题,直接推动了民族分离主义的勃兴。

泛伊斯兰主义和伊斯兰原教旨主义将在与西方价值的对抗与冲突中获得新的发展动力。在与西方发达国家发展差距继续拉大的情况下,"贫穷国家的10亿穆斯林"对西方世界的不满与仇视与日俱增;美国对阿拉伯穆斯林世界西化力度的加大将引起更大反弹。人们受到鼓动,将西方主导的异教文化和制度驱逐出境,在全球范围内建立一个统一的伊斯兰国家,或至少独立成一个纯粹的穆斯林国家。未来十几年,分布在100多个国家的穆斯林将进一步加强他们在精神信仰方面的联系。由于穆斯林世界与西方世界之间力量对比过于悬殊，发动民族分离主义运动已成为他们增进相互团结和认同、增强自身实力的重要手段。

就我国面临的形势来说，一方面，中国周边国家历史上已经存在东西方文化的相互作用，以及各国国内各种文化的相互融合，这对民族分离主义构成一定制约，加之与恐怖主义、极端宗教主义密切联系的民族分离主义已成为世界各国联手共同遏止的对象，因此，这一地区在未来一个时期恐怕难以再有新独立国家出现并得到国际社会认可。另一方面，中国周边国家地处东西方文化冲突的汇集点，又大都是多民族、多宗教、多文化的发展中国家或转型国家，一些民族分离主义势力积蓄多年的巨大的政治能量尚未得到完全释放（相比之下，在以往10多年的时间内，世界上其他地区存在需要分裂并有能量分裂的多民族国家绝大部分已经分裂到了它的基本底线，许多以民族分离为目标的民族主义已得到基本解决和缓和），因此，未来中国周边可能会成为民族分离主义的高发区。

中国周边国家的民族分离主义的发展趋势将主要表现在以下几个方面：

其一，不同国家之间的同一民族和宗教的联系和认同有所增强，而这种联系和认可多带有民族分离主义性质。中国周边不同国家信奉伊斯兰教的同一民族之内和不同民族之间的民族与宗教认同，将出现新的扩大和深化趋势，同时他们还将在精神上加深与世界其他国家穆斯林之间的联系，成为泛伊斯兰主义兴起的一个重要表征。"泛伊斯兰主义"和"泛突厥主义"将在所谓的阿尔泰语系突厥语族中进一步渗透和发展。其语言范围除了中国的维吾尔语、哈萨克语、柯尔克孜语、乌兹别克语等少数民族语言外，还包括国外的土耳其语、哈萨克语、吉尔吉斯语、土库曼语、阿塞拜疆语、乌兹别克语、鞑靼语、巴什基尔语、雅库特语、诺盖语、哈卡斯语，卡拉卡勒帕克语、梵瓦什语、维吾尔语等。其地理范围包括中国西北部、中亚、阿富汗、伊朗、土耳其及俄罗斯南部和东欧一些地区。

其二，泛伊斯兰主义的组织网络将获得发展和巩固。中国周边国家的伊斯兰主义分离组织都将把分离行径看作某一"大计划"的组成部分而遥相呼应。车臣叛军，中亚的"乌兹别克斯坦伊斯兰运动"、"伊斯兰复兴党"、"突厥斯坦伊斯兰党",阿富汗的塔里班残余势力,克什米尔印控区穆斯林势力,以及菲律宾的"摩洛伊斯兰解放阵线"、泰国的"北大年联合解放阵线"等东南亚地区分离组织将通过在巴基斯坦设立的"基地"联络点等途径密切相互之间的联系,并继续加强与其他国际宗教势力之间的沟通,形成更加牢固的组织网络,在极端宗教思想、活动资金、信息、人员培训和恐怖技术等方面提供相互支持和策应。

其三,极端恐怖主义继续发展,多数情况下平民仍将是最大的受害者。凡与伊斯兰复兴主义有关的分离主义都被冠以圣战的名义。参加圣战的人主要来自巴基斯坦和东南亚国家的贫困地区。这些人大都没有接受过良好的教育,愿意通过宗教性手段解决自身所面临的问题,即渴望通过参加"圣战"获取尊严、权力及存在的理由。

民族分离主义危及我国的安全与稳定,对我国周边安全环境带来不利影响和威胁。民族分离主义以武装冲突和恐怖主义手段攻击西方游客和本国政府,带来地区政治社会的动荡和混乱,泛伊斯兰主义和伊斯兰原教旨主义在中国周边国家的渗透,在民族认同和宗教信仰方面构成国中之国,对所在国的国家意识的形成和经济社会的发展,构成严重障碍。以宗教和民族画线,加深了地区在思想和文化方面的裂痕。泛伊斯兰主义在东南亚的泛滥,不但有可能引发当地伊斯兰教和佛教、基督教的矛盾与冲突,还可能将东南亚地区推向阿拉伯伊斯兰世界和西方世界新冷战甚至新热战的前沿。比如,泛伊斯兰主义的发展虽然不会使东盟发生分裂和解体,但必将延缓地区一体化进程。

新疆的"东突"独立势力将继续给中国和中亚地区的安全与稳定造成严重危害。中国新疆地区和中亚一些国家之间也存在跨界民族问题,但未来十几年,这一地区面临的最大威胁依旧来自"泛突厥主义"和"泛伊斯兰主义"的恶劣影响。泛伊斯兰主义的渗透,泛伊斯兰主义组织的支持,以及国际反华势力别有用心的利用,可能会使新疆"东突"分裂活动进入新的活跃期。"东突"分子将继续宣传宗教仇恨思想,鼓吹"圣战",并通过爆炸、投毒等手段,针对幼儿园、学校、政府等目标制造恐怖事件或袭击中国武装力量和政府部门。境外的东突组织则有可能组建武装部队骚扰中国边境地区。分裂分子还将利用各种机会在国际社会散布中国"在新疆屠杀少数民族、破坏人权"的谎言，以再度获得国际社会的同情与支持，为美国等西方国家干涉我内政提供口实。

未来阿拉伯穆斯林世界与以美国为首的西方世界之间矛盾的深化以及由此带来的争端和冲突还会将我国的外交置于一种两难困境。中国反对美国的霸权主义，同时美国又是与我国存在巨大利益关系的国家。另一方面，我国与阿拉伯穆斯林世界有着基本相同的被殖民主义侵略和压迫的历史，从而，在未来阿拉伯穆斯林世界与西方世界的矛盾与冲突中，我国如果公开支持泛伊斯兰主义以及与之相关的民族分离主义，不仅会增大我国与美国之间的对立，引起发生分离主义国家的不满，甚至最终使自身受到伤害。而如果我国积极反对泛伊斯兰主义以及与之相关的民族分离主义，则会引起阿拉伯穆斯林世界的仇恨，使我国卷入阿拉伯穆斯林世界与西方世界的矛盾与冲突之中。

3. 能源的供给安全

未来十几年，我国对石油的需求还会持续增长。随着我国对外石油依赖程度的不断加深，我面临的外部风险也会提高。因此，保证石油供给是保证我国经济持续发展的关键。保证石油供给安全，主要是保证石油供给市场的安全和石油运输的安全。

在保证石油供给方面，长期以来中东是我国石油的主要供应地。鉴于中东局势的不稳定以及我国对石油需求的增大，我国必须依靠发现新市场，实现分散风险和满足需求的目的。近年来，我国在寻求新供给来源方面做了大量的工作，但是，竞争激烈，有的市场存在不稳定性。从各方面的分析来看，澳大利亚是最稳定的一个市场，目前发展势头很好。澳政局稳定，有着地理相近的优势，应该进一步加大在该国的投资，提高掌控能力。与俄罗斯的油气合作是我国保证供给的一个重要举措，有待建立稳定的供给机制。不过，俄罗斯不会过度依赖中国市场，会在多方市场寻求平衡。俄罗斯会利用多张牌，牵制中国，以取得利益最大化，尤其是在远东油气合作上，由于日本的介入，会提高我国付出的代价。非洲国家对我扩大石油供给有着很大的扩展空间，根据国际能源机构的统计，1992年我国从非洲进口的石油仅占我国整个石油进口的4.4%，到2000年这一比重已经上升到24.1%。经过努力，我在苏丹、阿尔及利亚、尼日利亚等国已经取得重要份额，还有扩大的潜力。但是，这些国家政局不稳，未来发生动荡的可能性很大，如果发生大的动荡，必然会对我产生影响。对此，必须做好应对准备。伊朗的油气资源丰富，市场竞争激烈，但是由于伊朗在核问题及其他问题上与西方对立，使我国在伊朗的油气投资存在一定的风险，甚至可能会对中国的外交政策构成牵制。中亚是我国的近邻地区，油气资源丰富，是我的重要市场，并且是内陆后方，具有一定的安全性。但是，俄罗斯、欧洲、美国，包括中亚自己都担心中国在中亚取得掌控能力，因此，多种力量都会限制中亚国家向中国一边倒。加上中亚政局存在不稳定因素，他国对中亚油气资源竞争激烈，要使中亚成为我主要油气资源供应地难度很大，要对可能发生的不测做好预案。

在油气运输方面，中国主要依靠海洋运输，这种状态在未来一段时期内将难以有根本性的改变。由于复杂的国际环境，中国的能源通道安全相当脆弱。目前，中国的石油进口以中东原油为主，以马六甲海峡为主要通道。但是该通道的安全受到多种因素的影响，包括通道本身的运输能力、海盗与恐怖主义袭击，以及复杂的国际关系。

在未来一段时间，南海通道是争夺激烈和可开展合作的重要地带。南海通道包括南中国海域和马六甲海峡，利用我国的地缘优势，加强海军建设，提高对南中国海的掌控能力，在一定程度上可以牵制大国在马六甲的动作，增强我国抗风险能力和讨价还价的余地。

能源安全问题具有既需要合作又存在竞争的特征，因为石油进口国既有促进石油供应多元化、联合自保的共同需求，也有争夺石油进口来源的潜在矛盾。如果缺乏政治上的互信，国家间的合作就很难实现。这为中国未来的能源安全带来更多的挑战和不确定因素。因此，要通过加强双边以及地区合作来稳定局势，稳定关系和保证运输通道安全。

4. 海外人员与投资的安全

未来十几年，我国的对外投资会进一步增加，我国的海外经济利益在我国整体经济中的地位会越来越重要。同时，随着我国海外经济部分的发展，在海外工作、就业、居住、访问、旅游的人数也会大幅度增加。因此，保障我国海外经济（投资、经营）与人员的安全将成为我国对外关系中面临的重要任务。

从近年的发展趋势来看，其存在的问题和面临的风险逐步上升：（1）受所在国国内政局的影响，中国公民与财产的安全难以保证，如已经发生在巴基斯坦、苏丹、菲律宾等国的多起人员绑架、伤亡事件。（2）投资所在国的极端民族主义势力。在一些情况下，国内的极端民族主义势力往往会将矛盾转向外来移民，煽动民众进行排外运动。而未来我海外移民及商业活动的规模会继续保持增大的趋势，这就极可能成为投资国极端民族主义分子攻击的目标。在这种情况下，我海外移民及中小型商业投资资产最容易受到侵害，并且不易得到所在国政府的有效保护。（3）大国对我投资所在国的经济制裁，会使我海外企业成为间接受害者。至少可以分为两种情况：一种是由于投资所在国遭受禁运，我海外企业在当地的经济活动被迫停顿或受到限制而蒙受经济损失；另一种是由于我企业继续在禁运国进行经济活动，从而该企业在其他国家的经济活动会受到制裁。面临这种风险的我大型跨国海外企业的数量不会很多，但是由于其投资往往是具有重要经济或战略价值的部门，如石油、矿产等，投资规模也相对较大，因此其后果和相关影响仍需重视和认真估计。（4）随着中国经济发展和技术提高，公民在海上经济活动的范围逐渐扩大，在渔业纠纷不断增加的同时，人身安全也受到了威胁。如1998年海盗袭击中国"长胜号"船只事件，2005年发生的印尼海军炮击中国渔船等，这种事件会进一步增多。同时，由于未来我国公民海外就业渠道的多样化，从事职业的多层次化，保障其人身安全和正当权益的难度会不断增大。首先，因为非法移民等现象的长期存在，会导致我公民的正当权益甚至人身安全遭到威胁。其次，由于我公民海外从事职业的多样化和多层次化，从事社会底层工作或非法职业的公民往往工作环境恶劣，无法寻求所在国的法律保护，因而其正当权益甚至人身安全无法受到保护。此类风险由于受众面光，目标风险，所以在预防上将会存在相当的困难。同时还易引起我国内民众的民族主义情绪日益上升，从而使我外交部门在处理相关问题时面临的国内压力会有所增加。再加上一些中国商人从事伪劣商品的不法活动，这会进一步引起当地民众的不满或排华情绪。这不仅损害了中国的国家形象，而且对经商者自身的人身和财产安全构成威胁。

当然，也有我国自身的问题，例如部分中国企业在海外承揽工程时，只注意开发,忽视当地利益,只注重经营,忽视所在国的文化或族群关系等。往往因一点火星引发大火,扩延风险,或甚至引起冲突。

5. 公共安全的跨国扩散

由于全球化、区域化的发展,一些涉及公共安全的重要问题也越来越具有跨国性。有些国内的问题溢出国外,进一步扩散,有些则从国外流入国内,造成严重影响。例如"非典"、禽流感、艾滋病等,迅速扩散,影响极大,不仅造成社会财富的损失和社会的恐慌心理,而且存在引发其他社会矛盾的危险,从而影响国家的长治久安。

贩毒、非法移民、走私、洗钱等跨国犯罪不断增长。我国既是毒品的重要中转国,也成为了毒品的消费大国,还面临着随之引发的大量社会犯罪。跨国犯罪的一个重要特征就是共生性,贩毒、非法移民和走私使"洗钱"生意日益红火。由于发达国家不断加强对洗钱的打击力度,洗钱活动正在加快向发展中国家和地区蔓延,亚洲已经成为世界上洗钱黑手的主要活动地,向我国渗透的趋势在加强,这将会对我国的金融市场稳定造成重要影响。

环境与生态问题的跨国扩散会对我国与地区其他国家的关系造成不利影响。环境问题,一是我国污染的外向转移(如2005年的松花江水污染事件);二是对自然资源,尤其是水资源的开发利用引起涉及他国利益,造成国家间的矛盾。比如,澜沧江—湄公河水资源的利用问题上,随着进一步的开发,我国与一些东南亚国家之间的矛盾会加深。在中亚地区,我国与哈萨克斯坦之间在关于额尔齐斯河和伊犁河水资源的利用问题上也会积累矛盾,甚至影响两国关系。

(二)政策性思考与建议

(1)"中国威胁论"的背景复杂,表现形式多样,有它必然出现的一面,也有人为制造的因素。因此,一方面要认真对待,另一方面,也不必一概反之。对于恶意的行为,应该给予回应,但对于一般的讨论,甚至是舆论,也不必过度反应,应泰然处之。

面对各种各样的中国威胁论,重要的是要把我们自己的事情做好,集中精力,实现在本世纪中期全面建成小康社会的目标,坚持和平发展的路线，让事实化解误解，用具体的措施应付对我的歧视和限制，避免参取简单的全面反击。

我国已经提出了许多新政策和理念，比如，"和平与发展"，"睦邻、安邻、富邻"，"合作共赢"等。这些已经产生积极的影响，要继续坚持，并且不断深化落实。一方面，用自己发展的事实说话，同时，也要有更多的具体措施，把理念变成现实。

在国际关系方面，我们并不去单方面改变现有秩序，而是用自身的发展，用发展合作来促其调整。建立新秩序要靠现实的发展和力量对比，这是一个长期的过程。我国通过与其他国家发展友好合作的关系来体现自己的政策和理念，用合作机制来深化国际、地区和近邻关系，体现中国的发展是世界经济增长的重要动力，对其他国家带来发展的机会。

在经济方面，我国的经济发展成功在于坚持改革开放，是参与全球化、区域化的受益者。我国要积极支持多边贸易体制与安排，推动区域一体化，反对贸易主义和随意设置贸易壁垒。把我国的对外投资与产业升级、与地区经济发展、与帮助欠发达国家经济发展联系起来，制定协调的中长期对外经济发展与对外经济战略。对于我国出口竞争给发展中国家带来的影响，应予以重视，并且采取积极的措施加以缓解，通过加强经济合作，提供技术支持和援助，促其提高竞争能力。

（2）对付民族分离主义，在坚决打击的同时，要通过经济发展使少数民族生活水平不断得以提高，完善民族自治制度，最大限度孤立分离势力。

在日益呈现激化态势的西方世界与阿拉伯穆斯林世界的对立与冲突中，争取成为具有一定影响力的"中立者"和"中间人"。尽量在经济上发展与西方国家相互依存在关系，与诸多穆斯林发展中国家保持经贸往来，成为沟通双方经济的重要桥梁；向穆斯林世界展示中国现代化的经验与模式，为其经济发展提供榜样和信心，为其政治发展在美国自由民主模式之外提供新的借鉴与选择。中国文化在基督教文化和穆斯林文化之间保持着大体相同的距离，同时中国与穆斯林发展中国家有着基本相同的被殖民主义侵略和压迫的历史，容易同这些国家进行对话和沟通。

在未来国内政治国际化、国际政治国内化，超国家权力日益强化，国际关系日益错综复杂的情况下，密切观察和分析研究美国自由民主的价值观和泛伊斯兰主义的相互作用以及与之相关的民族分离主义的发展动向，始终对世界各地出现的各种政治文化思潮、理论、运动以及事件审慎表态，对包括基督教在内的西方文化和价值以及伊斯兰教在我国境内的传播加大注意和防范力度。

要充分考虑到与阿拉伯穆斯林世界相关的民族分离主义本身所具有的复杂性，如果一些民族分离主义的突发事件对我国国家利益构成的伤害相对而言较小、较为间接，我在外交场合的表态一定要谨慎小心。不到万不得已，不表态；如有表态，也宜抽象，不宜具体；宜模糊，不宜明晰。

新疆地区的长期稳定发展同样关系到整个中华民族的生死存亡。未来我国应该充分利用上海合作组织等地区合作机制防范和打击东突势力，并尽早建立预警机制以随时应付国际局势的变化可能对新疆地区"东突"分裂主义的影响，以及由此产生的各种突发事件。

（3）保障能源安全是涉及我国发展全局的大事。从世界发展的角度，未来十几年会处在能源结构调整与转换的时期。一方面，世界主要能源还会是依赖石油，另一方面，替代能源、新能源的开发会得到发展。在这个时期，对传统能源供给的争夺会加强，油价会保持较高水平，如果出现动荡还会升高，出现不稳定状态。

从我国的能源需求和供给形势看，满足不断增长的石油需求仍然是最基本的任务，我国外交要为这个大任务服务，为我国公司获取稳定的核心的能源供给提供有利的环境。为此，能源外交在我国外交中有更为重要的分量。

关于我国的未来能源供给市场，由于现有的大的能源市场已经被瓜分，我国主要靠开发新供给市场来满足我国的需求，因此，供给市场比较分散。不过，也要稳定几个供给潜力大的市场，对他们给予政治经济上的重点支持，比如：中亚、非洲，俄罗斯的西伯利亚地区，以及未来有潜力的南海地区。

在能源转换时期，要在节能、替代能源产业的发展上下工夫。20世纪70年代第一次能源危机发生后，发达国家在节能上进行了巨额投资，能耗大幅度降低，大大缓解了能源危机，出现了30多年的能源稳定低价局面，促进了经济的发展。面对今后的高能源价格局面，要特别避免把全部的精力放在争取能源供给上，应努力改变能源消费结构、提高能源利用效率。

在能源运输问题上，要采取综合手段加强我对重点通道的影响力，即以外交合作为主，军事准备为后盾，要深入研究有关维护通道环境安全、加强打击海盗的军事合作，以及向通道沿岸国提供资金与技术援助的可行性方案等问题，准备综合性的合作方案。

（4）在未来十几年，有可能出现更多的各类非传统安全问题，但多数都会具有跨界性这一特征，这就决定了中国需要不断加强在非传统安全领域的地区与国际合作。这对中国的外交既提供了机遇，也提出了挑战。

与传统安全问题相比，非传统安全问题的政治敏感性相对较小；许多非传统安全问题还具有地域性特征，需要本地区各国相互合作，这些特征都为中国开展地区合作、加强与周边国家的沟通与理解、展示中国负责任的地区大国形象、提高中国在地区问题中的作用提供了机会，有利于塑造良好的周边环境。

但是另一方面，非传统安全的扩散性和全球化，对传统的国家主权提出了挑战，对于公共安全的应对，将受到更多国际组织和舆论的监督，作为负责任的大国，中国应该采取积极配合的态度，同时也要有理有节地维护国家主权不受侵犯。

事实上，利用已有的一些地区合作机制，包括上海合作组织，东盟地区论坛，10+3等，中国已与周边国家就打击毒品走私、反恐等进行了合作，并取得了一定的成效。但是，从已有的合作来看，一些合作的成效不大，如对印度洋海啸的巨额援助等，一些合作也缺少连续性，后续行动不足。因此，建立关于应对非传统安全的基本原则和方针，研究如何针对许多非传统安全问题具有的共生性特征，制定完善全面的应对战略，协调各职能部门的行动；如何利用有限的资金和技术，保障地区合作的连续性与长期性，如建立防治流行病的常设合作机制，从而取得更好的成效；如何利用一些非传统安全问题具有的地域性特征，通过在这些领域的合作，加强中国在地区事务中的主导地位，改善中国的国际形象；如何通过加强对国际法的研究，利用法律法规维护国家权益，明确和规范与国际社会的合作，在提高合作的有效性的同时维护本国的权益，等等，都是中国外交在未来一定时期内需要进行系统研究和实际准备的重要课题。

综合安全观及我国安全的安全环境[①]

冷战结束以后，中国所处的国际环境发生了巨大变化。变化的国际环境是我国制定当前和未来安全战略及对策所考虑的重要依据。

本文从分析世界及亚太地区安全环境变化出发，对有关安全观念与安全战略的新变化进行研究，并对我国的未来安全，尤其是在亚太地区的安全提出一些理论性思考。

一 关于安全概念的演变

安全是一个综合概念，也是一个动态概念。其综合性体现在，一个国家的安全是由多种因素构成的，既有军事的，也有非军事的。其动态性表现在，随着形势和条件的变化对安全的威胁和维护安全的手段与方式也发生变化。因此，研究和制定一个国家的安全战略与政策必须树立综合安全观，并且根据情况的变化适时地和正确地调整对策。

（一）综合安全观

说到国家安全，可以有传统安全和非传统安全之分。传统安全主要是指领土完整，即主权不受侵犯，危及主权安全的主要是外来的军事威胁。非传统安全则主要指保证资源供给与维护生存环境，也可以说是维护发展和生存权，危及非传统安全的主要是非军事威胁。

"综合安全"是传统安全和非传统安全统称。综合安全把传统安全和非传统安全并提，反映了安全观的一个重要转变，同时也体现了安全内涵

---

① 原载《当代亚太》2000年第1期，收录本书时题目略有改动。

意义的变化,即非传统安全在国家安全中处于越来越重要的地位。①

应该看到,传统安全仍是一个国家最重要的安全构成部分,因此传统安全观也是到目前为止仍占支配地位的安全思想。一般来说,一个国家要维护安全,主要是考虑如何抵御外来的入侵或防止战争波及。因此,能不能抵御外敌入侵,会不会发生殃及自身的战争(尤其是地区或世界规模的战争),就成为制定国家安全战略与对策的基本出发点。

70年代以来,特别是近些年来,随着世界两极格局瓦解,全球化与一体化迅速发展、各国经济间的相互依赖、尤其是区域内经济合作及一体化加快,因此,各国的利益和安危更紧密联系在一起。同时,诸如生态环保、走私贩毒、恐怖主义、金融动荡等地区性或全球性问题显现,给世界带来新的挑战和威胁。这使人们对非军事性威胁的新安全(new security)威胁更为重视。在现实发展中,新安全的涵盖范围不断扩大,像经济安全(又包括诸如金融安全、贸易安全、货币安全、财政安全等多种内容)、信息安全、生态安全,以及与跨国犯罪、核扩散、民族冲突、跨国移民有关的问题等等都成为安全的重要内容。

这种新安全考虑所要探讨的远远超出一国或几国的安危,而是着眼于如何建立更加稳定的大地区和国际环境,甚至整个人类的生存与可持续发展的国际安全秩序。因此,新的安全概念不仅在范围上广得多,而且还有着与传统安全观不太一样的认识论。

事实上,传统安全与非传统安全是有联系的。从发展的角度看,一些非传统安全因素往往可以成为危及传统安全的重要因素。因此,必须树立既包括传统安全也包括非传统安全在内的综合安全观。重要的是,二者并不是并列的,其分量在不同的形势下是不同的。从今后的发展来看,非传统安全的因素会进一步提高,同时也是由于以往人们对传统安全已经给予了足够的重视,现在有必要提高对新安全的认识,即提高非传统安全在国家安全中的地位。

---

① 据研究,日本于1977年提出"综合安全"的概念,这是有其独特背景的。70年代石油危机使日本深感能源供给变化对像日本这样的资源短缺的国家的威胁。见 David H. Capie, Paul M. Evans and Akiko Fukushima: Speaking Asia Pacific Security, 1998, University of Toronto-York University, p. 82。

确立综合安全观，尤其是重视新安全因素，要求对一些涉及安全的传统概念和范畴进行修正。首先是关于主权问题的认识和处理。古典的主权观念认为，主权（sovereignty）是国家的基本属性，是国际关系的基础；主权国家是完全自治的，因而是独立的、不服从任何其他国家法律秩序的行为体，因此，主权对国家安全的含义是居于核心地位的。

然而，尽管如今传统主权观仍居核心地位。但同时，它受到了来自多方面的冲击和挑战。比如，由于各种各样的原因，国际组织、国际法和各种国际制度与规范，以及日益增多的国际干预行为，正在使各个国家控制本国事务的传统权力受到越来越多的限制，联合国安理会的决议和大量的维持和平行动，国际货币基金组织和世界银行的"强制性"贷款方案（"调整改革建议"），都超越了传统的国家主权。事实上，超越最大的是经济的一体化。货币、商品、人员、信息和技术都以一种加速度实行跨国界的流通，构造起各国间不断加深的相互依赖网。由贸易和投资为主体构成的相互依赖机制是对一国主权利益的延伸，也是对主权的限制。传统的主权权益是封闭性的，但现在则带有一定的开放性。比如，一方面，大量的经济利益是通过国际贸易交换和投资以及加入国际经济组织的各种活动来实现的，另一方面，外部的规定和变动又使得国内的活动受到越来越多的制约，尤其是大量的国际规则和惯例成为必须遵守的"法则"。也许最突出的例子是危机的传导，外部经济形势的恶化可能成为国内经济政治以及社会不稳定的重要因素。还有，许多"全球性问题"（难民、毒品、走私、核扩散、生态危机等等）的日益严重化，更是20世纪末主权国家面临的一种新的综合性挑战。这些都要求人们用一种新的态度和办法加以应对。因此，对于我们所关注的安全问题来说，它的意义是：传统的主权观在考虑国家安全时已经不够了。当然，关键的问题是如何在坚持传统主权原则的前提下，实现对这些问题的解决。否定传统主权，任意超越主权是危险的，会造成干涉主义的泛滥。

这里，也涉及如何对待国家利益。传统安全所称的国家利益是一种以自己为核心的观念，因此，安全保障的基本内涵便是保卫本土国家或国家的地位。但是，新的发展突破了这种狭义的国家利益观。这是因为，一国的利益总是越来越多的与其他国家的利益相联系，被越来越多的融入地区及全球利益之中。这样,一方面,使得仅仅使用军事的手段不能足以保卫国家利益,另一方面,仅仅着眼于自己也不能保护本国的利益。因此,国家利益的维护不仅建立在自立的基础上,也要建立在合作的基础上,不仅要从本国角度考虑,也要从国际范围考虑。这样,国家利益不再是一种简单的"零和"结构,而是一种复杂的"共和"结构。

(二) 安全保证

传统安全维护的主要含义是发展能够抵御外来入侵的军事力量,即通过最大限度的发展自己的军事优势,"克敌制胜"[①]。"己弱受人欺",自古以来都是如此。因此,军事的不断现代化是各国的必然选择。尤其是对于大国来说,强大的军力是扬其国威的重要基础。

但是,军力的增强要有相应的经济实力支持,过分动员资源发展军力会危及经济社会结构的稳定。同时,一国的军力与本国的安全并不总是完全存在正相关关系,这是因为,安全形势在很大程度上取决于外部环境,如果军事对抗加剧,安全环境恶化,则国家安全系数降低,如果通过外交和其他手段创造一种和平环境,则军事的对抗就减少,军力的增长可以保持在最低限度,国家安全系数提高;再则,一国军力的发展总是有限,如果出现一国与多个国家(或集团)对抗,则自己的军力就会受到制约或甚至被摧毁。同时,另一方面,这也会导致国家间的军备竞赛,形成"力量平衡"的危险变换升级。因此,单纯或过度依赖自己增强军力并不能必然维护国家的安全。

国家安全系数实际上是一个复合变量。在现实中,维护国家安全需要全方位努力,不仅需要增强军力,还需要开展积极外交和多边合作。在许多情况下,后者可以起到关键的作用。特别是非传统安全,不仅往往主要靠非军事手段来维护,而且也需要更多地通过多边合作来实现。

值得注意的是,在当代,对安全含义的认识和对安全维护的途径都出现了新的界定。从安全的含义来说,一个重要的变化是,国家内的因素

[①] 这被称之为关于安全的"现实主义"观点。见 Paul B. Stares, The new security Agenda, a global survey, JCIE, 1998, Tokyo, p. 13。

"外部化",其中,特别是所谓"非国家行为主体"的安全意义大为提高。传统的安全含义主要涉及国家行为主体,而非国家行为主体因素则不同。[①]在非国家行为主体方面,首先是对所谓"人的安全"(human security)关注加强。"人的安全"之所以重要,一是它可以危及到国家的安定,二是它可以引起国际社会的关注和干预。"人的安全"的范围很广,主要是指人的生存权利(由政治的、宗教的、经济的等因素造成)受到严重损害和威胁。比如,索马里的种族戮杀,科索沃的民族冲突等,都引起了国内混乱和国际军事干预。再则是"人类的安全",它突破国家界限,把个别层面的问题提到全球高度来认识和处理,要求采取共同行动。比如,气候变暖、大气臭氧层遭破坏、森林被毁和田地沙化、核扩散、公海及极地资源被污染或损耗性开发、外层空间的危险开发等。它们的一个共同特点在于:这些事态和现象已经或可能成为全球性的"公害",全都威胁了整个人类的生存,而解决或缓解危机的努力又不能单靠个别国家的实力奏效,不能不超越旧式的国际法范围和主权理解。[②]从安全的角度来说,它一方面会因特别严重而危及国家的生存,另一方面,则可能会因失控而引致国际社会的直接干预和制约。

这里,一个关键的问题是如何协调和处理各国的自主发展与全球的共同发展之间的矛盾。民族国家及其主权地位是国际法得以履行、国际合作得以建立的基础,但另一方面,全球性问题变得如此严重,以至于如果没有必要的主权约束(不论自我约束还是外部性约束),以及使国家的议事日程与国际要求一致的安排,国家自己最终也有可能受到严重损失,包括传统安全利益的损失。换句话讲,别国的安全问题也会成为本国的安全问题,在很多场合,一个国家的安全与否是与其他国家(包括整个地区)的安全与否越来越多地联系在一起的。

因此,在这种新的发展下,对国家安全的保证就变得比较复杂了。这里至少提出两个重要问题:其一,仅仅考虑传统安全和使用军事手段不能

---

① 见 Del Rosso Jr. Stephen J.: The insecure State: reflection on the state and security in a changing world, Journal of the American Academy of Arts and Sciences, 1995。

② 见 Ann M. Florini and P. J. Simmors: The new security thinking: a review of the North American literature, Rockefeller Brothers Fund, 1997, p. 25。

保证国家安全；其二，仅仅考虑一国因素和依靠自己的力量不能保证国家安全。显然，新的国家利益观的内涵扩大，突出了内外的联系性，要求人们不能简单的确定敌我，或依据固有的战术，通过"远交近攻"、"先发制人"等博弈策略实现"敌亡我存"，而还应通过"睦邻友好"、"求同存异"、"搁置争端"等方式实现国家的综合利益，即营造一个共存的和平安全环境。

（三）合作与安全

即便是从传统安全观出发，在现实中，只靠自己"孤军御敌"来维护安全的国家很少。传统的方式是与他国联合或结盟。同时，由于各国间的交往不断增加，利益依存增强，安全的"链接性"也增大。早在第一次世界大战结束之后，就有人提出"集体安全"的构想。"集体安全"是在多个国家间结成"力量共同体"，靠集体的力量来维护成员国的安全。"集体安全"的指导原则是参与国家间基于共同利益而加强相互间的联合和协商，从这方面来说，具有积极意义。然而，事实上的发展是，"集体安全"成了结盟的同义语，最终形成"集体防务"集团。像西欧联盟，北大西洋联盟（NATO），都是一种集体安全模式。这种"集体安全"的一个危险是，如果把其他国家作为敌人（或假想敌），或者用自己集体的力量干预别国或不属于自己范围内的事物（如对南斯拉夫的轰炸）则会导致对抗。

80年代初，欧洲提出"共同安全"思想，主要是针对东西方对峙的局面，试图通过增加东西方间的合作，建立信任措施来缓解冲突和对抗，这导致了"欧安会"的产生。后来，有人把"共同安全"的概念引到亚太地区，试图推动在该地区建立"亚安会"。然而，尽管以协商减少冲突为基点的"共同安全"概念有着积极的意义，但问题在于如何操作。尤其是这种以减缓集团对抗为宗旨的欧洲模式，难以适合亚太地区的情况。

90年代在亚太地区提及较多的是"合作安全"。"合作安全"的内容涉及广泛，所倡导的方式是多边协商合作，建立具有一定实际功能的多边合作机制，制定具有一定约束力的国家间行为准则，即建立一种维护相互安全的预防机制。"合作安全"与"共同安全"的重要区别可能在于前者不是以对抗冲突为前提，是以平等参与为基础。应该说，东盟地区论坛（ARF）的发展是受到了合作安全思想影响的。ARF以多边参与和协商为基础，以发展预防冲突机制为目标，不搞"集体防务"，是一种创新。不过，鉴于对有关合作安全概念的界定并不十分明确，因此，在发展过程中，有可能会因过分强调"机制化"而导致推进过速，也可能会因过分强调"协商一致"而导致无实质性进展，令人失望。当然，从性质和功能上来说，合作安全是一种预防机制，不是一种危机处理机制。特别是在预防机制没有健全起来的情况下，如果发生危及安全的严重形势，合作安全的协商机制就可能显得很弱，甚至无能为力。

90年代中期，中国提出了"新型安全观"，强调以和平共处五项原则发展国家间关系，通过平等协商、对话与合作来增进相互理解和信任，不搞军事对抗和军事集团，发展不针对任何国家的安全合作。"新型安全观"的核心是搞合作，不搞对抗，特点是进行对话和协商，不搞军事集团或同盟，被认为是在共同安全、合作安全和综合安全的原则基础上产生的，吸收了它们的思想。[1]当然，如何处理平等协商与集体行动决策机制仍然是有待解决的问题。特别是在发生危机时，如何体现有效的处理能力，仍然是值得探讨的问题。

值得注意的是，在现实中，以各国参与和合作为基础的全球安全概念和机制得到了很大发展。从军事威胁的角度来说，由于军事技术和装备，其中特别是核技术、核武器以及其他大规模杀伤武器的高度发展，使得传统安全的威胁源和含义发生很大变化。在威胁源方面，显著的变化是危险不只是来自敌对方，它可以来自一般的转移和扩散。在含义方面，最严重的是各类武器具有巨大的毁灭性。因此，安全的相互依存性大大提高，需要整个国际社会的合作和努力。比如，禁核试验条约，对大规模杀伤武器和技术扩散的控制等，都成为维护安全的重要组成部分。今后，这方面发展还会变得更为突出。

当然，上述安全保证模式还主要是基于传统安全的安排。非传统安全实际上需要更广泛的合作。比如像资源、粮食的安全问题，像环境问题，

---

[1] 见 Speaking Asia Pacific Security, 1998, University of Toronto-York University, p.59。

都不仅需要在地区的范围推动广泛参与和合作，而且需要全球参与和合作。新安全因素重要性的显著提高，不仅加强了人们的综合安全观意识，而且更加重视保障新安全的方式和途径。像世界范围的减少大气污染保护环境公约的通过就是一个突出的例子。当前，面临严重的金融危机，人们关注的一个重点是如何建立稳定的国内、地区以及国际金融机制。

确立综合安全观的一个重要意义是，在考虑中国的国家安全战略和政策时把传统安全与新安全因素统筹起来，使其更适应世界及地区的发展变化，更利于自己的利益和未来发展。

二 中国的安全环境

冷战结束以后，国际和地区形势发生了巨大转变，这使得我国所处的安全环境也发生了重要变化。尤其是科索沃危机发生以后，人们对我国所处的安全环境表示了更多的担心，因此，如何分析和估计我国目前，特别是今后一个时期所处的安全环境，对于我国制定安全战略和政策至关重要。

(一) 总体环境

冷战的结束为世界带来的最大变化是两极对抗终止，各国从冷战威胁的阴影下解脱出来。新的世界格局趋向多极，在目前及今后一个时期中，世界多极格局的一个突出特点是"一超多强"，即美国作为唯一的一个超级大国与其他多个大国、强国并存，尽管其他多极的力量会上升，但真正能取代美国超强地位者还不会有，美国也不会因明显衰落而成为普通的一极。

"一超多强"凸显了美国的地位，再加上盟国的合作与支持，这个格局是向美国倾斜的。但是，这不是说美国可以控制一切。美国是超级大国，在经济和军事上居于优势地位，其意图和行动均着眼于保持其在世界事务中的主导地位，维护一个"美国治下的和平"秩序。但是，在地区和世界重大事务中，美国难于单独行事，需要其他大国的支持与合作，因此，由于利益上的差别，尽管美日、美欧为同盟，但在重大事务上也不是事事都会一致。

当前，在多极发展趋势中，一个突出的变化是中国的加入，今后，其他一些大国，像印度、巴西等也会随着发展而成为越来越重要的一极，这使得"多极"成为一个动态结构。一方面，这种动态结构可能会产生不稳定和矛盾（尤其是新的上升极对现有秩序格局的挑战），但另一方面，这样一种结构又具有稳定性。

在新的世界格局中，中国以一个上升的大国，一个独立一极的面目出现的。中国力量和影响的上升必然对现有秩序和格局形成挑战。作为后起的上升大国，中国需要一个有利的新秩序。但是，应该看到，这个新秩序不是靠完全推翻或打破现有秩序和格局来实现，而是通过现有秩序和格局的自身发展和调整来实现，因此，中国不是现有秩序和格局的敌人，而是参与者之一。中国的重新崛起并不是对国际社会的一种威胁。

重要的是美国以及其他强国如何对待中国。有些人把中国的崛起与历史上德国与日本的崛起相提并论，因而把上升的中国说成是一种威胁，因而需要对中国进行遏制。这显然是行不通的。

当然，我们不能强制别人改变看法。对中国威胁的担心只能在对中国发展和参与逐步了解和理解的基础上减少与消除。从中国自身来说，不是处于被动地位，也不会陷入敌对关系，在总体环境上是处于一种比较有利地位的。

从长远看，要使世界得到安宁，一个关键问题是如何发展一种能够容纳（包括考虑其利益需求）后起强国的多极机制。尽管在这方面已经出现一些积极的迹象，但是机制的发展还很微弱。最危险的发展是美国联合其盟国过多和过分干预别国的事务。"新干涉主义"的巨大危险在于干预无法和无序。即自行制定标准和原则，绕过联合国，自行其是。

在中国的安全环境中，周边关系居特别重要的地位。一般来说，对中国安全的直接威胁主要来自邻国。在很长的时期里，由于诸多的原因，周边环境一直不好，及至武装冲突时有发生。90年代以来，通过多种努力，中国的周边环境得到显著改善。中俄边界划定与战略协作伙伴的建立，与俄及中亚国家边界安全信任措施的实施，与东盟国家、韩国全面合作伙伴关系的确立，以及与印度在边界军事信任措施上的进展等，不仅使得中国与邻国关系得到改善，而且得到改变，即大大减弱或消除了对立和对抗，从而体验到周边的安宁。

　　一个发展中的愈益强大的中国是取得这种安宁的基础。当然，中国力量的上升也会使近邻国家感到担心，甚至害怕受到威胁，一些国家试图通过提高军力或加强结盟来对付中国力量的上升。但是，另一方面，这也会使其认识到与中国改善关系和发展关系的重要性。因此，在中国与邻国之间发展一种非对抗的、协商与合作的关系的要求增加。推动这种关系的发展具有两个积极性，符合各方的利益。在此情况下，尽管中国与几个邻国还存在着领土、领海及海岛的争端，但为此发生较大规模直接冲突的危险性大大降低，中国提出的和平解决争端，搁置争议，共同开发的思想会逐步被有关国家承认和接受。从这点出发来分析，只要中国自己不乱，能够保持持续发展，坚持睦邻政策，这种安定的周边环境就可以得到维持。

　　稳固周边关系的一个长期战略是通过合作发展相互间的合作。中国的优势是规模大，经济发展处在上升时期。从发展的眼光看，中国不仅可以为周边国家提供市场，也可以提供资金技术。如果在中国与周边国家之间建立起相互依赖的密切关系，那么，共同维护局势稳定和安全的要求就会进一步提高。同时，在中国与周边国家之间，新安全上的利益共同点增大。一方面，各国经济面临发展的紧迫任务，因而有着建立稳定的与合作的发展环境上的共同要求；另一方面，也面临着环境、资源、人口等问题的挑战与威胁，因而需要加强合作共同对付威胁。同时，发展上的竞争也使得各国更注重争取一个稳定与合作的环境。因此，在周边国家地区，尽管现实的和潜在的矛盾不少，但把"和平与发展"作为发展各国关系的主导意识是可以接受的。

　　经济安全是中国安全环境的重要组成部分。改革开放以来，中国经济取得了巨大成就。经济成功发展的一大特征是与地区和世界市场的联系不断增强。经济与外部的联系扩大，并且逐步融入世界经济体系，极大的扩展了中国经济发展的空间和可用资源，但同时，也增加了易受外部冲击的脆弱性。这种脆弱性一方面体现在对外部市场资源（原料、资金、技术）的直接依赖，另一方面也起因于本身体制上的缺陷（本身太弱，或不健全）。东亚发生金融危机进而导致严重经济危机的事实表明，外部的冲击可以极大的改变发展的环境，甚至危及整个国家的安全环境。当然，不能因为存在外部冲击而封闭自己，发生危机不是缘于市场开放本身，而是因为缺乏对开放市场的管理。因此，抵御外来冲击的有效手段主要是加强内部规划与管理。

事实证明，对危及经济安全的因素不能给予充分重视和为此采取预防性措施是危险的。比如，从发展的角度看，对未来中国经济安全可能造成威胁的一个主要因素是资源的短缺，其中最具影响的是对外部石油依赖的增强。在这方面，其变化不仅往往是不可测的，同时也是不可控的，如油价的大幅度变动可以对经济及社会造成巨大的影响，因此，必须把稳定外部石油供给来源和保障供给线的畅通作为保障国家安全的重要组成部分。然而，不能把主要努力放在增强自己的实力来保护，甚至争夺石油供给上。从发展的眼光看，必须及早发展可以替代传统能源的技术，调整经济结构，减少依赖，不要等发生危机再去补救。

从综合环境来分析，对中国经济安全可能产生重要影响的主要有：其一，亚太地区或世界主要地区经济发生严重危机，外部经济环境发生重大逆转，从而严重影响出口和外资流入；其二，由于政治关系恶化而导致主要国家对中国实行制裁；其三，国内经济政策出现严重失误，使经济发生结构性失调，进而发生危机，使外部丧失市场信心，或者因管理不善导致市场失控，因外部冲击破坏国内经济稳定与平衡。对于第一种影响，要通过建立防范机制，其中主要是加强国内经济的"自我创造能力"来保证经济安全。比如，调整发展战略，实行"两个市场并行"（国内和国际市场）的战略，改变过份依赖出口带动经济增长的传统模式，走"内需主导"的发展模式（这里说的是一种动力机制，不是说降低开放程度），减少经济发展对外部市场的过份依赖。对于第二种威胁，不可以不警惕，因为未来的不可测因素很多。即便是在正常情况下，由于政治、贸易等方面的分歧，被局部制裁的可能性也是存在的。但如上所述，在一般情况下，遭受全面制裁的可能性较小，较之过去，中国的外部政治环境已经发生了根本性的变化，特别是由于中国"制导"外部环境的能力大大提高，要对中国进行制裁或遏制是很困难的。对于第三种威胁，这主要是中国自己的事情。以往的事实表明，由于中国实行了一条渐进的政策，使得经济取得了稳定的发展，避免了经济的大起大落。特别重要的是，人民普遍从改革开放中得到实惠，生活得到显著改善，这是在变革中取得社会稳定的基础。从总的来说，尽管存在着外部因素冲击国内经济发展的危险，但是，只要国内政策得当，经济保持稳定发展，政治不出现大的动荡，经济安全的问题就可以得到基本保证。从今后一个时期的发展趋势看，中国经济保持稳定发展的条件是具备的。

（二）未来挑战

尽管中国安全的总体环境看来是有利的，但是，这并不是说没有问题。事实上，未来中国面临着许多严峻的挑战。如何对付这些挑战既需要实力，也需要智慧。

未来，对中国安全的最大挑战是如何处理和对付由于本身实力上升所引起的综合关系变化。中国改革开放成功所带来的实力上升极大的改变了地区和世界力量对比和格局。中国作为多极中的一极，其发展一方面有助于世界力量格局的平衡，但另一方面也产生一些不确定因素。出于以往的关系和认识，许多国家都对中国的未来与作用产生疑虑甚至担心。在他们眼里，中国是一个不确定的大变数，因此，"防备中国"成了大多数国家的一个"共识"。应该说，这是"中国威胁论"的一个根源。比如，美国担心中国崛起破坏现有秩序，日本害怕中国强大会对其进行历史的报复，东盟忧虑一个强大的中国强行占领南沙，危及其内部安定，印度担心中国力量上升引起的不平衡和由此对其构成的可能威胁，就连俄罗斯也对中国的强盛感到不放心。有鉴于此，对中国的有形无形的限制或制约都可能会存在。像美日军事联盟的加强，TMD 以及东盟地区论坛（ARF）等都有对付中国力量上升的现实和潜在意图。最危险的局势是形成许多国家联合对付中国，对中国进行包围与遏制。

然而，也应该看到，中国不是作为一种对立的力量出现的，在地区和国际事务中，既是参与者，也是合作者。在今后的发展中，与中国为敌缺乏前提和基础。同时，把中国作为敌手进行遏制也要付出代价，并且不会在许多国家间轻易取得共识。因此，各国对待中国力量上升的现实选择策略主要是与中国共处，改善与中国的关系。应该说，中国之所以能够在较短时间内与大国和邻国结成伙伴关系,就是由于符合对方的这种选择,得到了对方的应对。多边"伙伴关系"的确立可以使中国从一种可能发生对立的格局中走了出来。

显然,在安全关系上,中国面临的主要还是挑战,而不是敌对格局。这样就使得中国拥有应付挑战的主动权,可以采取一种"积极的防御"战略,即在发展自己的同时,积极改善与其他国家,特别是那些具有潜在冲突的国家的关系,积极参与和加强多边合作。通过增进对中国的了解,减少其威胁感,消除可能出现的联合对付中国的局面。中国要学会理解别国,特别是中小国家的担心。这种担心要通过中国自己的行为来加以逐步减轻和消除。在这方面,特别重要的是,中国要客观分析形势,避免因某些短时出现的紧张局面而采取对抗措施,从而加剧紧张,导致其他国家对中国的"战略误解"。即便像印度这样的打着"中国威胁"的幌子发展核武器的国家,中国也应通过改善关系,加强合作,来减缓可能发生对抗的危险,同时也要防止过份简单的采取对立政策,把自己套入敌对圈。[①]

在对外关系中,重要的是要处理好与其他大国之间的关系。在国际关系中,大国关系是具有决定性影响的关系,冷战结束以后,大国关系的一个根本性变化是对抗消失。但是,应该看到,由于利益上的不同,特别是发展上的不平衡,大国间的矛盾不仅存在,而且还会发展。在今后的一个时期,由于中国的重新崛起,中国处在大国关系调整与变化的核心。

从地缘与重要性上来考察,中国与大国的关系可以分为三类:一是居主导地位的关系,如中美关系;二是近邻关系,如中俄关系,中日关系,中印关系;三是战略平衡关系,如中欧(德、法、英、意)关系。从特性上来分析,可以分为两种:一是双边关系,二是多边关系(像中美日之间的三角关系,中美日俄之间的四边关系等)。处理好这些关系对于改善中国的安全环境至关重要。

中美之间存在许多矛盾。其中,引起矛盾的主要根源是,美国是维持

[①] 印度作为一个上升的大国,即一极,进入世界事务舞台是必然的。中国要能"平静地"对待印度的崛起,与其发展关系。特别重要的是把印度纳入国际社会合作机制。

现有秩序的超级大国，中国是对现有秩序形成一定挑战的发展中的上升大国。美国没有与一个上升大国和平共处的经历，特别是对中国这样一个仍然有着意识形态背景国家的崛起的含义和后果必然感到担心。这正是冷战结束后美国对中国有关是"交往"（engagement）还是"遏制"（containment）政策辩论的原因。现在看来，可以这样判断，在今后一个时期（至少15—20年），尽管作为居主导地位的美国对中国的上升表示担心，会采取一些措施预防中国的挑战，但还不会把中国作为主要敌手来对待，因此，不会出现中美对抗的格局，中美"建设性战略伙伴关系"主要的意义就是确定了这种大格局。在美国的对外关系战略中，中国虽然不是"志同道合"者，但在许多情况下，中国是需要借助、拉拢与合作的力量。从中国方面来说，不需要对抗美国，也不会与其他大国结盟执意反对美国。不过，在许多问题上，由于两国间存在着利益上的差别，中国必然会提出不同的意见，从而形成对美国行为的一种制约，甚至迫使其修改初衷。① 从国际格局与秩序的发展调整来说，这符合中国的利益，也正是中国参与地区和国际事务的一个重要意义所在。从中国整体对外关系和营造安全环境的角度出发，中美关系处于核心地位，只要中美不发生对抗，中国就可以放手发展与其他国家的关系。

中国与其他大国不是一种对立的竞争关系。中国已经与欧洲几个大国，与俄罗斯、日本建立了合作伙伴关系，尽管各自突出的重点不同，在合作的领域、程度和方式上有明显差别，同时，伙伴关系也缺乏具体的机制，没有改变各自利益和实力对比，但在很大程度上，通过"伙伴关系"的确立，构成了一种制衡、协调与合作关系。至少，可以避免在大国间分裂成不同的对立集团。

这样，从大的环境来分析，一个稳定发展与转变的多极格局结构和一种制衡、协调与合作的大国关系，使未来世界发生大对抗及至大规模战争的危险变得较小。

---

① 正因为如此，一些美国人认为美中之间不存在"战略伙伴关系"。在他们看来，只有中国全面支持美国才是"战略伙伴"。这是一种错误理解。

三 对策性的思考与建议

（一）核心是维护和平与发展

"发展是硬道理"，而发展需要有一个和平与稳定的国际环境。因此，在亚太地区创造与维护和平与稳定是中国安全战略的核心。鸦片战争以来的一个半世纪内，中国享受和平稳定发展环境的时间很短。改革开放以来的 20 年是中国国内外环境最好的时期。在短短的 20 年内，中国的国内生产总值就翻了 4 番，为世人瞩目。不过，中国现代化的路程还很长，即便进入中等发达国家行列，还要用半个世纪左右的时间，因此，维护地区的和平与稳定是一个长期战略。

从未来相当长一段时期看，尽管国际关系仍将处于结构性转变与调整中，但在向新的格局的转变中，由于新的对抗所导致世界大战的可能性极小。在亚太地区，大格局的调整趋于稳定，导致大规模对抗的因素削减，"和平与发展"成为绝大多数国家认识和政策趋向的主流。保持和推动这个趋势的继续发展符合中国的根本利益，也是中国对外关系的主要任务和取向。

保持一个和平与稳定的地区环境取决于许多因素，既有政治的、军事的，也有经济的，其中，最重要的是：（1）发展起稳定的双边国家关系结构，特别是各个大国之间的关系结构，防止发生大的对抗或冲突，因此，有必要大力加强已经确立的伙伴关系，进一步推动不针对第三方的双边密切合作。双边冲突往往是引发更大范围冲突的导火索，只要各国间的双边关系稳定，就可以构造起地区稳定的最基本框架。（2）建立起有效的地区多边协商合作机制，尤其通过发展深层次的预防机制，构筑起地区范围的安全网。新的多边协商合作网不同于旧的以美国为主导的延伸式安全结构，它以共同参与为基础，以维护参与各方的安全为出发点，通过共商共识来化解矛盾。当然，共商与化解也需要机制。尽管亚太地区不能发展起欧洲那样的实体安全组织，但也需要有深层次的功能合作机制（包括军事上的）。只有发展起具有一定协调合作功能的地区多边机制，才能真正减少现存的双边结盟的影响和其存在的必要性。（3）维持地区的经济稳定发展。地区经济稳定发展是整个形势稳定的基础。当前发生的金融和经济危机表明，经济下降不仅会导致国内局势不稳，而且会引起国家间的矛盾，如果危机不能尽快缓解，使亚洲国家的经济走上健康增长的轨道，更大的动乱可能会发生。在各国经济相互依赖很强，商品、资本以及劳动力高度相互参与的情况下，一国的问题会很快转移到其他国家，几个国家的问题可以扩散到整个地区，甚至全世界。经济活动（包括危机）上的"扩散与传导"是经济国际化、一体化的必然结果，使得"共荣"与"共患"并存。当前危机中表现出来的一个突出问题是，亚太地区缺乏比较有效的地区合作机制，特别是对付发生经济危机的有效合作机制。像以"自愿"与"协商一致"为基本原则的东盟以及亚太经合组织（APEC）在对付危机方面都显得无能为力，从而使其信誉降低，因此，必须进行创新与改革，推动它们继续发展。同时，也应该重视推动其他多种形式合作机制的发展，考虑到在亚太地区建立统一的实体性地区合作经济组织的难度，推动多层次，多样性的功能性地区合作机制具有特殊意义。当然，同时也考虑到亚太地区安全合作的现实结构，发展多边合作不是为了要取代现有的双边合作机构，而是为了增添新的机制。

维护地区和平与稳定首先是保持中国自身的稳定与发展。"外患起于内乱"，没有国内的稳定与发展，维护和推动地区和平与稳定的前提和机制就没有了。同时，在地区格局的调整和发展上，中国是一个重要变数，中国的稳定与发展也是地区安定的一个重要保证。"弱国无外交"，中国的强大是使自己的外交处于主动的根本保证，而强大的基础和体现是综合实力的提高。在综合实力的构成中，经济的持续发展，即经济实力的不断增强是核心。因此，在考虑和设计中国的对外安全战略时，保证中国国内政治稳定与经济发展应居于首位。这就是说，一切工作要服从于国内改革和经济建设的大局。

中国是一个发展中国家，处于社会主义的初级阶段，主要的资源只能用于经济发展和逐步提高人民的生活。这意味着，尽管要随着经济力量的增强不断发展具有强大威慑力的军事力量，提高武器装备现代化的程度，但是，创建一个和平与稳定的地区环境不能只靠树立军备优势。从现实的情况看，在亚太地区要取得军力平衡不仅是不可能的（意味着赶超美国），也是不必要的。中国靠发展军事力量取得"战略平衡"是不可取的，只能发展"有限优势"，即通过拥有少数关键性战略威慑手段取得一定主动权，如果像过去的苏联那样过度发展军事优势，最终会被拖垮。特别是在和平占主导趋势的情况下，应该把主要资源用于加快经济的发展。中国的优势在于利用自己力量处于上升的趋势，发展与其他国家，尤其是大国的全面合作，减少对自己的敌视，降低发生直接威胁或冲突的危险程度。

国家主权和领土完整是一个国家生存与发展的基础。中国近代史上曾经饱经帝国主义、殖民主义的外来侵略和压迫，在很长一个时期，最基本的主权权益都无法保障，它给中国人留下了铭心刻骨的惨痛记忆。从这个意义上讲，捍卫国家主权和领土完整，始终是中国政治家、外交家和军事战略家最重要的战略考虑之一。

从国家安全的角度来说，捍卫领土完整与国家主权的含义是不同的。领土完整是国家主权的基本组成部分，但主权具有更广泛的含义，是对国家治理权的综合体现。

历史上，中国的领土曾被别国一再侵犯，一系列的不平等条约把大片大片中国领土划归他有，日本的侵华战争曾夺去千万中国人的生命。这个时代已经过去。未来，在这方面，主要的威胁可能来自边界或领海岛屿争端。中国是一个幅员广大的国家，直接与我接壤的国家有14个，可称作近邻的国家（如日本、孟加拉国、泰国、柬埔寨、新加坡、马来西亚等）另有十几个，其中有些"一衣带水"。中国与一些国家之间仍然存在边界争端或领海岛屿争端，在今后一个较长时期，这方面的问题难以完全解决，尤其是与日本在钓鱼岛的主权，与东南亚国家在南沙群岛的归属上的争端不会轻易解决。中国不可能放弃对有争端领土领海岛屿的主权要求。但是，也不应该因这些局部争端而引起较大规模的冲突对抗，进而破坏中国整个的安全环境。从全局出发，应把可能发生的冲突控制在最低程度，做出最大努力通过和平方式解决争端。

当然，对领土完整的最严峻挑战是如何实现祖国统一，即解决台湾问题。从外交上来说，真正承认台湾者不多，法理上台湾的归属是清楚的。台湾问题的难度在于与中国大陆实现政治上的统一。在未来发展中，最大的威胁来自台湾岛内独立势力增长，故意挑起事端；同时，也应防止急于求成，缺乏应对危机的能力。中国强大的军事威慑是阻止台独的基本保证，但军事本身并不能真正解决统一的问题。统一主要取决于两岸经济政治关系的发展。应该认识到，保持台海地区局势稳定，实现和平统一，是关系到中国全局安全的问题，因此，应该从中国总体安全的角度来看待和处理台湾问题。可以这样判断，未来只要台湾问题不引发大规模冲突和战事，因直接军事对抗危及中国安全的危险就很小了。

维护亚太地区的和平与发展离不开中国的积极参与和建设性作用。随着中国综合国力的增强和国际地位的提高，对中国的这种责任需求将会增大。事实上，"做负责任的大国"的最主要含义是，要求中国更多从世界，特别是亚太地区的发展利益考虑和处理问题。中国作为一个上升的发展中大国所应尽到的责任涉及面很广。在国际范围，如在联合国安理会中扮演一种更积极和更有建设性的角色；在各种主要的国际组织中获得充分的代表权，反映和维护发展中国家的权益，并推动改革；在各种维持和平行动、难民救援行动和打击毒品走私行动中发挥更为积极的作用等。然而，中国的责任与利益首先还是主要体现在亚太地区。就安全而言，中国在亚太地区作为一个负责任的地区大国的主要作用是通过各种形式的努力，维护本地区的稳定，减少与缓解冲突，增进相互信任与合作。比如，通过寻求合作消除或缓和朝鲜半岛不稳定的因素，降低南中国海地区发生直接冲突的危险，防止中亚成为新的"火药桶"，遏制南亚次大陆的军备竞赛局面等等。事实上，亚太地区所有这些不稳定的"潜在麻烦点"，大都与中国有直接的利害关系，中国的积极参与和发挥建设性作用具有决定性作用。

中国的参与和建设性作用包含两层意义：其一，通过自己参与推动各种形式的合作，促进以合作代替对抗，和平解决争端；其二，通过自己的作用反对以强权介入和干涉别国与地区事务，把事态扩大化，加剧紧张和对抗。尤其是在非传统安全方面，中国的突出作用体现在，一方面要积极参与地区合作，通过合作解决资源、环境等方面的问题，另一方面，也反对以"共同安全"为由，限制发展中国家发展或干预别国内政。应该看到，在积极参与地区合作与维护自主权方面是有矛盾的，重要的是取得二者之间的平衡，即不因参与而放弃自主权，不因维护自主权而减少参与。

（二）重视综合安全环境

捍卫主权和领土完整仅是维护中国安全的一个方面。应该说，随着中国国力的增强，这方面的能力亦相应提高。然而，要维护一个"综合安全"的大环境需要做出更大的努力。如前所述，综合安全包括传统安全和非传统安全。在一般情况下，人们对安全的认识首先和主要集中在传统安全上，即通过增强国力，尤其是增强军力抵御外来干涉和入侵，而对新安全，即非传统安全的认识往往不能提高到国家安危的高度。事实上，在中国的未来发展中，最严峻的一些挑战可能会来自新安全因素。

我们可以看到，生态危机、金融风险、"贸易战"等问题对一个国家的发展产生越来越大的影响，在国际政治和国际安全中的重要性提高。近来东南亚一些国家和日本、韩国等相继出现的严重金融危机和经济危机，有力地证明了它们对于各国安全和地区稳定的极端重要性。

事实上，新安全因素可以从两个方向对一国的安全构成威胁：其一是从内部，即由于本身发生问题而对自身的安危造成威胁，如环境恶化，社会动荡，金融体系脆弱等；其二是从外部，即外部的巨大压力，强制性干预，甚至制裁以及市场要素变动冲击等。改革开放以来，中国的经济发展取得了巨大成就，但也产生了许多对可持续发展构成严重威胁的问题，即生存和发展的安全隐患，比如环境污染问题、水土流失、资源破坏问题，有些已经到了极其严重的地步。同时，这些问题已经跨越国界，引起周边国家及至整个世界的关注。同时，中国经济的持续高增长，对外贸易迅速扩大，人民币汇率调整等等，都越来越成为对亚太地区以及世界产生重要影响的因素。反过来，别的国家这些方面的问题，也越来越多的影响到中国。比如，起于东南亚的金融危机，不仅已经严重影响到中国的对外贸易，也影响到中国国内银行体系的稳定和整个经济的增长。像中国这样一个人口众多，处于发展中的国家，保持经济的稳定和可持续发展是至关重要的。这些问题已经远远超出一国的控制和解决范围，摆在地区交往与合作的重要议事日程。在这方面，安全环境的建设不只依赖于中国一国的努力，更需要地区以及整个国际社会的努力。因此，非传统安全往往需要更多的地区和国际社会的协调与合作。从这方面说，全球化与区域化不仅仅是指市场联系，也指经济社会发展环境，也即国家的安全环境，在这里，安全的传统概念无疑被修正和扩大了。

当然，这里也不能把安全的范畴无限扩大，造成事事必及安全，甚至造成"安全恐惧症"，把本来属于正常经济领域发展的问题当作安全问题对待，增加不必要的戒备或实行消极的"退守抵防"，为经济发展设置人为障碍。同时，也要抵制那种以安全为由，对别国内部事务进行干涉的图谋。

（三）积极推动多边安全合作

中国对双边关系一向给予高度重视。应该说，中国当今安全环境的显著改善首先得益于双边关系的稳定与改善，尤其是与大国双边关系的改善与加强。考虑到与周边国家关系的特殊性和与大国关系的重要性，重视双边安全原则仍然是十分重要的。但是，前面的分析表明，仅仅发展双边关系是不够的。在许多方面，需要有更多的地区多边合作。[①] 在当今及今后的发展中，多边合作的重要性会越来越提高。从总的来说，多边合作的功能可以突出体现在：（1）建立多边合作机制，构建安全合作与相互依赖网，增强"共同安全"与合作安全意识，增加透明度和相互信任；（2）制约或减少一国主导以及双边或少数几个国家结盟的作用；[②]（3）合作解决对地区生存发展产生威胁的重要问题。因此，无论从组织形式，还是从功能结构上，多边安全合作都具有更大涵盖性。

当然，相对来说，在亚太地区多边安全合作概念还是一个较新的事物。事实上，不光对中国来说是如此，对美国来说也是如此。亚太地区的多边安全机制是由一些中小国家，尤其是某些活跃的"中等强国"倡导和推动的，如澳大利亚、加拿大、印尼和马来西亚等。迄今，东盟地区论坛（ARF）是最主要的和参与范围最广的多边安全合作机制。ARF 的突出特

[①] 一些人认为，中国寻求多边合作是"被迫的"，是为了打破针对中国的结盟。（见《复旦大学美国研究中心简报》1997 年第 7 期）这是不全面的。

[②] 在美国，具有主导影响的思想是通过加强美国与盟国的合作维护亚太地区的安全，有的甚至认为只能通过与"价值观相同的朋友"建立合作网保卫地区安全，把中国作为一个"不稳定的因素"。见 The Asian Wall Street Journal, April, 23, 1998。

征是以合作代替对话,通过协商建立信任和预防性合作机制。在较小的规模,还有东盟本身的合作机制,中国与俄罗斯及中亚三国就减少边界军事兵力集结,增加安全合作的协议,有关朝鲜半岛问题的四方会议等。值得注意的是,多边安全合作是在多层次上建立的,既有由政府主导的第一轨道,也有以官方、非官方共同参加的第二轨道,以及完全非官方讨论交流性质的第三轨道。中国积极参加了几乎所有的多边安全对话与合作。人们曾经担心,参与多边合作机制会使中国陷于被动,事实证明,非但如此,而且还争取了主动。

在构建亚太安全合作机制上,存在两种不同的主张:一种是"硬机制化",建立具有实际管理功能的合作组织;另一种是"软机制化",发展以协商合作为基础的安全联系网。在一些人看来,软机制不能解决冲突问题,因此应该发展实体机构,拥有管理和指挥权。这实际上是把欧洲的模式,或者说是美欧合作的模式搬到亚太地区。从亚太地区的现实情况看,其特点是多样性、差异大,有别于欧洲或其他地区,在相当长的时期,搞一体化的实体安全组织是不现实的。当然,另一方面,只讲对话与协商,没有实际制约与执行机制也不行,渐进的机制化建设是必要的。像 ARF,由信任措施到预防措施的发展是应该给予支持的,在一些方面,可以走得快一点。事实上,从发展的角度看,ARF 的职能范围和组织方式是应该随着发展进行调整的,应该使其发展成为一个更具亚太地区安全合作性质的组织(比如,发展成为 Asia-Pacific Security Cooperation, APSC),待条件成熟时设立常长设协调和组织职能机构。

多边安全合作并不能取代双边对话和协商,二者可以相互增进。事实上,中国与美国、与日本、与俄罗斯等国的双边对话,常常有着不可替代的作用和价值。但是,多边安全合作可以更好地体现综合安全和合作安全的观念与实践。因此,积极参与和推动多边安全合作不仅可以促进中国在亚太地区利益的更好实现,有利于创建一个和平与稳定的地区环境,而且也可以更好地发挥作为一个地区大国的责任,树立良好的国家形象,比如,在参与与合作中,其他国家对"中国威胁"的担心就可以逐步减少。事实上,中国所提出的一系列原则和方式对促进亚太地区安全合作起到了非常积极的作用。

亚洲现代化与我国的开放发展[①]

作为一个进程，现代化不是一个国家的一种主观的选择，而是一个必由之路。对任何国家来说，都有现代化发展的问题。从现代化的发展来看，起始于欧洲的现代化以工业革命的发生为动力和为起点，主要表现出一种"主动的"的特征，体现为一种"顺应性"的进步，从而负面的影响和抵触性较小。而后起国家的现代化以外部的"侵入"或压力为始点，因此，表现出一种"被动的"的特征，体现为一种"强制性"的改变，其进程往往显现出一种复杂的过程。由于这种特征，一般来说，人们的关注点往往更多地集中于后起国家的现代化。亚洲的现代化属于后者。尽管不断取得进步，但是，也出现许多问题。面对出现的问题，新的建设性意见有，批评，甚至是反论也为数不少。当然，现代化是一个永恒的话题，也是一个无止的进程。不管出现多少波折，多少激烈的批判，现代化之路还是要走下去的。

亚洲金融危机爆发以后，对有关现代化发展的各种各样的议论更多了起来。危机是问题累积的总爆发，也为解决问题提供了机会。外国人常说中文的"危机"这个词的组合很妙，既体现了问题的严重性，即"危险"，"危难"，也深含着希望，即"机遇"，"机会"。因此，面对危机，人们需要反思，也立志进行改革。

美国经济学家，诺贝尔奖获得者熊彼特把危机称之为"创造性的破坏"，应该说它是很有道理的。我们可以把金融危机比作是亚洲进入21世纪长征前的"减肥瘦身"，如果能够轻装上阵，那么，它将是亚洲新曙光

[①] 原载张蕴岭主编《亚洲现代化透视》，社科文献出版社2002年版，本书收录时题目和小标题有改动。

的开始。

一 现代化与变革

现代化是一个使用频率很高的词汇。它既可以作为对现实发展的描述，也可以作为对未来的追求，既可以作为一种发展战略，也可以作为一种目标。那么，什么是现代化呢？也许，许多人不曾认真地的想过。细想起来，它几乎无所不包，似乎难以说得清楚。从发展的角度来看，它是一个过程，一个不断变化的过程，从现实来看，它又是一种结果，是一个发展的阶段。

现代化的实质就是经济、政治、社会体制和运行方式的不断更新。对于现代化的先行者来说，它是在一个较高的起点上不断推进，即通过不断创新，使自己走向另一个新的台阶的过程；对于后进国家来说，它是一个不断追赶的过程，通过在经济和社会生活中推广和使用更新的技术，引进和创造新的体制，使自己不断提高，逐步拉近与先行者的距离，从而使经济社会不断更新前进。从世界范围来看，现代化是一个多速、多层、多样的运动。从各国的情况看，现代化是一个曲折、复杂的转变过程，不同的国家有不同的道路，不同的模式。

一般来说，真正意义上的现代化是从工业革命开始的，此后这个进程不仅在开始现代化的国家继续发展，而且不断向世界其他地方扩及。因此，现代化进程表现为两个突出的特征：一是不断地深化，二是不断地扩大。

现代化是一个综合的经济社会发展进程，涉及的范围包括经济、社会、政治、文化的各个方面。因此，若要保持现代化进程的可持续性，则各个领域必须能够协调发展。事实上，构成现代化进程各个方面的发展与变化组成一种"立体协奏曲"，任何方面的不协调都会产生失衡，从而干扰，甚至阻碍整个进程的发展。

现代化首先是一个经济发展概念，简单的说，就是新技术武装经济，即在经济活动中采纳先进的技术，提高社会生产力。科学技术进步是经济现代化的主推器，技术的推广和利用，使经济水平不断实现在新的技术基础上的飞跃。需要指出的是，就总体而言，这里，所说的先进技术具有两层含义：一是说创造和采用最新的技术；二是说引进和吸收相对自己更好的技术。这两个含义体现着不同的内容，也体现着不同的结构，但都说明现代化是一个动态进程，即是一个不断的进取和不停的追赶的进程。

什么是"新的"？当代技术发展进步的节奏加快，使"新"的停立点变得很小了，因此，无论是技术的生命周期，还是产品的生命周期都大为缩短，因此，"新"具有很强的相对意义。什么是"先进的"？就总体而言，当然是领先的。但是，先进也有相对的含义。对不同的国家和不同的领域有着不同的含义。同时，经济学界就对"先进技术"和"适宜技术"进行区分。对于那些后进的经济来说，最先进的不一定是适宜的，不适宜的，即难以或不可能加以利用的技术对自己来说就是没有使用意义的（在一定时间和条件下），在这里，先进性具有鲜明的相对意义，对于一个国家或企业来说，在一定情况下，可以使自己现有水平提高的技术就是先进的。因此，先进的相对意义一方面是指比自己现有的更好，另一方面体现为一个不断更新的过程。这既适用于领先国家，也适用于后进国家，前者是自我不断更新，后者是不断追赶。这里，有必要区别"最先进"与"先进"。这种区分的意义在于，从世界范围来看，现代化表现为一个多层、多速和多元的动态链和持续不断的进程，不仅技术发展是如此，经济社会、文化也是如此。

现代化也是一个社会变化概念，它意味着在经济的现代化进程中，社会结构组成和人们的社会生活也会发生转变，即走向现代化。这里，社会组织结构的现代化具有很深的内涵，它包括社会组织形式，家庭结构等，社会生活现代化的范围含义也很广，既包括人们的生活方式，行为方式，也包括从事和参与经济社会活动方式。社会的现代化是经济现代化的结果，也是经济现代化持续的基础，先进的技术和落后的社会构成会产生强烈的撞击，"不是鱼死，就是网破"，二者不能并存，也许是落后的社会拖经济现代化的后腿，也许会是经济的现代化最终打破滞后的社会结构，使之更新。当然，作为一个进程，后一种结果是迟早会出现的。社会现代化表现为一种鲜明的多元特征。这种多元性不仅表现在人们行为方式变化的多彩性，同时也体现在社会组织结构和形式的多样化。经济越是现代化，个性的选择和体现也就越突出，因此，在现代化程度高的国家，社会组织结构和个人生活方式变得更为"离散"。事实上，这种"离散"并不是"破碎"，而是通过一种新的机制相连接。在现代社会，社会和个人之间的联系变得更容易和紧密了。以电子邮件的出现为例，它不仅大大缩短了人们之间的空间距离，而且也几乎消除了时间距离。对比一下那种从发出一封信到收到需要数月时间（就是数日也罢！）的时代，真是有天壤之别！电子商务的出现将不仅会极大地改变人们的生活方式，也改变传统的营销方式，及至生产方式，从而产生新的社会经济组织与运行形式。

现代化也是一个政治概念，它要求建立和发展合理的政治体制和有效的治理（governance）体系。政治体制和治理体系既有联系，又有区别。前者主要是指制度和组织架构，而后者则更多的是指政策和管理。所谓"合理的"体制和体系包括多层含义，它可以包括它们与经济社会发展的协调性，也可以包括其能动性和有效性，这里的"合理"并不是说一个既定的或统一的模式，而是说政治体制与治理体系与整个现代化进程相适应，它们既不是滞后的，更不是成为其他进程的桎梏。不然，那就要发生政治变革或者革命了。政治家往往把推动现代化作为实现其政治抱负和取信于民的根本大计，但是，现代化也往往使他们成为牺牲品，这个结果可能缘于现代化的成功，也可能因为现代化计划的失败。前者表现为他们对进一步变革的抗阻，后者则要求他们承担失败的责任。从东亚权威政治的变迁中可以清楚地看到，现代化进程本身也是对其自身的否定。在它完成自己推动经济现代化起飞进程之后，它本身成为变革的对象，走向民主政治体制成为一种必然。治理体系现代化的矛盾往往表现在体系（包括组织、法规、政策等）建设的滞后，从而对变化失去引导管理，导致变化的无序，甚至是危机。治理体制变革的要求源于两个发展：一是本身内部发展的需要，即随着现代化的发展，要求有更好的管理体制（包括法规、制度），比如，开放的金融市场要求有更强的监督和管理；二是外部发展的要求，其中，国际化、全球化的发展要求有新的规则和体制，因此，如今，治理现代化的建设备受重视。

现代化还是一个文化概念，它体现在人们的社会价值观的变化和更新。综合的说，文化是一种价值，也是一种传统体系，是经济社会政治发展的提炼和结晶。因此，文化是抽象的，又是具体的，无处不在的。文化的现代化特征更突出地体现在传统与现代的接轨，它一方面表现为接受新事物上的活跃性，另一方面又表现出顽固的"惰性"，或者说是对抗性。文化是人们的精神灵魂，因此，文化的现代化往往最突出的体现出变革的震撼性，同时也表现在传统对变化的抗拒性。创新与保守，现代与传统，它们之间的交叉和矛盾构成现代化进程中最富有挑战和争议的篇章。[1]

现代化作为一个进程，其最突出的一个特点是不停地推动变革：经济的迅速变化，社会结构的转型重组，政治体制和规制的不断调整，以及文化价值的"吐故纳新"等等，一旦现代化的进程开启，各种的变化和调整就没有休止，从而构成一个变革的"永动机"。

就现代化进程的推动机制而言，有人把它区分为"内源性"和"外源性"[2]。前者是指通过自身的发展进行的，后者则是通过外来的力量强制性进行的。

内源性现代化主要起于西方资本主义国家。英国的工业革命开创了现代化进程的先河，进而不断扩散到欧洲其他国家以及美国。内源性现代化主要建立在本国内部积聚动力，是一种主动变革，容易取得领先的优势，并且可以利用这种优势进行扩张，甚至对弱势国家进行控制或殖民占领。我们看到，历史上，英国和欧洲工业革命很快导致了殖民主义的扩张。在今天，领先国家利用优势对世界市场的垄断达到了惊人的地步。资源和市场的集中进一步加强了领先者的优势，使得他们更具有发展性的优势的能力，这个进程还在继续。"外源性"现代化主要由外力的推动，是一种强制性变革，容易受制于人，并且可能出现进程的间歇或终止。

然而，在当代，"内源性"和"外源性"并不是截然分开的。就是在"内源性"为主的国家，由于开放竞争的发展和作用，强制性调整变革的领域也不少见。而在起于"外源性"进程的国家，在经过一个时期的发展

---

[1] 罗荣渠先生认为，"现代化是一个包罗宏富、多层次、多阶段的历史过程"。然而，他却认为，"实现发达的工业社会"是"现代化完成的一个标志"。现代化是一个无止的进程，显然不能仅仅把现代化固定在一个层面上。见罗荣渠《现代化新论》，北京大学出版社1993年版，第15页。

[2] 见《现代化新论》，第123—125页。

以后，尤其是在摆脱殖民控制，取得民族独立以后，随着本身发展，现代化进程的"内源性"因素也会增长。比如，主动的吸引外资发展现代经济，就具有很强的内源动力。如今，全球化和一体化深入发展，相互交织的加深和相互依赖的加强，使得不同国家、不同地区间的现代化进程相互影响和传递。似乎使得谁也不能停顿下来，谁也不能拒绝考虑外来的冲击和影响。

现代化的"永动机"把一切都纳入不断的变革进程中。从生产方式的变革来看，由最初的机械代替人手，发展到今天的电脑代替人脑，由劳动密集到资本密集，技术密集，再到信息密集，知识密集。经济交换活动的变革也是经历了类似的过程，由传统的市场交换，发展到今天的电子商务，由实物、货币交换发展到今天的电子货币转账，"无物市场"，"无币交易"极大的改变了传统的经济活动形式和内容，这个进程还在发展，谁也说不清未来会发展成什么样子。从变化发展的角度来说，预测未来变革非常困难。比如，经济学家们越来越发现自己对未来经济发展趋势的预测变得不准确。

现代化进程不断地改变社会组织结构形式和人们的生活方式。由于城市化的发展，人们被越来越多地集中到城市，而交通通讯的发展又使人们的居住和工作趋于分散。社会功能的现代化使人们不再主要依赖家庭，传统家庭结构出现解体。在现代社会，人们的一切活动都变得社会化了，由社会保障网和交通通讯网紧密连接起来，但同时，又变得越来越分散化和个性化。就业的多样性，选择的多样性，以及偏好的个性化等，使得社会和个人呈现出一种集中性与分散化，一体性与个性化的动态变换与交叉。这里，不能轻易断定哪是对的，哪是错的，哪是好的，哪是坏的。似乎不仅传统的标准不再适用，而且也没法制定一个统一的评判标准。变化如此之快，以至于对许多人来说，就像有一种"魔力"在无形的推着往前走。原来不认可的开始认可了，原来不喜欢的开始喜欢了。

当然，变革的永动性必然产生巨大的排斥性。这种排斥发生在经济部门，也发生在个人。就部门而言，许多产业会变得老化，成为"夕阳产业"，被迫破产倒闭。新部门的崛起发展是以老部门的衰落为代价的。因此，产业的不断升级就成为留在现代化进程中的一个前提。如今，产业，尤其是产品的升级变换如此之快，以至于有些产品刚刚上市就"过时"了。对人的排斥也是这样。变革会使得人们失去工作，失去收入，失去地位。因此，如果没有一个社会保障网，因这种变化，个人就会失去生活的依靠。当然，在排斥的同时，也存在机会。创造机会，寻求机会是适应变革的唯一出路。只有那些不主动寻求，不能利用机会的人才留恋过去，哀叹现在，惧怕未来。

事实上，变革的动力，或者说是压力还来自开放与竞争。现代化是一个开放系统，开放意味着接纳和吸收外来的技术、资金、文化，以及政治影响。它们的进入不仅成为推动经济、社会、政治和文化变革的重要力量，而且也是构成新体制的重要内容。同时，开放也意味着与外部进行竞争。竞争的本质是优胜劣汰，因此，参与竞争就成为促使自己不断提高的一个重要动力机制。竞争出效率，竞争出优势，竞争出创新。如今，在一体化和全球化高度发展的情况下，开放已经不是一种选择，而是一个现实，竞争不是一个战略，而是一种机制。当然，开放和竞争所面临的挑战是严峻的。由于它们所带来的变革是带有强制性的，因此，也会带来痛苦，同时，如果这种变革的进程不能稳定，有序，那么，也可能会发生负面影响，甚至失控。

变革在不断地促使人们调整和更新价值观。人们不得不以新的眼光、新的角度和新的标准进行审视和取舍。但是，在一个不断变化的世界，加上一切变化得那样快，那样大，从而使得人们似乎感觉失去"主体"。不适应变革的人们哀叹"一切都变了"，而走在变革前面的人们又是以那样急切的心情去期盼未来和勾画未来！鲜明的反差正体现了现代化进程中的变革取向和矛盾。

科学技术是第一生产力。现代化的进程首先体现在科学技术的不断进步和利用上。技术是一个无穷的未知的世界，它是那样具有魔力，可以产生惊人的力量，它是那样神秘莫测，不断地探求，就不断的发现新的世界。

技术可以创造财富，因为它们可以开发和利用资源，本来是一般的东西，有了技术，它们就可以被开发利用起来，并且随着技术的进步，而开发利用率提高，废物也可以变成宝贝。矿石本来是"石头"，有了技术，就可以分解出各种可以利用的金属。电子技术的出现使信息成为最具有价值的商品。因此，也可以说，技术本身就是最宝贵的财富，从而，技术进步的加快就体现为财富的增加。这样，不难理解，那些技术领先的国家，也是最富有的国家。

技术进步是劳动生产率提高的源泉。他们不仅可以节约劳动，以技术代替劳动，提高劳动生产率，同时也可以实现生产和其他经济活动规模的扩大。在现实发展中，技术进步的速度与劳动生产率的提高以及经济规模的增大成正比，创造价值的不是时间，而是技术，尤其是高技术把创造价值的时间缩到最小。我们看到，在发达国家，技术成为单位劳动生产率提高的最大因素。在国际市场上，竞争力主要体现为技术的竞争力。当然，技术本身只表现为自然的生产力，或者说是潜在的生产力，变成现实的生产力还需要组织和管理。尽管技术进步本身为组织和管理提供了手段，但是，没有先进的和有效的组织和管理，劳动生产率就不会明显提高。在这个意义上说，技术的竞争力更表现为组织管理方式的竞争。技术的一个突出特征是其变化性，尤其是现代技术，其生命周期变得非常之短，因此，一个高效的体制的先进性和优越性体现在灵活性上，即能否为技术的变化进步提供最适宜的（宽松的）环境和条件。

当然，技术是一把双刃剑。从根本上说，技术进步的内在含义是创新，即不断地实现技术的新旧更替。技术的这种创新也必然引起经济活动方式的转变以及与此相连的社会、政治和文化结构与体系的变化。转变是一种前进，但更替本身是艰难和痛苦的，是要付出代价的。比如，一方面，以技术、资本代替劳动，固然可以提高劳动生产率和扩大经济活动的总量以及社会经济生活的质量，但是，为此而造成的失业却会把失业者打入地狱，使他们失去生活的依靠或者失去应有的地位。同时，另一方面，技术设备更替会加大成本损耗，导致资源利用寿命缩短，消费方式的快速改变加速资源消耗，最终导致资源枯竭。我们看到，工业革命是现代化的起源，而工业革命的深入和扩大，使得世界资源过度开发，不仅导致许多资源枯竭，而且产生生态危机。问题严重之处在于，资源枯竭和生态危机主要是由占世界人口和面积少数的现有的发达国家造成的。而如今和未来，为数众多的后来者还在以传统的模式追赶先行者！如此下去，世界资源的枯竭和生态危机无疑会进一步加剧。"救救地球"！这种呐喊不只是一种警告，更是一种要求。这种要求不仅意味着对传统旧技术的否定，也孕育着拥有新的创造力的技术的突破。

技术发明和利用需要条件。迄今，先进技术主要被少数发达国家掌握，因此，技术的集中远比财富的集中更严重。在发达国家与不发达国家之间，技术的差距在不断拉大。这种情况必然体现在现代化发展的进程上。尽管现代化在更多的国家地区推进，但是，现代化的进程极不平衡，一些国家甚至被进一步推向边缘，与现代化潮流无缘。尤其引人注目的是，新技术变得更集成，更复杂，使得新技术与高技术几乎同名。这样，新技术的发明权和使用权就更为集中在少数国家，少数势力雄厚的大公司手里。因此，在 21 世纪，建立在技术进步基础上的世界现代化进程究竟如何发展，令人关注。

人类社会正在处于新技术发展的大潮之中。信息技术、数字技术正在以前所未有的力量改造着世界。在这场新的科学技术革命中，美国遥遥领先，其他发达国家正全力追赶，这是一场新的竞赛，也是一个新的机遇。那些抓住机遇的发展中国家，也可以利用新的技术革命的成果，实现跳跃式的发展，加速现代化进程。

二 亚洲现代化运动

亚洲的现代化经历了一个曲折的进程。尽管各国的现代化进程和特点很不相同，但是，作为一个地区，各国之间还是有许多联系，有许多共性。

经济现代化最突出的体现在东亚地区经济的迅速发展。对于后起国家来说，经济现代化说到底，实际上就是向先进国家学习，引进先进技术，发展现代经济，进而使政治社会体制发生变革的进程。东亚的经济现代化进程起始于 19 世纪末和 20 世纪初。先是日本，通过"明治维新"，引进西方先进技术，发展现代工业，实现了富国强兵。其后，在中国，既有仕人贤达试图以日本为模式，推动的维新变法，也有当权者以引进西方技术为目标的"洋务运动"。然而，东亚真正意义上的现代化只是到第二次世界大战结束以后才开始走上正轨，取得显著成效。日本战败，被美国强制改造。强制性的现代化改造从打破财阀体系开始，在此基础上建立西方现代经济和社会体制，发展现代经济。中国内战结束，在大陆建立了中华人民共和国，开始以现代化为目标的建设。特别是实行改革开放政策以后，大大加速了现代化进程。自60年代以后，东亚地区形成了一个发展带，先后有"四小龙"的起飞，东盟的崛起。亚洲的这个现代化进程是在新的形势下，通过新的发展战略和模式快速推进的，其速度之快，成绩之显赫，影响之大，都是前所未有的。

经济现代化的迅速发展也同时引起了社会政治和文化的巨大变革，步入以现代社会政治为基本构架的体系之中。东亚作为一个地区的崛起是第二次世界大战后世界发展中的一件大事。东亚的现代化模式引起了世人关注，赞许者有之，批评者也为数不少。尤其是发生金融危机之后，对"模式"的批判就更成为一种时髦了。

路是走过来的，曲直自有体验。对于东亚来说，回顾过去，总结经验教训是有意义的。但重要的不是回头看路，而是准备走前面的路。

日本是一个岛国，资源贫乏，偏居一隅。也许正是这种劣势，才迫使其总是眼睛向外，从外部寻求资源，注重向外部学习。早在公元7世纪，日本就开始学习中国，引进中国的法规建制和技术。到后来，当中国落后之后，日本又开始把眼睛转向西方，通过"明治维新"，大力吸收西方的先进技术，建立现代工业，实现富国强兵。因此，日本开始现代化进程在亚洲国家中是最早的。然而，日本在强盛之后，转向军国主义，开始对外侵略扩张。日本在第二次世界大战中的惨败宣告了军国主义的死刑，其后，使日本的现代化开始了新的进程。

尽管美国占领当局对日本所进行的政治经济体制改造，对日本现代化进程的发展奠定了一个重要的基础，起到明显的推动作用，但是，最根本的是日本本身的组织和努力。其中，政府的正确方针和政策至关重要。

战后，日本现代化的迅速发展最突出的体现在经济的飞速发展上。在自60年代初到80年代末的30年间，日本经济年增长率超过10%，一举超过欧洲发达国家，成为世界第二大经济。日本为什么在这样的短的时间取得如此巨大的成功？从各种角度进行分析研究的文章、书籍比比皆是。

一曰，成功在政府。日本政府成为经济现代化的规划者、组织者和主导者。政府规划战略，制定具体赶超计划，按照战略和计划动员资源，组织资源和分配资源，银行根据政府的导向提供放款，而企业则根据政府政策的导向制定发展计划和组织生产。由此，经济运行的方向和轨迹主要由政府来主导，政府成为经济活动脉搏的启动中心，这样，政府、银行和企业之间建立起密切的联系和合作。鉴于此，人们把日本的经济称作为政府主导型经济。

二曰，成功在体制。这里主要是指日本的公司体制。其中，最突出的是：第一，充分利用人的才能的体制。通过实行稳定的年功序列保障制度，使就业者可以忠心于企业，把所在企业的成功看作是自己的骄傲，乐于为其奉献。由于就业稳定，人们可以安心钻研技术，进行创新发明或精于技能。第二，生产分工体制。这主要是指对复杂生产进行公司外分工，建立以经济活动为基础的分工合作体系。日本大公司的"伞形分工"体系（指多层分工的结构）为生产经营创造了效率和质量。有了这两条，日本公司就可以制定出赶超战略，树立竞争优势。我们看到，在较短的时间内，日本公司就创造出了名牌，在许多领域击败竞争对手，占领越来越多的世界市场。"索尼"，"松下"，"丰田"，"本田"，等等，不仅成为名誉全球的名牌，而且成为日本实力上升的标志。

三曰，成功在人。日本人是具有特殊精神的民族，他们具有很强的忍耐精神，奉献精神，团队精神。这些为日本奋力赶超先进水平提供了特殊的力量和优势。当然，人的技能和品德是后天成长的。事实上，日本的最大优势在于教育。日本的教育普及程度和对人的技能培训在世界上是首屈一指的。正因为如此，日本人才能够在很短的时间内就能对外来技术进行消化吸收，并且进行技能创新，从而确立自己的新的竞争优势。

日本的成功在于一步一个脚印地赶超，更在于在吸收国外先进技术的同时，创造自己的独特优势。因此，这样，在许多领域，日本可以成为"第一"，而不是与先进者等距离赶超，总是落在后面。

不过，正是那些曾经是成功秘诀的东西，在经过一个时期以后走向反面，成为制约因素。比如，政府—银行—企业体制，导致市场功能弱化，银行坏账增加；企业终身制导致人员流动和企业调整困难，体制僵化等等。日本跃入了发达国家的前列，但是，在"过度成熟"之后，开始出现问题了，90年代以来经济的持续衰退，使日本面临着新的形势和选择。对其未来的发展，人们提出了一个大问号，日本向何处去？

"四小龙"是对韩国、新加坡、中国香港和台湾经济成功的一种赞誉。这四个经济体的一个共同的特点是自然资源贫乏，规模很小，从基础来看，缺乏经济快速发展的条件，但是，在自60年代中后期到80年代中后期的20年间，经济年平均增长率超过10%，一举成为"中等发达国家和地区"。像韩国，60年代初，人均国民生产总值只有几十美元，而到80年代末就接近10000美元。那么，为什么他们能够实现经济腾飞，迅速向现代化迈进呢？最简单的说是就是抓住了时机，靠的是"把门打开，把资金技术引进来"。"四小龙"的最大优势是拥有廉价的劳动力，他们利用这个优势，从发展来料加工出口产品开始，逐步积累资金，建立现代企业体系。

"四小龙"所抓住的时机是什么呢？概括地说是：技术资金容易利用，由于美国跨国公司为了降低成本，向外进行经营转移，因此，机会是现成的；欧美市场欢迎来自外部的廉价产品（许多通过加工返销），因此，增加出口几乎不受限制。显然，既有资金技术，又有出口市场，经济腾飞的条件就具备了。

当然，如果取得成功，需要精心组织，又有好的战略。"四小龙"为两种类型：一是城市型经济，新加坡和中国香港。它们除了利用"天时"，还利用"地利"，即在发展劳动密集型出口产品的同时，还大力发展金融及其他服务业，成为地区金融服务业中心，吸引大跨国公司投资立业。二是加工型经济，韩国和中国台湾。它们利用强政府，组织资源，支持企业发展。由于政局稳定，加上政府的支持，现代企业基础很快确立起来。"四小龙"的产品很快打入欧美市场，成为受欢迎的廉价商品。

"四小龙"的成功走了一条"捷径"，打破了所谓"附属经济"不能实现起飞的教条，同时也打开了发展中国家和地区人们发展现代经济的眼界。其更深远的意义是揭示了如何利用国际分工和国际市场的规律。与此相对照，信奉"进口替代"战略的拉美国家的经济现代化却步履艰难。以"本身体系"为出发点的技术，不断的引进不仅成了一种"等距离"追赶，而且，还加剧了债务负担。从性质上说，"四小龙"的"出口带动"所实行的是一种"动态战略"，通过出口竞争实现不断升级；而拉美国家所实行的"进口替代"是一种"静态战略"，引进本身成了一种保持现状的必要手段。

当然，不能把"四小龙"的经验绝对化。"四小龙"的成功有其特殊的条件，也有其特殊的限定性。以"出口带动"战略为例，发展出口业固然重要，但过度依赖出口带动经济增长，不仅会导致经济结构畸形，而且也不能持久，特别是外部环境变化会改变战略实现的条件。在这个意义上说，"四小龙"的模式是不能盲目套用的。作为四小龙之一的韩国，尽管现代化的成效令人称赞，但是，靠大量借债维持高增长，基础是脆弱的。一旦金融市场或贸易市场发生动荡或逆转，债务危机的威胁就出来作祟了。70年代的石油危机曾使韩国几乎发生"崩溃"（一场严重危机），而90年代起于东南亚的金融危机使其一夜之间就从天上摔到"地狱"，国民财富一下子减少了一半还多（币值下跌）。显然，"四小龙"不能在沿袭老路走下去了，必须探求新路。

马来西亚，泰国，印尼和菲律宾是步四小龙的后尘，迅速步入现代化进程的国家。这几个国家把发展现代化经济置于优先地位虽起于70年代，但取得迅速发展则自80年代。这几个国家所采取的发展战略实际上是学习了"四小龙"成功的经验，实施"借船出海"战略，即：大力引入外资，发展出口工业，打入国际市场。马来西亚、泰国集中发展电器、电子出口加工业，印尼、菲律宾则大力发展服装、玩具等高劳动密集型出口产业，在较短的时间内形成出口优势。出口业的迅速发展带动相关产业发展，也推动了城市、道路交通等的更新。到90年代初，由于它们的经济增长活力甚旺，被称之为"四小虎"。四只虎真有些虎气声威，威震四方，其经济增长速度之快，成效之显著，的确令人称奇。

它们在如此短的时间内取得这样快的进步，是靠什么呢？有人曾经形象地说，东南亚的繁荣是日本的繁荣。此语道出答案：它们是靠大量引进日本的资金和技术发展的。实行"拿来主义"，为我所用。这些国家大量引进日本的投资是有条件的。80年代中期以后，日元大幅度升值，使日本生产和经营国内成本提高，为了保持和提高竞争力，日本公司大举外迁。

而这正适逢东南亚国家追赶四小龙，加快开放市场，因此，一个要引进，一个要投入，二者"有谋而合"。由于日本公司的转移，电器、电子以及汽车部件等生产迅速发展起来，并且很快形成巨大的生产能力。同时，它们利用"四小龙"产业升级所提供的机会，发展劳动密集出口产品，迅速打入国外市场，也填补了"四小龙"升级留下的机会。经济现代化是一种"群体性"，或者说是一种"系统性"发展。领先部门的现代化需要其他部门发展的支持。因此，在主导产业的带动下，当地相关工业也得到发展。商业、金融、基础设施（包括高速公路、电信）都出现了繁荣。经济的增长增加了就业，使人们的收入迅速提高。

不过，"四虎"的现代化发展得太快了，以至于新的还没有稳定下来，更新的又冲出来，使得市场机制的建设薄弱，基础设施出现"瓶颈"。同时，由于发展受到增长扩张的驱动，出现了投资扩张过速，效益低下的问题，尤其是对未来期望的投机性期盼，使得"经济泡沫"膨胀，债务迅速增加，这样，就使得经济长期稳定增长的基础不断被侵蚀。显然，这样建造起来的现代化大厦，基础是不牢固的。弄不好就有倾塌的危险。从这个方面来说，1997年发生的危机，不仅仅是金融危机，而且也是经济危机。

中国的现代化议论已久，但是外国列强入侵、内战使这个进程迟迟不能开始。中华人民共和国的成立为中国进行现代化建设提供了条件。但是，由于历史的条件，在相当一个时期，中国的现代化进展缓慢，以单向引进为基础的现代工业体系出现了"更新后的老化"局面，封闭性的引进导致了"几十年一贯制"，结果还是落后。

改革开放真正为中国打开了现代化的大门，使其在短短的20年的时间里取得惊人的进步，立于强国之林。中国搞现代化也是靠"借船出海"，即积极利用外部资源和市场，大力引进资金技术，发展现代工业。中国提出了"大循环"战略，靠"两头在外"发展加工业，靠参与分工提高水平。尤其是香港、台湾劳动密集型产业的转移，对内地建立发展具有现代水平的制造业起到重要作用，靠大力引进，广东以及沿海其他许多地区一下子成为生机勃勃的现代化经济区。

当然，中国是一个大国，不可能仅靠出口加工业取得发展。重要的是，利用通过"两头在外"发展出口加工业和引进技术发展先进制造业，在短时间内具备一定竞争能力的领先企业，这些领先产业成为带动其他产业加速现代化改造的"催化剂"。因为国内其他企业不仅看到了榜样，而且也面临竞争。开放型竞争不同于"间歇性"更新，它所提供的是一种"永恒的"推力，从而使其成为整个经济更新和发展的巨大动力。事实上，中国的改革，目的是改造旧的计划经济体制，建立新的市场经济体制，而开放，则一方面为新体制的建立提供了一种现代化基准，另一方面把发展置于一种动态的追逐和更新机制之中。这样，中国的现代化进程就摆脱了改革开放前的"间歇性停滞"局面，走上正轨。

中国的现代化所解决的是三大变革：第一是由计划经济体制向市场经济体制的变革，这是一场大革命，是现代化承载体制的根本性转变。第二是由封闭体系向开放体系的变革，使经济活动直接参与国际分工，与国际体系接轨，这是经济运行方式的根本性转变。第三是由农业社会向工业社会和信息社会的变革，这是社会结构的根本性转变。这样大的变革在一个有着十几亿人口的大国平稳的进行，这在人类发展史上是没有过的。世人都为中国在如此短的时间内发生如此大的变化而感到吃惊，同时，也为中国人以如此"泰然"和积极的态度面对和从事变革而感到钦佩。面对这样的成功，许多人对中国的发展前景做出了极为乐观的预测，甚至预言再过30年，中国的总产值可以超过美国，成为世界第一。

当然，只有中国人自己可以真正体会到改革与发展的艰辛。由于国家大，地域广阔，地区差别悬殊，到20世纪末，还有8000万人有待解决温饱。接近中等发达国家水平的上海与边远山区简直不可并提。就是将来国民生产总值接近或赶上美国的水平，由于人口多，人均水平仍然不高（况且产值的质量会有很大差别，不在一个层次）。因此，中国的现代化之路仍然是漫长和艰辛的。中国现代化的挑战主要来自自己，即能否实现稳定转变，保持可持续发展，使各个方面的变革和发展能够保持均衡。

现在，人们已经批评为现代化付出的代价太大了。传统工业化的迅速扩展使得环境污染，生态恶变。人们惊呼：这样的"现代化"之路不能再走下去了！必须探询一种新的可持续发展之路。中国的人口占世界的1/5，从这个意义上说，中国现代化所带来的挑战是世界的。难怪美国的学者布朗提出"谁来养活中国"的大问号。是呀，十几亿人的生活水平每提高一个档次，都会对世界产生巨大影响。如果中国人按照美国人的生活方式，达到美国的生活消费水平，那么，也许世界就没有资源可以供给了！

因此，探询新的现代化模式是当务之急。技术本身具有巨大的力量，但它们被如何利用，则会产生不同的结果。人们有理由相信，发明和运用可持续的高技术可以把世界引向一个美好的未来。当然，要创建一个新的模式谈何容易！它需要全世界做出共同的努力！

三　推动变革的力量

经济现代化进程不是孤立的，必然与其他方面的发展相联系和相配合。如果说经济现代化是社会政治现代化变革助推器，那么，社会政治现代化的发展则是经济现代化得以持续的基石。一个颇有争论的议题是，亚洲是否建立起了适应经济现代化的社会政治结构和体系？当然，这里涉及判断的标准，即什么是现代的社会和政治体系和制度。亚洲就是亚洲，它有着自己的历史和现实，因此，有着自己的突出特征和变化的规律。但是，亚洲是属于世界的，其现代化发展是与世界，尤其是与发达世界紧密相连的，因此，其变化又具有很强的"沿袭性"和规范性。

大多数东亚国家或地区都为实现宏伟的现代化目标建立了强政府。所谓"强政府"，就是政府在现代化进程中起主导作用，不仅对现代化进程进行计划，而且还直接进行组织和动员，把主要的经济活动纳入政府指导或领导之下。政府处在经济活动的第一线，指导和监督计划的实施，为规划的经济目标动员资源，为经济的活动的开展创造有利的政策和管理条件。像日本的一个个"赶超计划"，韩国一项项现代化大工程，都是政府在起主导作用。由于有政府的强有力主导和支持，许多需要大投资、大市场的现代化项目，在较短的时间内就发展起来了，它们成了这些国家和地区经济起飞的重要基础。

"强政府"在加速东亚现代化进程中所起的作用是非常突出的。"集中起来可以办大事"，由于后起国家和地区力量薄弱，完全靠企业一点点积累，一处处摸索，是非常困难的，同时，由于在开放市场条件下，当地小企业不可能与已经发展起来的国外大公司进行"公平竞争"，它们既需要规模，又需要力量，因此，需要政府给予支持。政府的支持不仅体现在向企业提供资金，还包括提供保护（更多体现在提供优惠支持，而非关闭市场）。[1]

"强政府"作用的发挥是建立在强有力的管理基础上的，而管理则是通过不断完备的体制和规章进行的，因此，在政府规划、指导和组织的过程中，一套现代化的政府管理体系也相应发展起来。"强政府"的一个突出特征是靠"强人"来领导，从而形成"强政治"。"强政治"强调领导人与领导体制的权威，因此，凸显一种"权威政治"。在东亚许多国家和地区，权威政治占据主导地位。权威政治重视政治的稳定性和连续性，从而有利于"自上而下"地推动和落实所设定的目标与计划。从推动经济现代化进程的角度来说，权威政治所提供的稳定政治、市场环境对于经济的迅速起飞起到非常有利的作用。

然而，"强政府"所追求的是目标，而目标体现在速度，速度则又需要规模的支持，因此，在政府的规划指导下，经济的增长往往更多地依靠不断的投资扩张。这样，效率机制就被大大削弱了，似乎现代化的进程被置于一种经济不断加速扩张的恶性膨胀怪圈之中。这不是哪个个人的嗜好，而是所形成的一种内在的驱动机制。显然，如果这种状况持续太久，必然导致经济结构失衡，效益低下，最终发生危机。因此，"强政府"在经济起飞阶段起重要作用，但是，长此以往，会导致问题累积，积重难返。从这个意义上说，"强政府"不是一种模式，而是一种手段。它必须根据变化和需要进行及时的调整。

当然，由"强政府"到"弱政府"，由"大政府"到"小政府"是一种职能调整和转变，而不是对政府的作用的否定。我们看到，在社会功能方面，我们不仅需要"大政府"（政府社会开支），也需要"强政府"（政府的社会责任和作用）。同时，在对付危机方面，也需要政府的强有力的作用。事实上，遭受金融受危机的国家的经济迅速复苏，在很大程度上是由政府的财政政策，即增大政府开支来带动的。因此，政府职能的转变应

---

[1] 亨廷顿认为，强政府在发展中国家起组织的作用。见［美］塞缪尔·亨廷顿《变革社会中的政治秩序》中文版，华夏出版社1988年版，第98页。

该是一种积极的发展，也是现代化发展的要求。

经济现代化不是建立在空中楼阁之上，它与其他的发展相联系和相配合。其中，人们谈论最多的莫过于政治变革，即民主化的发展了。亚洲现代化发展的进程表明，民主化是与经济现代化的发展相联系的。从现代化的实质来说，民主化是一个组成部分，是一个必然结果。从这个意义上来说，民主化不是一个选择，而是一个进程。

现代化既包括经济现代化，也包括政治现代化，而政治现代化的一个主要发展则是政治民主化。所谓政治民主，概括的说，其含义主要包括：不同利益的通达和保护；个人与集团的公平参与和选择；对权利的合理分配和制约。这三个方面都会随着经济的现代化发展而发展。经济现代化形成多元利益个人和群体，他们必然要求有表达他们利益的声音，这要求发展舆论新闻的自由；要求实现其利益和保护其利益的法律与体制保证，这推动法制体系的建设；要求对政策制定和实施的一定参与和对体制、官员以及政策的参与和选择权，这推动公正和开放的选举制度和监督制度的建立，从而不仅可以形成对政策与治理的监督，也会形成对权利的制约。因此，从发展的意义上来说，现代化发展的本身是对权威政治进行否定的。我们看到，到90年代末，经过20—30年的发展，东亚大多数国家和地区都实现了比较平稳的政治民主体制转变，结束了风靡一时的"权威政治"。当然，转变本身既表现为一种"自然过程"，也表现为一种"强制过程"。前者是基于一种比较成功的发展的推动，比如韩国由权威体制向民主体制的转变；而后者则往往表现为一种"危机的转机"，即由于发生危机而要求进行政治改革和转变，印度尼西亚苏哈托权威政治体制的崩溃和民主体制的确立就是这方面的一个例子。印尼带有强制性的但又是相对平稳的政治体制转变表明，经济现代化的发展毕竟为政治的变革提供了一种"理性的"社会支持和承接基础。

关于民主化的发展结构，并没有一个统一的模式。现在，人们一说民主化通常是指现行的西方模式，即多党制、分权制和直选制。问题在于：其一，即便是实行"三制"原则的国家和地区，也不都是一个模式，比如，在一些国家，尽管实行多党制和直选制，但是，一党长期主政，多元政治制衡机制几乎没有，但是，这种体制也表现出相当的稳定性，为民众所接受。即便是形成多党执政的国家，其多元政治体制也是比较重视协调，而不是采取美国那样的高度分权制衡。其二，有些国家建立了社会主义体制。尽管社会主义国家进行了市场经济取向的改革，但是，在政治上则力图建立有别于西方民主制的社会主义民主体制，实行共产党领导下的多党合作体制。这种体制所强调的是和谐政治，而非竞争政治。现阶段，政治民主发展的主要标志是决策民主，主要是加强合作政党的议政参与权，公民的监督参与权（代表制），以及加强法制建设，实行"依法治国"。当然，这种民主化必须接受几个方面的挑战：（1）如何克服弱监督和弱制衡所可能产生的权力滥用和腐败；（2）如何统合经济群体、个人利益结构多元化条件下的不同政治要求。政治变革不能严重滞后经济和其他现代化发展的要求，不然，就会发生结构失衡，进而产生矛盾冲突。从本质上说，社会主义民主应该赋予人民大众更广泛、更直接和更全面的参与和监督机会与权利。社会主义民主不是一种许诺，而是一个必然的进程。它也在发展进步之中，现行的结构不是一种不可改变或不需改变的模式，它必须不断调整和革新。建立社会主义民主没有现成经验可用，因此，发展本身就是挑战。社会主义国家是少数，外部环境的压力要求这些国家在发展社会主义民主化上要走得快些，搞得更好些。这又是一层挑战。

民主化是现代化发展的一个必要组成部分，也是推动社会政治变革的一个重要力量。然而，就像其他方面的发展一样，民主化是一个过程，它的发展和建设不能靠一下子完成，也不是一个模式。它必须与其他的发展相适应，也必须符合本国的特点。如果弄得不好，也会尝到苦果。这个苦果既可以是因阻碍民主化而结，也可以是因为推行不适宜的形式而得。

谈及全球化，首先必须了解国际化。所谓国际化，包含两个含义：一方面是指国内的发展越来越多的与外部相连接，另一方面是指整个世界变得越来越相互连接和依赖。现代化是一个开放体系，是与外部世界相连的。因此，从一个国家的角度来说，现代化的发展表现为一个不断与外部世界相连接的过程，而从世界的范围来说，则表现为一个各国之间相互联系和相互依赖加强的过程，这就是一体化的过程。事实上，从经济的意义上来说，一体化由两个方面的发展所加强：一是生产和其他经济活动的国际分工、国际分布；二是现代信息的发展使世界各个方面的活动紧密连接，信息网络打破国家边界的分割，使世界真正连为一体。显然，这两个方面的发展与加强使得一体化进程越来越深地在全球范围内扩展，这就是全球化。

经济的一体化、全球化是最为突出的，它们对于推动现代化的发展具有重要意义：首先是参与竞争。竞争是推动变革的最强大武器。竞争是无情的，优者胜，劣者败，因此，参与竞争本身就迫使自己不断地改进和提高自己，与优者争优势。开放体系与封闭体系的最大区别是前者是一种往前看，即与优者的对比，竞争总使你不能停留在先在的水平上；而后者则是一种往后看，即与自己过去的对比，对比使自己满足，可以在一个时期立足不前。第二是接轨。所谓接轨是指是自己的体系（体制、法规、管理等）与国际的（通过国际组织制定的）以及约定成俗的（惯例）体系相适应。这表现为一种调整过程，也表现为一种发展完善过程。所谓现代化，体制的现代化、管理方式、管理水平的现代化是极为重要的组成部分。

当然，竞争下的变革也是残酷的。"适者生存"，如果没有竞争力，就会被淘汰。作为企业，就会破产；作为个人就会失业。不过，这也不是绝路一条。企业经过调整提高，个人经过再学习和培训，会出现新生。事实上，世界就是这样不断推陈出新取得进步和发展的。重要的是，国际化把更新和提高推进到一个更高的水平，使后进者实现"跳跃性"的发展，从而缩短了赶超的过程。值得注意的是，面对国际化，这里所需要的不仅是鼓励人们以勇敢的姿态去迎接，而且还要有社会的协助和支持。对于那些弱者必须给予必要的保护和支持，不然，加大的社会差距就会引起冲突和矛盾。我们既不能以消极的态度来对抗国际化，也不能以放任的态度来被动应付。

国际化不仅仅限于经济，它实际上扩及各个领域。比如文化的国际化，它使不同的思想、文化走出国别和地区限制，在更大的范围传播，从而推动了思想、文化的交流，也推动了它们的相互吸收和更新。人员的更广泛流动，现代信息以更快的速度传递，这些，都成为加速变革的重要推动力。在信息时代，人们普遍感到，世界变小了。

中国为自己有5000年的文化传统而感到骄傲，但是，我们看到，即便是这样的古老文明，也在国际化的进程中不断发展变化。一方面，作为一种古老文明，它的对外扩散和传播对世界其他国家和地区产生重要影响，随着中国的发展壮大，其文化的扩散和影响也不断提高；而另一方面，它本身也不能故步自封，必须吸收当代最新的和优秀的思想文化而丰富自己。国际化所带来的思想文化冲击既是一个主动过程，也是一个被动过程。在开放条件下，人们不喜欢的东西（不一定是"苍蝇、蚊子"）也会进来，优劣取舍是一个选择吸收和排斥的过程，在这个过程中往往出现许多矛盾和冲突，但总的来说，经过"优胜劣汰"，最终形成新的文化体系。许多开始看来矛盾的东西，经过一个时期的冲突和融合，可以出现惊人的协调。比如，对改革开放后迅速传入的"流行歌曲"，许多人曾以"有失大雅"加以敌视，甚至规定不准再进行电视广播，但是，它的那轻松的曲调和动人的旋律很快被大多数人，尤其是被年轻人所接受，终于成为一种具有自己特征的大众文化，由于影响大，又有经济效益，于是"电视大奖赛"也堂而皇之的一届一届地举办起来了。

更值得注意的是信息时代的到来正在极大的改变着人们的许多传统行为方式。比如，互联网的发展把个人直接与外部世界连接起来，并且打破了传统的地域和时空界限，使人们方便及时地了解外部世界，与外部世界进行联络。"伊妹儿"（把 e-mail 做这种翻译真是叫绝，它也体现了一种文化的兼容性）的发展极大的更新了传统信函的速度，只要点一下鼠标信就发到了，可以在计算机上进行即时交谈对话，同时"伊妹儿"的内容也变得丰富多彩，你可以从网上下载"一束鲜花"，也可以送上"一颗心"，有谁会拒绝这样的新事物呢？电子商务极大地改变了传统商业的概念和方式，通过电子网络把消费者、生产者和金融机构（电子支付）连接起来，更直接地实现产供销的一体化，真正实现消费者为主体的选择和运行机制。电子商务刚刚起步，就显示出它的巨大威力和创新意义，它所带来的是一场真正的革命。

当然，如何借鉴和吸收外来文化，各国有不同的方式。比如，日本把越来越多的新的外来语直接拿来使用，这省了很多事，并且可以直接"接轨"，而中国却几乎把每一个都译成相应的中文，像把 computer 译成"电脑"，把 internet 译成"互联网"，都是发挥了中文的表意优势。事实上，作为一种具有生命力的文化，它必须找到适合自己土壤的调节和更新方式，而这种更新一方面要维护传统的连续，同时，又必须为大众（尤其是新的一代）所接受。从本质上来说，文化现代化的意义在于自己创新和把外部的新的东西融入自己的体系之中，形成能与新的变化和发展相适应的文化。因此，现代化不是抛弃传统，但也不是固守传统，而是在传统的基础上发展创新。一种文化如果不能在发展中不断吸收外部的新发展，不能根据新的变化自我丰富和变革，那么它就是没有生命力的。

四　面对危机的反思

1997年发生的亚洲金融危机，其程度之深，波及范围之广，影响之大，的确是令人始料不及的。这场危机中断了许多国家的经济增长进程，破坏了其正常的生产和服务体系，加剧了社会矛盾，对陷入严重危机的国家来说，危机就像一场飓风，吹过之后，几乎是一片狼藉，需要很长时间才能恢复正常。目前，危机已经淡去，但是它留给我们的思考却是很多的。

债务不是一个可怕的词。在现代经济中，债权和债务是经济链条的有机组成部分。无论是政府，还是企业、个人，没有不欠债的。然而，借债要能归还，放款要能收回，这是最简单的道理，也是金融链条（同时也是整个经济链条）得以传动的一个基本保证。无论是放款无度，还是借债过度，都会导致链条断裂，这就是发生金融危机的根子。

金融危机像一场飓风，突如其来，但是也不是空穴来风。金融危机首先是一场货真价实的债务危机。所谓债务危机，简单的说就是欠债太多，不能按时归还。无论是泰国、韩国，还是印度尼西亚，都是因为债务太大，不能及时归还而发生危机的。

为什么会发展到危机呢？说清楚这个问题并不容易。概括的说，危机是这样发生和加剧的：首先，发生危机的原因主要是欠债太多，超出还债能力。遭受危机最严重的国家的债务都大大超过外汇储备，因此，还债主要靠借新债。当然，在现代经济中，借债发展，借新债还旧债是正常现象，问题在于，如果债务太大，筹资条件恶化，那么，就必然出现危机。

从遭受危机的国家的情况看，他们的债务增长得太快，大多是在很短的时间内迅速累积起来的（多数在 2—3 年内），且大多是短期债务（占 50%—70%），在此结构下，一旦他们不能在国际市场上筹集到资金及时归还债务，那么，危机就会出现了。

问题正是这样发生的。当银行看到他们的债务形势恶化时，就开始拒绝进一步放款，这样到期短期债务就不能归还。由于债务的链条关系，一家不能归还，就导致整个链条断裂，进而引起连锁反应，形成债务危机的传导；再则，这次债务危机主要是由私人债务（公司债务）引起的，因此，缓冲余地很小。许多公司的资产—债务比率高达几倍，危机一来，它们的经营条件迅速恶化，不仅通过外部筹资还债不可能，而且现有资产还会大幅度贬值，从而使得形势进一步恶化。像韩国的几家大公司，债务—资产比率高达 3—5 倍，这样的结构不仅使使公司处于非常脆弱的地位，而且也使银行如履薄冰。同时，汇率的暴跌大大加剧了它们的债务负担，也使得整个货币金融市场发生动荡，使正常的金融链条断裂，因收不回放款银行之间也产生债务链，陷入严重危机。因此，我们看到，这场危机表现出两个突出的特点：一是来势凶猛，如急风暴雨；二是迅速扩散传导，从一国到另一国，从一个地区到另一个地区。危机从汇率暴跌开始，导致债务危机恶化，最终形成波及广泛的严重金融危机。

债务危机的事实表明，发展经济必须量力而行，债务负担必须适度。同时，必须对债务本身有有效的监督和管理。为了更好的利用国际资金，东南亚国家都较早、较快地放开了资本市场，但是，对市场的管理却没有跟上。比如，大批没有实力和能力的金融投资公司登记营业，在国际市场上引入外资，又把资金放给缺乏偿还能力的经营公司，这样，就必然埋下危机的种子。同时，大量的短期资本流入，对它们没有有效监管，一旦大量流出，就必然导致金融市场动荡，破坏市场信心，诱发货币危机。这本来是非常简单和明白的道理，为什么在危机前没有采取措施呢？其中一个重要原因是各国都把主要的关注点放在开放上，而把管理和体制的建设放在次要地位。

当然，我们不能因噎废食，即不能用关闭资本市场的办法来对付危机，而是要通过加强监管法规和机制的建设来防止未来严重危机的发生。

事实上，在对付危机方面，所有遭受危机的国家不仅没有在开放市场方面后退（马来西亚只是对资本外流采取了临时性的管理），而且还进一步加大了开放力度，使得金融市场进一步开放。不过，与此同时，各国还大大加强了监管能力（包括法规和体制）的建设。这方面的努力是卓有成效的。一个有力的证明是，在发生如此严重的危机过后才一年多（从1998年下半年），市场信心就开始恢复，经济就开始出现比较强劲的恢复。

债务危机是表象，导致债务过度增长的背后是整个经济增长的结构和模式。长期以来，亚洲许多国家都因实行"赶超战略"而维持经济高增长作为一个目标。就像一个人长时间快速跑步会导致体力衰竭一样，长期的经济高增长也会导致严重的不平衡。[①]

经济增长是经济发展的前提和基础，没有增长就没有发展，这是无须争辩的真理。但是，有高增长，不一定有全面的发展。同时，只注重增长，会导致经济和社会结构畸形。从经济本身的发展来说，以数量型增长为核心的长期经济扩张必然导致效益的下降，[②] 造成生产能力和商品的过剩。我们知道，生产的持续扩张必须由市场的不断扩大为基础，而市场的扩大需要两个机制：要么通过出口的扩大，要么通过国内消费的提高。当出口的增长受限，或出口价格下跌时，以出口导向带动经济增长的政策就无法落实，而在此情况下，如果国内市场不能得到扩大，成为支持经济增长的强有力机制，那么经济增长的发动机就会熄火了。以东南亚国家为例，在80年代和90年代中，长期的经济高增长形成了巨大生产能力，许多产业出现了严重的过剩。尤其是不同国家间形成生产结构的雷同，形成"相互残杀"，结果，导致产品积压，价格下跌，收入下降。这成为企业债务累积，银行坏账剧增的一个重要原因。

以经济高增长为目标的宏观经济政策会创造出一种"过热"的环境，导致过热的投资，不合理的收益预测，从而促使资产价值的不合理升值，这样，就会产生经济的"泡沫"。经济泡沫的危险在于把什么都吹得很高，

---

① 金融危机所涉及的被认为是"经济结构的根本问题"，见 Karl D. Jackson, Asian Contagion, The causes and consequences of a financial crisis, ISEAS, 1999, p. 3。

② 比如在韩国，90年代投入与产出已经呈负相关关系，即经济的增长大大慢于投资的增长速度。见何秉孟等《亚洲金融危机：最新分析与对策》，社会科学文献出版社1998年版，第17页。

一旦泡沫破裂，则一切都从高点上跌下来，发生全面的崩溃。看一看危机发生前的泰国，作为最热门的房地产部门，似乎人人都疯了似的，疯狂地投资，疯狂地投机，楼价被炒得天高。结果，市场信心稍一动摇，价格马上下跌，简直一落千丈。资产价值暴跌，不仅打击了投资者，也打击了银行，因为到期的贷款无法收回，其结果，债务危机、金融危机一起发生。因此，亚洲金融危机在很大程度上根源于资产价值的暴跌。泡沫经济不仅在泰国，而且也在其他国家，如日本、韩国、印尼、马来西亚以及中国出现，它所带来的后遗症需要很长时间才能消除。比如日本，整个90年代都处在泡沫破裂所造成的阴影之中。

经济发展是一个系统，不仅需要部门的协调，也需要社会的平衡。以高增长为目标的经济政策的侧重点放在增长，尤其是领先部门的高速增长。结果，不仅导致经济部门间的严重失衡，也使社会发生结构倾斜。从部门结构来说，由于经济政策过度向领先部门倾斜，使得一些部门高度依赖持续的政策支持，一旦情况发生变化，就会从高增长点上掉下来。同时，部门间的巨大差别加大了它们间的隔离，使得它们之间缺乏有机的联系，这样，一些部门的增长部门带动其他部门的发展，从而产生严重的部门和地区差别。从社会发展的角度来分析，由于经济高增长政策和结构有利于高中收入阶层的提高，因此，社会收入分配差距不断拉大。在此情况下，一方面，那些高中收入阶层的改善过分依赖持续的高增长来提高，并且产生不合理的预期和过度超前的生活方式（增加预期开支），一有情况变化就使收入发生剧降，甚至滑入贫困阶层；另一方面，低收入阶层不能从经济的高增长中得到相应的改善，其中一部分甚至被排除于经济发展进程之外，在经济形势发生恶化之后，它们的处境会进一步变坏，被推入绝对贫困的境地。在这方面，印度尼西亚的例子最为突出。经济危机引起社会矛盾的加剧，最终导致政治变革。鉴于此，在危机发生之后，人们呼吁必须建立社会安全网，注重"人的安全"（human security），实行"以人为本的经济增长政策"（economic growth with human face）。[①] 当然，社会的公平并不是体现在收入分配的均等，而是体现在机会和权利的平等。建立

---

① 见李哲良《繁荣的陷阱》，中国言实出版社1999年版，第423页。

社会安全网不能通过消灭富人来解决,而是通过为人们,特别是为穷人创造机会来解决。

实行出口导向发展战略是亚洲国家加速经济现代化的一个成功秘诀,也是一个了不起的创造。亚洲国家实现经济起飞,自己缺少资金技术,也缺少有消费规模的市场。出口导向战略不仅解决了资金技术缺口,也突破了自身市场规模的限制。因此,与拉美国家所实行的"进口替代"战略相比,出口导向战略在推动亚洲国家经济迅速起飞方面要成功得多。

但是,出口导向战略的运用是有限度的。如果过于向出口部门倾斜,则导致部门发展的不平衡。在一些国家,政府政策的优惠过分给予出口部门,结果,出口领先部门的增长对于带动其他部门的发展作用很小。"两头在外"式的发展把出口部门与其他部门隔离开来,形成不了出口部门与其他部门之间的紧密联系。这样,由于出口部门对外部市场的严重依赖,其发展就受到外部市场波动的严重影响。

因此,实行出口导向也是有风险的。出口导向是一种依赖型模式。它主要建立在两个稳定基础之上:一是有一个稳定且持续扩大的外部市场(进口);二是一个稳定且能够提升的价格。如果外部市场的进口发生萎缩,那么,出口的增长就不能实现。对于一个国家,一个部门,或者一个企业来说,出口的限制可以是由于外部需求的减少(比如,由于需求结构转换),也可以是由于供给方面增加,即更多的竞争者。如果价格下跌,那么由于出口收益减少,出口部门就会发生危机(债务增加)。我们看到,1996年电子产品价格下跌所造成的出口收益减少对于恶化企业经营条件,国家的国家收支起到显著的作用,是引发金融危机的一个重要根源。[1]

与当年"四小龙"实行出口导向战略时的相比,如今情况发生了巨大变化。其中,更多的竞争者加入出口市场,进口市场扩展缓慢,以及技术产品变换加快等使出口条件变得异常严峻。在此情况下,过度依靠出口导向就会遇到问题。亚洲金融危机发生以后,尽管许多国家的经济复苏仍然受益于出口的增长,但是从长期发展的角度来说,如果不启动国内市场,

---

[1] 见高成兴《动荡、调整、展望——关于东亚金融危机的经济学思考》,中国经济出版社1999年版,第76页。

那么，增长的限度会很快表现出来。

亚洲国家已经具备开发国内市场的条件。经过一个时期的发展，国内已经具备相当的消费能力。亚洲人口多，市场的潜在规模是很大的。如果实行积极的消费政策，由主要注重生产调整到生产消费并重的模式，那么，就可以使国内市场的潜力得到发展。向日本这样的国家，经济规模居世界第二，但国内消费严重滞后，结果，恢复经济还不得不靠增加出口。这不仅限制了自身经济的复苏，而且也夺走了其他国家的出口机会，延迟了其他国家经济回升的速度。日本进行根本性的调整是有条件的，居民有着巨大的支付能力，问题是要下决心改革。这要求改变以生产—出口为中心的结构、政策和观念。像中国这样的拥有12多亿人口的国家，任何收入的增加和消费需求的增长都会生成相当规模的市场。

从现代化发展的角度来说，国内消费的增长，国内市场的扩大是走向现代社会的一个重要标志。建立在均衡的消费结构和不断扩大的消费市场基础上的增长才是稳定的和合理的。事实上，一个不断扩大的国内市场不仅是物质商品的，而且也是文化的（非物质的），二者均衡的发展是现代化发展的内在要求，尤其是后者，随着经济社会发展水平的提高，会发展得更快些。

开放是推动经济发展的重要战略，也是重要机制。从经济学的意义上来说，开放的最本质意义是经济突破国家疆界的限制，在更大范围内寻求和利用资源，实现要素资源的合理配置。因此，开放可以实现经济效率，可以推动经济的较快发展。这不仅仅是一种理论境界，而且也为实践所证明。

所谓经济开放，大体有三重含义：一是请进来，这不仅包括利用外部的资源，引进资金技术发展自己，而且也包括开放市场，让外国资金进来，从事直接经营；二是走出去，这不仅包括进出口，而且也包括到国外进行投资，从事经营；三是参与合作，这不仅包括参与地区合作，也包括参加国际组织。从发展的角度来说，这三重开放使得一国的经济无论在要素资源，还是在法规体制方面都越来越与外部接轨，形成一种相互参与，相互依赖的一体化体系。所谓经济的一体化、国际化，就是各国经济开放的直接结果。

值得注意的是，经济开放对经济发展的作用是通过参与竞争实现的。竞争出效益，竞争促改革。在开放条件下，竞争是在一种大范围中进行的，即是在国际的水准上进行的，因此，由竞争所产生的作用就可以在一种高层次上发挥，从而会大大推动经营水平和整个经济水平的提高。

然而，开放不是目的，也不是结果，而是实现经济发展的手段。因此，开放要与经济发展的进程和需要相适应。从这个意义上说，第一，开放是一个发展进程，也是一种能力和体制的建设。因此，首先，开放要有步骤，体现为一种渐进性。尽管开放是一种必然，但如何和怎样开放必须根据自身的情况和需要确定。比如开放市场，不仅开放的程度要渐进，而且开放的秩序也要有安排。第二，开放要有准备，具备利用和对付开放的能力。无论是让人家进来，还是自己走出去，都要具备能力。让人家进来，自己要有能力与之竞争，不然，市场就会全让人家占去了。自己走出去，也是如此，如果缺乏经营能力和对外部市场的把握，就会败下阵来。这样的例子数不胜数。第三，开放要有管理，尤其是对外来资本的管理和投资方向的指导。不然，就会因失控而导致混乱，甚至发生危机。

亚洲金融危机之所以发生，不是由于经济开放，而是出在疏于管理和能力建设不足。一方面，大多数国家对短期资本的流入缺乏有效监督和管理，从而导致不合理的资本流入结构，短期资本占的比例过大，以至于一有风吹草动，大量的资本就出逃了，造成金融市场混乱和市场信心崩溃；另一方面，许多国家的金融体制和管理也不健全，急忙开放市场，市场一放开，大量金融机构涌现，由于对它们缺乏有效监督和管理，致使其经营混乱，结果，形成大量金融坏账。像泰国，在经常账户开放仅两年，资本市场就开放了，受投机预期收益动机驱使，一下子冒出几十家投资金融公司，它们在国际市场上大量筹资，转手放给那些看来利润很高的房地产投资商，结果，房地产价格一下跌，放出的贷款就无法收回了。在其他国家，也有许多银行大量放款，致使债务—资产比率高得惊人。在此情况下，不发生危机才怪呢！

金融危机的教训告诉我们，对资本市场的管理和监督是非常重要的。如今，由于信息技术的发展，国际金融市场高度一体化，资金的全球运作变得非常方便快捷，哪里市场看好，资本就会涌向那里，哪里一有风吹草动，资本就会迅速转移。特别是，大量的资金运作是出于投机目的，为了控制市场，它们可以联手操作，兴风作浪。在此情况下，只有严密监视，加强管理，防患于未然。①

发展现代经济必须实行开放，不开放就不能发展，但是，开放是有风险的，这是一条必须时刻牢记的警句。

亚洲金融危机发生以后，对亚洲经济发展模式的批评遽然增多。持悲观态度的人们认为，亚洲一夜之间倒退 20 年，至少需要 5—10 年才能恢复到危机之前，也有的认为，亚洲从一个亮点转向一个暗点。大量的资金流出，企业破产倒闭，银行坏账剧增，社会动荡不安，……这一切似乎都预示这亚洲黄金时代的终结。

然而，仅仅在危机发生过后的两年，大多数遭受危机的国家的经济就出现比较强劲的回升。1999 年是一个转折点。由于韩国、泰国、马来西亚等国的经济回升强劲，原来认为还会动荡不止的印度尼西亚局势出现稳定，经济止跌回升，中国经济继续保持 7% 以上增长，日本经济停止下滑，国际资本开始大量回流亚洲（预计，1999 年净流入亚洲的资本可达 300 亿美元），因此，人们调高了对未来亚洲经济增长前景的预测，乐观的情绪开始增长。

为什么亚洲经济会如此快的得到恢复呢？首先，应该归功于有效的调整。金融危机首先问题出在金融部门。因此，各国政府通过重新安排债务，关闭或合并问题严重的金融机构，缓解了债务危机，稳定了金融市场，提高了对应能力。像韩国，在大力整顿陷入债务的 5 大集团的同时，大力促进出口，增加贸易赢余，加紧归还欠债，1998 年就实现大量贸易顺差，到 1999 年使外汇储备水平恢复到危机之前的水平。马来西亚通过实行临时外汇交易管制，固定汇率，很快使金融市场趋于稳定，外资开始流入，经济进入回升。再则，国际和地区的合作努力大大有助于稳定市场。尽管国际货币基金组织在开始阶段采取了不对症的措施，但是，由它所提供的 1000 多亿美元的资金以及对到期债务进行重新安排，对于缓解危机，

---

① 对过快放开资本市场的危险，早有警告，但在危机前，不为人们所重视。见 Global financial turmoil and reform, A United Nations Perspective, Barry Herman edited, UNU Press, 1999, p. 16。

稳定市场信心，还是起到重要作用的（随后也对其紧缩措施进行了调整），同时，日本提供的特别援助和担保，中国保持人民币不贬值等也大大有利于缓解危机，制止动荡，促使市场稳定。

当然，最基本的因素还是亚洲本身所具有的经济实力和基础。被世界银行所称的"亚洲奇迹"是确确实实存在的，在过去20—30年里，东亚地区以比世界其他地区的经济高得多的速度增长。导致奇迹发生的那些基本因素并没有因为发生危机而消失。良好的教育，勤劳、训练有素的劳动力队伍，开放的经济政策和体制等等，这些是促使经济迅速走出危机的有利条件。资金的迅速回流表明，世界对这个地区的前景仍然报有信心。尽管亚洲要彻底治愈危机所造成的损害还需要时日，长期积存的问题需要花大气力去调整和改革，但是，人们对亚洲治愈创伤的能力不应怀疑。

如今，世界经济正处在一个新的发展时期。以信息化、数字化、网络化为核心的新的科学技术正在被越来越广泛地运用到经济的各个部门和领域。新技术的运用正在从根本上改变着经济生活的各个方面，产生着巨大的能量。在这场新的经济发展大潮中，亚洲国家面临着新的机遇。如果各国能够审时度势，抓住机遇，在经济发展中引入新技术，实现经济结构的更新，那么，就会取得一个新的跳跃式的发展。亚洲的前景是光明的，对此不应有任何疑义。

全球化、新经济与亚太经合组织的发展[①]

全球化和新经济是当今世界经济中最重要和影响最大的两个发展。本报告将从总体上分析全球化和新经济发展的特点，它们为世界经济发展带来的机会和挑战，以及它们对亚太地区经济合作的影响，并在此基础上提出推动亚太经合组织发展的思路。

一 全球化所带来的挑战与机会

全球化成为现实并不是偶然的，一方面它是一系列因素发展累积的结果，另一方面它又是新技术革命的产物。谈到全球化不能不涉及两个概念：国际化和一体化。

所谓国际化，主要是从一个国家的角度来说明经济活动超越国界，从而使得经济的活动与整个经济的运行具有国际的内容和意义。最早超越国界的经济活动是贸易，即国际贸易的发展。国际贸易的发展由简单的互通有无，发展到进行国际分工，不仅规模不断扩大，在经济增长中的地位和作用也不断提高，在许多国家甚至成为经济增长的发动机。随之得到迅速发展的是国际投资。资本的跨国流动由最初主要作为国际贸易交换结算的手段，发展为更大规模的独立投资形式，从而使得资本跨国流动的规模得到惊人的扩大。直接投资的发展导致了跨国公司的崛起，而间接投资的增长则促进了国际资本市场的发展和扩大。因此，从经济运行的方式来说，国际化主要是通过对外贸易和对外投资（对于吸收资金的一放来说则是引进资金）使各国经济的运行外向发展，与国外

[①] 这是2000年为政府部门撰写的一份调研报告。

（国际）市场相连接，从经济体制来说，则是经济对外开放（既出也进），即实行开放的市场体制。

经济一体化是与国际化有着密切联系的。在很大程度上说，它是经济国际化的直接结果，即通过越来越多的贸易交换、资本投资，以及其他各种经济联系，使一国的经济与外部相结合；从地区和世界范围来观察，则是各国经济相互渗透、相互交织和相互依赖，从而使各国的市场和经济运行密切联系起来。因此，一体化就是指在各国经济间形成相互联系和依赖的机制，意味着各种交易和流通的障碍逐步减少和消除。

20世纪90年代以来，有两个重要的发展把经济国际化和一体化推向一个更高的水平：一是市场经济体制在全球范围确立，世界市场真正连为一体，从而使得经济国际化和一体化能够在世界范围扩展；二是信息技术革命的发展，推动了全球经济网络的形成。这样，建立在国际化、一体化高度发展基础上的经济全球化就成为现实了。

全球化是一个范围概念，即绝大多数国家的经济被纳入到世界大市场范围之中，也是一个程度概念，即世界的主要经济的要素运行要具备能在全球范围进行的能力和条件。尽管我们对全球化确定一个数量性标准还较困难，但是，从定性的角度来认识，至少以下几个方面的标志是重要的：经济要素在全球范围的流动运行变得非常方便快捷；世界上绝大多数的经济被纳入一个统一的市场体系和规制体系；为经济要素在世界市场上运行的信息和交换网络的形成。

从目前的情况看，尽管这三个方面的发展还处在初级阶段，全球化的程度因地区和国家参与各异而受到影响，许多国家的经济甚至没有进入全球的范围之内，但是，毕竟全球化的基础已经奠定起来，全球市场和网络开始形成，这也就是为什么全球化"突然"成为人们所关注与辩论的一个核心话题的原因。

全球化已经是一个现实，而不再是一个要与不要的选择。全球化所具有的经济意义可以从以下几个方面来认识：其一，由于形成全球市场，各国（具体的行动者是公司企业）可以拥有发展上的更广阔空间，即它们突破国家，甚至是地区市场规模和资源禀赋的限制在全球的范围进行选择布局，这不仅对于那些小国来说是如此，对于大国来说也是如此；其二，由于资源可以在全球市场的空间里进行调配和流动,因此可以在最大程度上实现资源的优化配置,从而也就可以实现经营上的尽可能好的效益;其三,由于全球化是建立在信息革命基础上的,形成了全球网络,因此,可以实现经济要素(包括技术要素)流动上的快捷和方便。经济要素的"最优"配置,既可以体现在商品的交换、生产布局,也可以体现在资金的筹措与运用。

全球化的影响是巨大的。从世界经济增长的角度来说,它将会带来一个新的发展机会,使得全球经济呈现一个新的繁荣期。从对各国经济的发展来说,它所要求的不仅仅是市场经济体制,还要求市场开放,同时,在一个全球市场体系里,经济运行的方式、法规和惯例趋于协调与一致,因此,需要使自己的方式、法规与国际的规定或通行的惯例进行接轨。

面对全球化所提供的机会,谁都不愿意放过。应该说,各国经济发展中的开放性正是为了适应,并且利用全球化所带来的机会和好处的。因此,在实践中,那些开放程度高的经济一般说来都实现了比较快的发展。

全球化是一把双刃剑。机会和利益是要通过竞争才可获得的。对于各国(公司企业)来说,一方面可以在全球化发展中得到更大的发展空间,实现资源的优化配置,但同时,也把自己放在一个很大的竞争环境里。竞争的规律是强者胜,这使得那些拥有巨大优势的国家(公司企业)可以获得巨大的利益,而那些处于弱势的国家(公司企业)则可能只会得到很少的利益,甚至会因遭受损失而放慢发展。

从总体来说,全球可能会产生一些新的不平衡:比如,参与决策上的不平衡,参与地位的不平衡,参与利益的不平衡等。因此,人们担心,全球化会带来各国经济发展上的差距拉大,导致更为严重的两极分化。尤其是对于那些经济发展刚刚起步的穷国来说,可能更难找到获胜的机会。因此,一些国家、团体、家庭、个人可能成为全球化发展的牺牲品。

当然,世界经济的发展是一个多层、多元和多样的动态概念,其中的机会和竞争也是在一种复杂的多元组合结构下存在和进行的。因此,对于绝大多数参与者来说,也可以寻找到自己的机会和优势,进而实现自己的比较利益。在许多情况下,通过努力,也可以使竞争的劣势转变为一定的优势。看一看那些后来居上者,他们的情况就是这样,因此,那种只(或者过分）突出风险，而不（或者很少）强调机遇的观点是不可取的。

尽管如此，世界经济中两极严重分化的问题还是受到了人们的极大关注，成为国际社会的一个亟待解决的问题。极度的贫穷会产生政治社会动荡，这种动荡不仅会危及一个国家，还会波及一个地区，甚至更大的范围。1997年年底，在达沃斯世界经济论坛会议上，"有人性的全球化"被作为一个主题加以讨论。该会是大跨国公司云集的会议，讨论这样一个议题本身是具有意义的。但是，竞争无情，解决两极分化严重的问题靠大公司"有情"是靠不住的，还是要靠改革国际经济体制，加强全球和地区范围的合作，为处于不利地位的参与者提供发展的机会。

全球化的另一个风险是要素大规模流动的冲击和危机的传递。引起冲击的可能有以下几个方面的原因：其一，贸易条件的突然或严重恶化。这主要是可能由于商品价格的大幅度下降引起贸易收支恶化，从而对市场，进而对整个经济造成巨大冲击。其二，经济环境恶化。比如主要国家的经济增长率大幅度降低，贸易政策突然收紧（保护主义，制裁），造成市场需求减少，从而对与之有关的国家的经济的增长产生巨大的影响。其三，资本流动的冲击。不管是资本的大规模流进还是流出，都不仅会对资本市场造成巨大震动，而且也会使整个经济环境恶化，大规模的流进会导致泡沫经济，而大规模的流出（特别是由投机引起的）则会导致市场崩溃。全球金融市场网络的形成使得资本的这种跨国、跨区流动变得非常容易。其四，汇率的剧烈波动。这种波动不仅会影响资本市场，也会影响贸易条件，进而对整个经济造成冲击。

在全球化情况下，由冲击波动所引起的恐慌、危机会以很快的速度、极大的规模向外传递扩散，从而可以把许多国家，许多地区都席卷进去。1997年起始于泰国的金融危机就迅速传递和扩散到东南亚、东北亚，以及拉美和俄罗斯，形成了波及全球的金融大动荡。

全球化向各国的参与者提出许多新的要求，其中，参与者自身能力的建设居于特别重要的地位。所谓能力建设，大体包括三个方面：一是利用机会的能力；二是管理的能力；三是对付冲击的能力。

以往，人们往往更多地关注利用能力的提高，政策法规主要集中于市场开放和资本技术引进，而对于如何对开放的市场和参与者（组织、个人）进行有效管理却下工夫甚少,特别是对于会出现大的冲击或危机缺乏充分准备。结果,使投机者乘虚而入,在冲击面前变得束手无策。

为了对付全球化所带来的冲击,要求加强合作。这样的合作有的要在全球范围,有的则在地区范围进行。全球化也意味着我们有着越来越多的涉及生存安危的共同问题,如环境、资源、生态等等。事实上,这个意义上的全球化,即问题的全球性质,使得全球和地区合作变得非常重要和急迫。然而,从对付动荡或危机传递扩散的角度,由于一个国家往往无能为力,只有加强地区乃至全球范围的合作,才可以有效。

二 新经济所带来的机会与挑战

新经济是近两年来谈论很多的一个话题。之所以如此,是因为它的发展速度很快,影响很大,并且拥有巨大的发展潜力。新经济的出现不仅对经济发展本身,而且也对各国之间的经济关系产生巨大的影响。

所谓新经济,我这里主要是指由现代高新信息技术(IT)构成,并且由其推动的经济活动,它是信息技术革命的结果(与此不同的是,有的美国学者把没有通货膨胀的持续高增长作为新经济)。现代高新信息技术的发展有一个过程,真正发展成为一场革命还是近年的事。以信息技术(IT)为核心和动力的新经济进程才刚刚开始,它的发展还不太稳定,但是,必须对其引起高度重视,不然,就会失去机会,最终导致落后。

信息技术革命的一个重要标志是网络化,即通过高新信息技术把分散的部门,乃至把整个世界纳入一个巨大联系网络,使经济的各项活动在网络中运行。经济的网络化主要有几层含义:网络作为一种经济部门(产业)得到迅速发展;通过网络把分散的经济活动联系起来,形成新的经济运营机制和方式;用高新信息技术,特别是网络技术武装和改造传统产业。

这里,有必要纠正一种误解,即认为网络化只是指第一层含义,似乎未来的所有经济都会被网络经济所取代,或者转向网络经济,事实并非如此。的确,网络经济的发展突飞猛进,成为一些国家中发展最快的部门,在美国,因特网的营业额甚至超过汽车行业,但是,因特网经营与其他产业并不是孤立的，作为网络，它主要是把分散的行业连接起来。因此，高新信息技术的发展不是宣告大部分传统产业的消退，而是使其更新，更具有活力。从经济的联系来说，网络经济部门是其他经济活动的连接线，而不是一个孤立的部门。

但是，必须看到，网络经济的发展正在成为推动整个经济发展的新动力，因为网络本身就是一种创新，它同时也促进其他部门的创新，带动其他部门的发展。从这个意义上说，谁抓住网络经济的发展谁就取得经济发展的新机会，谁在网络发展上居领先地位，谁就拥有主动权，处于领先地位。新经济的出现是一场革命性的变化，它的影响是深远的，对经济发展的推动能量将会逐步释放出来。在其发展过程中，可能会出现起伏，但是，不能因此而否定或不重视其潜力。许多人之所以对其表示怀疑，一个原因是一下子期望值太高，遇到一点波折就产生怀疑，另一方面，则是因为其能量释放还不均匀和普遍。

新经济首先在美国出现并不是偶然的。美国拥有世界上最先进的信息技术，有推动和利用网络经济的强大利益驱动和市场基础。然而，同时，也应该看到，高新信息技术为核心的信息技术革命正在以前所未有的速度和规模向世界其他地区扩散。信息技术革命的扩散不仅仅是以美国为源，而且也以各个国家自身的引进、开发和利用为基础。因此，从这个意义上来说，新经济具有比传统经济更大的活动与扩展空间。

信息技术革命正在以前所未有的速度和规模向世界扩展。这种扩散一方面是以美国为高技术中心，通过其跨国公司向外传递；另一方面，则是各国通过引进、自己开发与应用，扩大信息技术革命的广度和深度。

回顾一下东亚国家经济现代化的过程可以看出，后起国家主要是利用了发达国家现成的技术设备迅速建立起具有先进水平的现代企业。无论是通过参与分工，为大公司从事零部件生产组装，还是发展自己具有独特优势的产业，各国都是通过外部引进与自己开发发展起来的。因此，建立在技术引进分工基础上的经济关系是一种内在的经济联系。所谓东亚的"雁行模式"，实际上是一种技术传递与分工的模式。目前，由于日本的技术升级缓慢和经济陷入长期停滞，其领头雁的作用已经消减。这是东亚经济存在的一个结构性障碍。

以信息技术革命为核心和动力的新经济的出现为亚太地区重新构造技术传递链和经济发展动力提供了新的机会：其一，网络的发展将创造新的经营和管理方式，使得经济更有效率。比如美国经济持续增长的一个根本原因是效率提高，而效率的提高与网络化的发展是分不开的。发展中国家可以通过发展网络建立新的和具有较高水平的经济运营和管理机制。其二，利用新技术发展信息密集性产品，以及利用信息技术开发"信息—资本型"或"信息—劳动密集型"产品，从而创造新的需求市场。其三，利用接替分工机会，发展新型的出口导向产业，参与地区和国际分工，形成新的增长点。

网络经济的一大特点是扩散性强，与传统产业的"点式"布局（即选择点发展）不同的是，它所追求的是"网状结构"（即要相互连接），因此，从发展的趋势看，新经济将会在更广的范围发展才可以体现其优势和保持活力。

应该看到，东亚国家和地区在大力利用信息技术革命推动经济上一个新的台阶上是有条件的。在过去的十几年里，东亚地区已经成为信息产品的生产地，像韩国、马来西亚、中国台湾以及我国等，已经从简单的加工发展到带有开发型的信息产业。这是它们利用新的机会实现产业升级的良好基础，同时，也是它们可以较快发展网络经济的一个有利条件。当然，就像过去的现代化进程一样，发展中国家不可能一下子实现全面发展，只能从有选择的发展开始，不过，像无线传输这样的信息技术的发展可能会为网络的扩散提供更大的跨越空间，从而使后起发展的国家实现跳跃式的更新和发展。因此，如果能够抓住机会，东亚经济将会出现新的辉煌。

新经济的发展也为经济的发展与稳定带来新的挑战。如何对付这些挑战，既是各国自己的事，也是地区以及世界范围的合作的新课题。

首先，技术优势过分集中于大的跨国公司之手。大跨国公司将通过兼并等手段占领和垄断新的经济领域，使得当地企业难于发展起规模经济（并不是不可以有任何发展）和发展具有竞争力的新产业。其次，发展中国家面临传统产业的升级和转型，新经济的出现不仅增大了转型成本，而且也使得升级压力增大（特别是时间空间缩短）。再次，发展中国家缺少高技术和实用新技术人才。美国新经济的迅速发展从发展中国家吸引走了大批高技术人才,加大了发展中国家与发达国家间的智力和知识差距。

就像全球化的发展一样,新经济已经不是一个选择,而是一个必须接受的现实。因此,在新的挑战面前,各国应该制定新的政策和措施,最大可能地利用机会,跟上新的发展,在新的发展和竞争中树立自己的优势。

东亚地区以往经济发展成功经验的一个核心就是及时抓住机会,在发展中对付挑战。东亚金融危机发生以后,悲观论者断言,东亚模式完结了,但是各国经济的迅速恢复表明,东亚的内在优势和力量仍然存在,并且很强。展望今后世界经济的发展趋势,在未来 20 年,真正的亮点还可能会是在亚太,尤其是东亚地区。

三 全球化、新经济与亚太地区合作

全球化、新经济的发展对亚太地区的合作不仅提供了新的环境,而且也提出了新的要求。

第一,由于各国之间的相互联系和相互依赖增强,共同面临的问题也增多。比如,人们通常提出共同的生态和环境问题,跨国犯罪等问题,需要各国参与和共同合作来解决。其实,从经济发展的角度来说,由于经济发展的环境超越国界,更需要各国共同努力,创建一个体制、法规和管理相融与协调的大环境,而这个环境不只是包括自由化、便利化,也包括为后发者提供有利于发展的环境和条件。否则,就会出现严重的地区发展不平衡,进而危及整个地区的发展。

第二,在一个经济要素方便流动的大市场里,极易发生因经济环境发生变化,或资本流动失调而造成的动荡或危机扩散转移。东亚金融危机的事例表明,一个国家是很难拥有足够的能力来对付这种冲击的。因此,必须加强地区合作,共同对付风险和危机。

第三,由于新经济的发展建立在网络基础之上,因此,它对局部网络的相互连接要求很高。这种网络化把生产、销售、支付连接为一体,因此,在国际化、一体化发展的条件下,要求各国之间建立起这样的网络通道。可能会出现这样的情况:如果处在网络之外,就会失去经济机会。

显然,新经济要求进一步减少和清除市场交换和连接障碍,即推动贸易和投资的自由化与便利化。然而，应该看到，以往，地区合作的主要努力放在扩大区域市场规模，实现规模市场效益，主要的手段是打通传统市场障碍（关税，非关税壁垒），而如今，则要注重提高能力建设（包括利用能力和对付风险的能力）。在亚洲金融危机发生以后，能力建设的问题被提到地区合作的议事日程上来。这不仅仅是为了对付未来发生的新危机，也是为了提高未来发展的能力。如今，能力建设具有更新的含义，这就是提高发展新经济的能力，避免加大发展的差距。

亚太地区合作的思想起于20世纪60年代，受到欧洲合作的启发。自70年代以后，各种形式的地区合作组织相继建立，然而，真正取得显著的和实质性的发展还是在90年代。

亚太地区的经济合作主要沿两条轨道进行：一是次区域合作；二是大区域合作。次区域经济合作的发展最为突出，像澳新自由贸易区，北美自由贸易区，以及建设中的东盟自由贸易区。目前，延伸的，或新安排的双边自由贸易计划也在发展，如日本—韩国，日本—澳新，新加坡—日本—澳新—北美等。值得注意的是，整个东亚地区的经济合作也已经起步，不过，它不是以贸易自由化为基础，而是要推动全面合作，尽管其具体模式仍在探讨之中，但人们对它寄予很大的希望。大区域的经济合作主要是亚太经合组织（APEC）。尽管 APEC 成立于 1989 年，但真正开始取得进展是 1992 年以后。自西雅图非正式首脑会议以后，APEC 从制定蓝图、提出行动议程、落实议程的两个时间表，到单边行动计划，一步一个脚印，势头令人鼓舞。然而，1997 年发生亚洲金融危机以后，其发展受到影响，实际进展不够令人满意。

人们对 APEC 的批评主要集中于两个方面：其一，在金融危机发生之后，APEC 在对付危机上无所作为。其二，APEC 把主要的努力放在推动贸易自由化上。事实上，这两个方面的批评与我们所研究的全球化、新经济发展所提出的挑战都是有着直接关系的。

从发生金融危机的原因来分析，尽管它有着各国内部的原因，但是，它同时被认为是全球化负面影响的第一次发作。引发危机的直接导火线是资金大规模撤离东南亚国家，资金撤离导致市场信心崩溃，进而引起一系列连锁反应和危机扩散。前些年，东盟各国的主要努力放在开放市场，引进资金，支持经济持续高增长上，而对可能发生的风险缺乏充分认识和准备。APEC 的发展也是一样，尽管有经济技术合作的框架，但是，没有多少实际的内容。至于宏观经济协调、金融监管、资本管理等等，几乎没有引起多大重视。无怪乎金融风暴一来，APEC 机制就不仅显得无能为力，而且自身发展也似乎失去方向和动力了。当然，这里也必须指出，APEC 是一个地区合作论坛，不具备解决具体问题的能力，因此，不能对它给予过分的期望和要求。

尽管如此，危机是打击，也是警示。面对新的形势和发展，人们对地区合作提出了新的要求：其一，要求调整合作重点和方向，改变以推动自由化为主的模式，在继续推动贸易和自由化的同时，加强全面经济合作；其二，对大规模的资金流动进行管理，建立地区稳定和监督机制，预防发生新的金融动荡；其三，提高经营和管理的能力，通过合作促进发展中国家的能力建设，以提高各国利用全球化、新经济发展机会的能力和对付危机、动荡冲击的能力。

应该说，如果大区域和次区域的合作能够进行及时调整，沿着这个方向推进，那么，就会取得新的动力和活力。这不是对原来合作的否定，也不需要改变 APEC 的原则，而是要根据新的发展确定新的努力方向。当然，这里有一个如何处理好大区域合作与次区域合作的关系的问题。目前，尤其引人关注的是东亚地区的合作。当前，东亚地区（东盟加中日韩）已经实现了领导人的年度会晤，副财长和副行长级的定期协商。同时，探讨未来发展模式和机制的地区合作展望小组已经开始工作，将于 2001 年春提出地区合作蓝图。金融危机发生以后，推动东亚地区合作的力量增强，这个地区的合作具有很大的潜力，在金融合作、宏观经济协调，以及能力建设方面，可能会取得较大的进展。不过，不应把东亚地区的合作与亚太地区的合作割裂开来，或对立起来。鉴于全球化和新经济发展的新形势，东亚地区的合作理应建立在一种开放的模式基础上。比如，一些在大区域范围一时做不到的可以在东亚地区合作中先做，如果处理得好，一方面，东亚地区的合作将找到自己的特色和方式，同时，它的进展可能成为推动整个亚太地区合作的一个积极动力。

尽管人们对 APEC 的发展提出许多批评，现状不够令人满意，但是，其功不可没。亚太地区是一个广大的地区,包括几十个国家和地区。APEC是连接这些国家和地区的桥梁。它的作用不仅是经济,而且还有政治,一年一度的领导人会议,成为各成员共商地区重大事务的场所。

关于APEC的发展,无疑,我们必须坚持已经达成的共识,按照所定时间表,实现地区贸易和投资自由化的目标。APEC不能在原有的基础上后退,这是非常重要的。但是,在新的发展面前,我们需要有新的举措。

无论是从新的发展要求,还是从对以往10年发展的总结来看,APEC都需要进行调整和有新的发展。批评的意见认为,以往,APEC的努力过分强调贸易自由化,应该说,这种批评是有道理的。但是,也应该看到,就APEC的框架来看,并不是只搞贸易和投资自由化,经济技术合作是两个轮子之一,问题是,迄今经济技术合作没有取得实际进展,在发生金融危机之后,人们对这方面合作的要求增大。因此,为了避免引起混乱,我们没有必要就APEC的发展方向和方式进行过多的讨论,而是根据需要,推动实际发展。在继续推动地区贸易和投资自由化(包括便利化)的同时,还要:其一,推动经济技术合作,以提高信息技术经济(新经济)发展能力建设为重点,通过培训、网络建设等使经济技术合作具有新的内容,同时,根据金融危机的教训,要进一步加强宏观经济协调,财长会议要成为成员经济体就经济形势交换意见,发布经济重要指导信息,协调经济发展政策的重要机制,同时,央行行长会议的机制化也应推动。其二,加强金融领域里的合作。金融危机的教训表明,在全球化和新经济发展的新形势下,金融动荡是一个最易发生的问题,尽管金融危机已经过去,但是,发生新的动荡的危险仍在。1997年的APEC马尼拉金融合作框架是一个正确的方向,但是需要扩充和增添新的内容,特别是要建立具体的合作机制。在这方面,可以在以下几个方面加以推动:(1)建立预警和预防机制,成立APEC金融预警小组(由主要经济体的财长和金融专家组成);(2)加强宏观经济协调,建立APEC紧急资金援助机制;(3)制定APEC金融行为规则,对地区大额资本流动进行监督;(4)建立APEC金融培训机构,提高发展中经济体的金融经营和管理能力。

要推动APEC网络发展,建立信息、预警网络,制定网络规则和标准,尤其是在推动后进国家和地区的网络发展上提供支持(包括人员培训、技术支持），防止加剧亚太地区的所谓"数字化分割"（DIGITAL DEVIDE），进而加大地区经济发展上的不平衡。在网络化发展中，亦可以考虑建立 APEC 网络支付体系，以便于推动新经济的发展。应进一步加强"项目取向"的合作，改善地区发展环境。比如，人力资源的合作，环境合作，应该制定 APEC 合作行动议程，这方面的合作的重点不是要制定标准，而是采取合作行动。人力资源合作的重要领域可能是人力资源培训，特别是当前的金融领域的人力培训（包括体制建设）。

重要的是，APEC 已经完成框架设计，进入落实阶段，人们希望看到具体的落实行动，可见得到的成效。当然，对 APEC 本身的发展和作用，我们必须现实，不能期望过高。特别是不要在具体的共同行动上期望过高。部门提前自由化的失败已经清楚地告诉我们，APEC 不能超越它的界限和原则做事。从本质上说，APEC 是一个论坛，是一个协商机制，它不具备采取共同实际行动的功能，而是通过协商，达成共识，各自采取行动。但是，随着我们共同面临的需求和问题增多，进一步推动它的功能性发展不仅是必要的，也是可能的。

中国地处亚太，APEC 对我们有着直接的和不可替代的利益，因此，在 APEC 发展遇到困难时，做出努力，推动其发展，对我有利。由于连续几年 APEC 的发展不够令人满意，因此，人们对我国在 2001 年所起的作用寄予厚望。我国怎样才能起到这样的作用呢？我认为，要抓住经济技术合作这个主题。但是，必须有具体的和具有吸引力的内容。能够具有实际内容，又可以得到所有成员支持的可以有三个方面：其一是落实便利化；其二是金融合作；其三是网络化建设。这三个方面都可以纳入到经济技术合作的大框架之中去，同时，也都可以增添新经济的内容，2001 年要抓住"新经济"这个主题。这个主题可以在各成员中达成共识，具有吸引力。如果 APEC2001 年在这方面取得实际进展，那么人们对 APEC 的信心就可以增强，中国也就不负众望了。

论世界经济中的相互依赖关系[①]

我们生活在一个日益变小、然而愈益相互依赖的世界之中，不断扩大的贸易交往，日益增多的资本流动，加速发展的技术传播和信息交流等等，使得各国经济日益相互渗透、相互依赖和相互制约。经济生活的高度国际化已经成为我们这个时代发展的一个基本特征。

早在100多年前，马克思、恩格斯就在《共产党宣言》里指出："资产阶级，由于开拓了世界市场，使一切国家的生产和消费都成为世界性的了"，"过去那种地方的和民族的自给自足的闭关自守状态，被各民族的各方面的互相往来和各方面的互相依赖所代替了"。[②] 100多年来，尽管导致各民族互相往来和互相依赖的基础及方式发生了很大变化，但是，他们所指出的民族国家生产和消费国际化的趋势，以及由各民族间的相互往来和相互依赖代替自给自足及闭关自守的趋势却得到不断深入发展。今天各民族国家之间相互交往和相互依赖的程度与马克思、恩格斯所处的时代已不能相提并论了。

人们对世界经济中相互依赖关系的认识是随着相互依赖关系本身的发展而不断深化的。据考证，相互依赖一词的使用最早可以追溯到1822年，但是，真正由经济学家们从世界经济发展的内部关系比较全面论述各国经济间的相互依赖关系还是在第二次世界大战之后。[③] 第二次世界大战之后，国际贸易、国际资本流动和国际技术转移与传播的重点逐步转移到以美国、西欧以及日本为中心的发达资本主义国家。发达国家经

[①] 原载《西欧研究》1988年第4期。
[②] 《马克思恩格斯选集》第一卷，人民出版社1972年版，第244—243页。
[③] ［美］理查德·库珀：《在一个相互依赖世界上的经济政策》，麻省理工学院出版社1986年版，第289页。

济间以各种方式日益增强的交往与渗透和在此基础上建立起来的商品、货币、资本和技术联系机制,使得人们愈益认识到各国间不断增强的相互依赖关系。因此,对相互依赖关系的研究由分散发展到系统,由一般概述发展到探求其内部的机制。60年代末,哈佛大学教授理查德·库珀在《相互依赖的经济学》一书中比较系统地叙述了北大西洋公约组织成员国经济间的相互依赖关系。70年代初以后,石油输出国组织大幅度提高石油价格,以及接着出现的第二次世界大战后发达国家最严重、持续时间最长的经济危机,使人们把眼光由发达国家转向发达国家与发展中国家之间,即南北之间的相互依赖。麻省理工学院国际问题研究中心受美国自务院的委托专门对相互依赖的范畴、结构及对策进行了系统研究,完成了两卷本的《对全球相互依赖的分析》的长篇报告。整个70年代,以南北关系为中心研究相互依赖关系的文章、报告及专著大量涌现。勃兰特委员会所完成的两份报告《南北:一项争取生存的纲领》和《共同危机:南北为世界复苏而合作》被认为是系统阐述南北经济相互依赖关系的代表作。

到80年代,虽然南北经济之间的相互依赖关系仍被作为一个重点加以研究,但更多的研究转向全球性的问题,尤其是宏观经济政策、贸易、资本、技术格局,以及世界经济调整中的相互依赖关系等问题。像里安姆·坎普斯所著的《集体管理》、米切尔·斯蒂瓦特所著的《相互依赖的时代》等,都不仅对当今世界相互依赖格局进行了比较深入的研究,也对所应采取的解决问题的对策提出了系统建议。在此期间,国际货币基金组织、美国的布鲁金斯学会以及经济发展与合作组织所属的发展研究中心等都就相互依赖关系中的宏观经济政策联系与协调,宏观经济政策(尤其是发达国家间)行为的计算机模型等方面开展了大量的研究。在社会主义国家中,所见到的系统研究世界经济相互依赖关系的专著有匈牙利经济学家米哈里·西马于1981年所著的《世界经济中的相互依赖与冲突》,作者突破社会主义国家学者着重分析世界经济中矛盾的模式,系统分析了各国间不断发展的相互依赖关系,明确指出:"相互依赖关系,即各国之间日益加强的相互依赖性,是国际化发展的一个阶段","相互依赖关系的本质在于下述事实之中,即以往只对一国起决定作用或重大作用的经济、科学和其他发展进程,现在变得更为国际化了。"①

当然,对于世界经济中相互依赖关系还有更广义的理解。比如,世界的人员、资源、生态环境等等。在这些方面,由于生产和其他经济活动的日益国际化,使得各国发展中的"全球环境意义"不断增强,像环境污染问题、资源枯竭问题等都已成为人类共同生存的条件。70年代初,罗马俱乐部的报告《增长的极限》第一次系统阐述了这方面的问题。尽管该报告的结论并不为大多数人所接受,但报告提出的问题和以那些问题为前提所进行的假设都是很有意义的。

我国对世界经济中相互依赖关系的研究开始较晚。70年代末对外开放政策实行之后,人们对世界经济发展的认识有了突破性的进展,对国际贸易、国际资本流动以及国际经济关系中的其他方面从新的角度进行了大量研究。

一 相互依赖关系机制的构成

什么是相互依赖关系？国际货币基金组织的《金融与发展》杂志在一编辑部文章里作了如下定义：经济相互依赖概念的简单定义是指：其一,其他国家中发生的事将对一国的经济运行发生影响；其二,一国能够做的和将要做的事情在一定程度上依赖于其他国家的行动和政策。②尽管这个定义过分简单,但它可以反映出世界经济中相互依赖关系的基本特征。

世界相互依赖关系的构成机制存在于大量的交往关系之中,要摆出各种各样的现象是不难的,但要深刻地认识它们是不容易的。因此,对于相互依赖关系的研究来说,重要的不仅是了解事实,而且要研究构成相互依赖关系的每一种机制是怎样起作用和由什么决定的。国际贸易交换是打破民族经济封闭疆界和体系、在各国经济间建立起相互依赖关系的最早、最基本的形式。国际贸易打破了生产的民族资源禀赋限制、生产的民族市场

---

① [匈]米哈里·西马：《世界经济中的相互依赖与冲突》,第21页。
② 《金融与发展》1981年3月,第28页。

规模和格局限制以及生产对消费格局的限制，因而，通过国际贸易的发展使得一国经济的发展与外部市场及他国经济的发展相联系，从而使得各国经济间建立起相互依赖的机制。现代国际贸易突出的是以生产的国际专业化分工为基础的贸易交换得到空前发展。尤其是第二次世界大战以后，生产的国际专业化向工序专业化深度发展，这样就使得国际贸易交换的产品由终端产品扩大到中间产品，交换过程成为生产过程的一个必要环节。在此情况下，一国外部的生产与国内的生产过程结成一个完整的过程，生产的国际化由为世界市场而生产产品到生产依赖世界市场而进行，由此，各国经济之间由外部交往发展为内部连接。

资本的跨国流动在建立各国经济相互依赖关系方面，最初不如国际贸易交换作用大。但是，直接投资的空前发展使各国经济间，以更直接的形式相连接。尤其是跨国公司的广泛发展，它们所建立的是真正打破了国界限制的国际企业。在跨国公司的国际专业化分工安排下，公司与东道国之间，东道国与东道国经济以及东道国与母国经济之间的联系往返具有多层交织的特征，产品生产分工的广泛分布以及中间产品的多次往返加工把参与各方的活动结成一个协调有序的整体。尽管跨国公司的出现首先是资本主义垄断大公司对外扩张的结果，但从世界经济发展的意义上说，则由此创造了一种真正的以在世界范围内实现优化经营的国际生产组织形式。如今，不仅发达国家、发展中国家，而且社会主义国家也大力开展对外直接投资，创立自己的跨国公司。

技术的国际化在加深各国经济相互依赖关系上所起的作用日趋重要。技术的发展本来有着内在的保密和专有性质。因而，最初技术往往只是作为商品的附着物参与国际贸易交换，进行跨国转移和传播。但是，技术的发展把上述局限打破了：

——技术生产的国际分工。由于技术构成愈益复杂，技术发明对人力、物力和财力的要求不断提高。这不仅导致了技术生产在一国范围内的分工，而且也导致了技术生产的国际分工。在此情况下，技术生产的含义不仅包括一国不生产所使用的全部技术，而且也包括不生产的全部技术，尤其是后一个方面，是技术生产分工的深入形式。

——技术生产的商品化。技术生产的国际分工必然导致技术的国际交换，然而，技术国际交换的发展不仅标志着技术本身成为商品，而且也包括技术为交换而生产。在此情况下，技术具备了普通商品参加国际交换的特征。一方面，一国技术的生产不必与本国的市场需求为前提，另一方面，一国经济的发展亦可摆脱自有技术资源的限制。技术生产的国际分工和国际交换在各国经济间建立起复杂的相互依赖关系。如果说直接投资是从生产过程内部把各国经济直接联系起来，那么技术的国际分工和交换则从生产构成的内部在各国经济间建立起直接的联系。

当然，还有许多方面的发展。由于这些发展，世界经济才变得越来越具有一体化特征。世界经济中各个交往领域之间的相互联系、相互牵制和相互影响构成了相互依赖关系的运行体系。在这个体系中，很难把一个方面的关系与另一个方面的关系分开。因此，相互依赖关系的构成和作用不仅远远超出两国间的双边关系，也远远超出某个领域的范围。范围上的多边性和作用与影响上的立体形势使得各国经济间的关系变得非常复杂和微妙。

相互依赖关系中的这种复杂性、多变性和连锁性特征会随着各国间相互交往关系的发展而得到加强。这种发展趋势会在世界经济中导致许多与相互依赖关系发展相适应的内在要求。比如，各国间在越来越多的领域进行协调的要求，协调的作用不仅在于解决现有的冲突和矛盾，而且还在于为未来发展创造环境和条件。再如，建立超国家国际机构的要求，以便对那些通过双边或多边协调不能解决的问题或对那些作为整个体系基础环境和条件的领域进行超国家干预和管理，这就为各种类型的国际组织的成立与发展提供了基础。从这个意义上说，国际组织的健全与发展程度在一定意义上反映了世界经济一体化和相互依赖关系发展的深度。

当然，国际协调与国际管理的机制是建立在现行经济关系格局基础之上的。因此，它们的活动与结果往往在很大程度上取决于构成该关系的实力格局。这种特征与构成相互依赖关系体系的实力格局一起导致了世界经济中相互依赖关系体系的畸形结构，而正是其结构上的这种畸形性，引起了不少人对现行相互依赖关系性质与作用的否定。因此，在如何认识世界经济中相互依赖关系上，历来存在着很大的分歧。

二　相互依赖关系产生的原因

在世界范围内，国土疆界的分割不仅把世界自然资源的分布割裂开来，导致了国别间资源分布的不均匀，而且也造成其他生产要素资源拥有上的不均匀。这种由国别疆界分割所造成的不平衡构成了各国经济外向交换发展的一个最简单的自然基础。由于带有经济意义的稀缺与丰足以及在此基础上所发生的交换具有以利益和效益为指导的特征，这种交换的发展必然导致要素资源生产分工的发展。以此为基础所建立的各国经济间的关系才是同经济发展的内部紧密连接起来的，这种相互依赖关系要比仅仅以自然资源天然禀赋分布上的稀缺所要求的调剂关系牢固得多、深刻得多。

事实上，生产力的发展一方面会开拓新的资源需求，另一方面也会创造出新的资源要素，从而不断改变着国别间天然分布和由此所决定的交换格局。在生产力高度发展的今天，由于上述发展，要素资源的稀缺分布不仅更不均匀，而且分布格局也不断发生变化。因此，在此基础上，各国间的交往和相互依赖被置于一种动态发展的关系之中。这些关系愈发展，各国经济内部的外向交换要求就越强烈，从而各国经济间的相互联系与依赖也就越紧密。

对于世界经济的发展来说，具有更深刻意义的是生产发展本身要求在世界范围内不断开拓发展的适宜和优化环境，如规模生产环境、效益实现环境、分工与协作环境等等。这里既有把分散的要素实现优化聚合的要求，也有把集中的要素进行分散优势选择的动力。在这种内在的动力驱动之下，国别生产力的增长与经济中的外向扩张压力成正比。事实上，经济中的外向发展压力不仅包括生产过程和交换过程、物质要素和资本要素，也包括技术和信息，其内容随生产力发展水平的提高而扩大。

从生产力的发展来看，一国内区域隔离的打破是对社会生产力发展的一大解放，而国界疆域的打破，即生产和交换在国际范围的发展，则使生产力的发展得到更为广阔的活动空间。在很大程度上说，社会生产力在世界范围发展的程度是生产力发展水平的标志，因而各国生产力能否获得解放与发展，取决于在多大程度上冲破国别的限制，实现世界范围获得要素资源的优化选择、组合与利用。尽管现行的国际分工格局有着极为不合理的因素，但是国际分工本身所提供的效益和利益原则以及可资利用的机会，促使各国从参与国际分工中寻求发挥自身优势的潜力。

第二次世界大战以后，交通运输与通信的革命使生产力国际化的发展具备了更完备的物质前提。陆地运输方面，大型载重汽车的使用和高速公路的修建几乎取代了大受限制的铁路运输；海洋运输方面，巨型油轮的建造，导航设备的电子化以及装卸的机械化；空中运输方面，大型喷气运输机的广泛使用等等，这些都使得交换物品的往返运输变得十分方便、快捷和价廉。这种最新发展是生产的国际专业化分工得以深入进行的基础。没有现代化电信技术的革命，跨国生产分工和交换的现代形式是不可能出现的。电传、卫星通信以及大型电子计算机的广泛使用大大缩短了时间和空间的距离。现代通信手段使跨国公司的世界经营网变得真正内部一体化了，资本的流动突破了运动方向和时间上的障碍。当前，交通运输和通信技术正经历着一场深刻的新的革命，现代科学技术的发展将进一步推动各国经济走向世界。从而在各国间建立起更为广泛、更为牢固的相互依赖基础。

三　相互依赖关系的结构

世界经济中的相互依赖关系被看作是一个体系，其意义在于各个分散的、不同的因素构成一个相互影响、相互牵制和相互制约的有机整体。从一个国家的角度来说，似乎并非每个国家都构成相互依赖的因素。然而，如果把一国放在一个世界相互依赖的体系里来考察，那么该国所提供的商品、资本以及技术都作为整个体系中的有机构成内容来起作用了。因此，在一定程度上说，相互依赖关系体系似乎是一个模糊的整体。不能机械地把相互依赖性理解为双方或多方关系的对应性，更不能把它们只看成是对称的。

由于世界经济中各国经济发展水平不同，实力不同，外部参与的内容和结构不同，从而在相互依赖体系中造成了关系结构上的不同层次和格局。从总体上来看，大体可分为以下层次：

——经济发展水平差别所造成的不同层次，即发达国家与发展中国家之间；

——制度差别所造成的不同层次，即习惯上划分的东西方经济之间；

——一体化差别所造成的不同层次，即一体化组织内部以及内部与外部之间。

事实上，每一种层次之内都形成自身的特有关系和格局。同时，在不同层次之间又形成双边的和多边的有别于内部关系的特有的关系与格局。不同层次之间只体现出关系格局的差异，并没有存在着把它们分割开来的鸿沟。

按照一般的定义，相互依赖关系格局可区分为对称结构与不对称结构。所谓对称结构，即双方各自对对方的依赖程度均等，形成一种均衡对等形式。事实上，真正的对称结构很难找到。所谓不对称结构，是指双方各自对对方的依赖程度不均等，形成一种非均衡关系格局。一般地说，在非对称结构中，总是对对方市场依赖程度更大的一方处于不利地位。当然，从整体而言，如果一国在某一种或两种产品关系上处于不利地位可以由其他方面的优势地位来平衡，那么总体上并不一定处于不利地位。一国在与他国的相互依赖关系中处于什么地位，往往取决于多种因素。因而，从一国角度来考虑，相互依赖关系中的地位不能仅以一个或几个方面的指标来确定，既要考虑多种因素，又要考虑各因素所起的作用。

不对称关系是相互依赖关系整体的有机组成部分。因此，正如海瓦德·R. 小阿尔卡教授所指出的，一项全面的相互依赖指标，不仅应表明相互关系密切的程度，即双方是怎样相互依赖的，也应包括不对称程度，即在主要方面双方关系上的不平衡性。[1] 研究相互依赖关系中的不对称性具有特别重要的意义，这不仅因为现实的相互依赖关系体系是由大量的不对称关系构成的，更因为不对称结构的程度变动趋势等对各国产生不同的影响，体现着世界经济中经济关系格局的基本特征。

第二次世界大战后，世界经济中的一个突出发展是发达国家经济体系的逐步形成。这个体系以美国、西欧和日本为核心，包括了所有资本主义

---

[1] 海瓦德·R. 小阿尔卡：《对全球相互依赖的分析》，第 40 页。

国家。这个体系的基本特征有：（1）相近的经济结构，即同具有"后工业化"的结构特征；（2）相近的生产技术结构，主要体现在技术发展和使用能力上的接近；（3）相似的生产组织和管理方式；（4）相近的人均收入水平和消费需求结构；（5）相似的宏观经济政策调节方式等。

上述特征为商品、资本和技术在这些国家的活动提供了广阔的市场。尤其为生产提供了规模经济发展和深入分工的条件。加上战后在商品交换领域大大消除了工业品关税限制，在资本流动领域开辟了货币自由兑换和资本自由流动的有利环境，以及有像欧洲经济共同体那样的高度一体化区域经济组织，从而使得国际贸易交换、国际资本流动以及技术的跨国转移大量向发达经济体系集中。这种向发达经济体系集中的趋势，一方面大大推动了发达国家内部经济关系的发展，使得各国经济间的交往愈显密切，相互依赖空前增强，另一方面也深刻地改变了这些国家与其他国家之间的经济交往与相互依赖的形式及结构。

当然，发展中国家经济作为一个相对独立的具有真实含义的范畴而存在，亦是第二次世界大战后世界经济中的一个重要现象。这里，之所以说发展中国家的经济是具有真实含义的范畴，主要基于以下几个方面的特征：政治上的独立使各国经济具备了独立发展的前提；处于一个有别于发达国家的经济发展层次；相近的经济结构，主要体现在向工业化过渡的基本结构。就发展中国家的内部关系特征与格局来分析它们与发达国家不同，首先，由于这些国家处于经济发展层次上的过渡时期，在经济结构内部存在着向发达国家靠拢的推前动力。因此，无论在商品、资本还是技术等方面，它们更多地依靠发达国家的市场。其次，在向工业化过渡的进程中，发展中国家之间的经济发展水平差别加大，其中那些发展较快的国家已迈入新国家的内在依赖性了。

社会主义国家的经济在第二次世界大战后的发展也形成了一个体系。这个体系建立在以下几个基础之上：相近的经济发展水平，尤其具有相似的经济体制；通过一体化组织在各国间建立起直接的相互交往和依赖机制；各国经济的外向发展主要集中在社会主义国家内部。在第二次世界大战后相当长的时间内，由于多方面的原因，经互会国家经济的外向发展虽然有着与西方发达国家及发展中国家不断增长的联系，但是，体系内的发展占据主导地位，从而使得以经互会为主体的东方经济在世界经济中成为一个相对独立的部分。

然而，社会主义经济的自我封闭发展是不正常的。第二次世界大战后，社会主义国家经济一体化的发展虽然有着合理的基础和前提，但是，以内部一体化代替外向交往与参与世界范围内的国际分工是不正常的。自70年代加快发展的东西欧经济交往，尤其是80年代社会主义国家经济的改革，为社会主义国家经济的进一步全面开放提供了新的动力。在这种动力推动之下，随着商品、资本和技术交往的增多，以及各种形式的合作深入发展，东方经济与整个世界经济的结合会日趋紧密，从而在东方经济与其他国家经济之间建立起愈益加强的相互依赖机制。

在世界经济中相互依赖体系的内部关系结构中，不平衡或者说不对称是经常的、绝对的。从物质的运动来说，差别本身就是构成运动的内在动力。世界经济中的国际交换、资本流动、技术转移以及人员流动等也是如此。在不同国家之间，优势上的差别形成了生产要素利用上的跨国选择和分工，利益上的差别产生了跨国活动的动力，而结构上的差别则提供了要素资源跨国转移的空间。因此，那种只把对称或均匀才看作是合理的观点，不仅是脱离实际的，也是形而上学的。

当然，差别或者说是非对称性有一个程度问题，也有一个结构问题。过度的不对称对相互依赖关系机制的正常运转是一个限制，尤其是对于处于"相亏地位"的一方来说，往往受到许多不利的影响。[①] 对这方面的问题当然是在研究相互依赖关系中所必须加以分析的。不过，不应对一国的"相亏"或"相余"地位简单地下结论，在全面分析中必须考虑到下述因素：

——局部与整体的关系。比如，一国在某个或某些方面处于"相亏地位"，但在其他方面处于"相余地位"，且对"相亏"方面拥有一定的替代能力，那么整体上就不一定居不利地位。

——长期与短期的关系。比如，若一方在某些方面虽然居"相亏地

---

① 这里借用小阿尔卡教授的用语，他把处于有利地位者称之为"相余"（Surplus），处于不利地位者称之为"相亏"（deficit），见《对全球相互依赖的分析》，第19页。

位"，但经过一个时期可以发生向对称或"相余地位"的转变，那么暂时的"相亏"就不会成为阻碍交往的因素；反之，若"相亏地位"长期得不到改变，且对于整体有举足轻重的影响，那么不利的因素会起主导作用。

——外在致因与内在需求的关系。外在致因来自外部的因素，是外向依赖的机制，而内在需求则是自身经济发展的反映。如果外在致因是造成外向依赖的主导因素，那么这种关系就会带来不利的影响。反之，一国的外向依赖关系是由经济发展的内在需求所致，即便处于"相亏地位"，也可能会带来整体或长远的利益，具有可能发生由"相亏"向对称或"相余"地位的转变。

显然，世界经济中相互依赖关系的结构和各方在一定结构中的利益确定是一个十分复杂的问题。既不能因存在相互依赖机制而否定其中的不对称，又不能因存在不对称而否定相互依赖机制在世界经济发展中的意义。

四　相互依赖关系中的矛盾

世界经济中的相互依赖关系是一个有机的体系，但并非是一个和谐的体系。在这个体系里，各国间的实力差别、供求结构差别、分工地位差别等等，必然导致交往关系中的矛盾。在充满竞争的国际市场上，参与各方所处的地位和所获得的利益与其实力和能力密切相关。因此，各方地位与利益的平衡格局是在竞争与对抗的运动中实现的。

相互依赖关系体系中的矛盾涉及各个方面，会以各种形式表现出来。在贸易领域，可以体现在以下诸多方面：

——商品竞争所导致的矛盾。它们不仅可以因强势商品对弱势商品的攻势所引起，亦可由"非公平竞争手段"（如低价倾销、高价垄断等）所致。

——市场份额格局变动所导致的矛盾。鉴于市场份额是一个不变的常数，一方增加必以他方的减少为前提，因此各方对市场份额的变动非常敏感。

——贸易不平衡所导致的矛盾。主要体现在呈现逆差的一方采取以扭转不平衡为主要目的的保护主义及受限者对此所进行的反击。

国际贸易中矛盾的激化表现形式是贸易冲突或"贸易战",它们可以发生在两者之间,亦会因连锁反应而扩大。

在资本国际流动领域,矛盾的起因可能涉及以下因素:

——资本实力差别所导致的矛盾,比如,资本的垄断所导致的对中小资本活动的限制或利益上的剥夺,各资本集团之间的竞争与对抗;

——外来资本利益与民族资本利益之间的矛盾,其中尤其是外来资本凭借优势所进行的超额利润攫取对当地资本利益的侵犯;

——资本外向流动选择与国内经济整体发展需要之间的矛盾,比如,当国外出现较好获利前景时,资本就会不顾一切地外流;

——汇率、利率变动导致的矛盾,比如,汇率的变动不仅会成为引起资本流动变动的原因,也会改变贸易交换的格局,从而导致多方面的失衡。

资本跨国流动的突出特点是选择性灵活,运动速度快。对环境变动十分敏感,这种特点使得相互依赖体系中的资本关系成为最难驾驭的一个活性因素。在一些情况下,在这个领域里所产生的矛盾比贸易领域里的矛盾影响更大。

在国际分工方面,仅从分工本身来考虑,所能导致的矛盾因素亦很多:

——参与国际分工中所处的不同地位,就分工地位而言,可以区别为主导分工与协同分工,主动分工与被动分工等等,二者之间的矛盾往往表现为前者对后者的支配或制约;

——参与分工的获利差别,参与分工的获利程度取决于多种因素,比如,在被动分工的条件下,由于参与分工的行为与方式是受外界力量制导的,因而必然较少获利或难于获利;

——参与分工中的主权让渡与主权保护之间的矛盾,从一国范围来说,参与分工意味着对部分经济活动失去支配权,然而外部支配往往会与自身最大限度获利的动机相矛盾。

在世界相互依赖关系的体系中,对于各方来说,从参与中最大限度地获利和最小程度地受损是一个基本原则,这本身就是矛盾的根源。

尽管相互依赖关系体系中的矛盾是经常的、广泛的，但是并非所有的矛盾都会趋于激化，且已经激化起来的矛盾亦可较快地或较平衡地得到缓和。其所以如此，是因为在这个体系中同时存在着一系列制约因素：

——由于在交换和分工中形成的共同利益基础，其中不仅包括各方共同遵守的原则，市场秩序的稳定，也包括各方之间利益上的协调。在一个高度相互依赖的结构中，对结构体制造成巨大冲击与损害会涉及各方的利益。因此，在可能的情况下，协调和缓解往往是参与各方的共同要求。

——由交换和分工结构所形成的制约机制，其中包括强者所拥有的控制力，格局变动所产生的缓冲力，以及在各要素关系中各方地位强弱的交叉及发展变换。从相互依赖关系体系的结构来说，各方关系上的多方面、多层次交叉本身形成相互制约与缓冲的机制，使得每一方面的对抗都会受到其他方面的牵制。

——处于弱势地位者缺少足够的对抗力，或为了长远、整体利益所采取的顺应对策亦形成一种缓冲因素，比如，当一方对另一方市场或资本依赖性较大时，前者往往会接受后者所施加的一些限制或条件，当然，基本前提是前者的最低或适度利益得到维护。

事实上，随着世界经济一体化的深入发展，世界经济中各国之间、各经济活动领域之间的交织会愈益加深，从而在体系内部的牵制与制约机制也就越会得到发展。如今，对世界资源、世界市场等的利用靠强制性侵夺是难以行得通的了。靠长时间的控制与垄断也难以实现。世界经济发展的这种趋势对国际经济关系的发展产生深刻的影响。

问题还在于，既然世界经济中的相互依赖关系格局存在着严重的不对称，而这种不对称结构总是对弱者不利，那么处于弱者地位的发展中国家参与国际分工与交换是否能从中受益，从而对整个经济的发展起到积极的作用呢？如果从现行体系中存在不合理性出发，得出发展中国家不可能从中得益和取得发展的结论，那是不全面的。在当今世界经济的不平衡和不对称结构中，亦存在可供发展中国家加以利用的机会：

——世界经济构成上的多元发展。其中既包括经济部门结构上的多元化，亦包括商品、技术构成的多元化。随着这种发展，一方面使得一国左右世界经济的能力下降，另一方面也为各国发展提供了更大的活动空间和更多的参与机会。

——世界经济发展上的不平衡以及层次差别上的多样性。发展层次上的差别在各国经济间导致一种互补机制,为发展中国家提供了可资利用的分工和交换机会,或者说是参与分工和交换取得发展的条件。

——不平衡和层次差别所提供的转移空间。从世界经济整体来考虑,不同国家经济间发展上的不平衡以及水平上的梯形层次,在更广的范围内为生产和技术分工与转移提供了条件。在世界经济中,技术由高层向较低层次的逐级转移,是技术在世界范围内扩散与转移的主要方式之一,而这种转移与扩散无疑为发展中国家提供了可资利用的机会。

当然,上述机会对于每一个国家并非都是均等的。重要的是,在发展中国家拥有主权地位的情况下,对机会的选择和利用是可能的。事实上的发展已经提供了佐证。一批发展中国家通过积极参与国际分工和交换取得了比其他国家更快的发展,成了发展中国家中的新兴工业化国家。

五 观念及发展战略的转变

世界经济的愈益一体化和在此基础上各国间相互依赖的不断加强是一个不可逆转的趋势。这种发展不仅不断摧毁着民族疆界的"万里长城",而且也必然不断冲击和改变着人们在民族疆界之内形成的各种狭隘观念。从经济发展一方面来说,在这个高度相互渗透、相互交织和相互依赖的世界上,那种追求"独立、完整的民族经济体系",那种生产"纯粹的民族产品"的观念已经过时。就民族经济而言,在当今世界上,可以说已经没有一个国家的经济是完整的。就是一件产品,纯粹由一个国家生产的也越来越少了。从理论上说,相互依赖机制的形成和发展本身要求各方以承认各自的不完整性为前提,个别的完整性只有放在整体范围之内才有意义。因此,世界经济的一体化,各国间在各方面的分工和交往的深入发展为民族经济或民族产品赋予了新的含义和内容,以往那种立足于民族疆界之内的概念已经被立足于世界范围的概念所代替。

在新的发展面前,能否客观地认识现实,顺应发展潮流和利用发展机会,对一个国家来说是至关重要的。因此,重要的不仅在于观念上的转变，而且更在于发展战略和政策上的转变。在当今世界上，那种以自有天然禀赋为基础和以自我比较满足为前提的经济发展战略已经不适用了，而广泛参与国际交换和分工，实现资源在世界范围的优化利用和有效利用世界资源，取得横向比较的相对满足才是制定现代经济发展战略的一个基本出发点。因此，那种把生产要素封闭禁锢于一国疆界范围的政策必然成为上述发展战略的羁绊。

纵观世界经济发展的历史和现实，凡是能够有效利用世界市场、世界资源、能够抓住发展机会的国家都取得了较快的发展。中国领导人在向达沃斯世界经济讨论会发表的电视讲话中有这样一段话："凡是有利于发展我国生产力的措施，都是我们所要求的，我们都鼓励，都允许。凡是为发展我国商品经济所必需的手段，我们都不拒绝采取。这个认识上的飞跃，将有力地推动改革和开放的进程，促进我国国内市场——包括各种要素市场——的发育，加速生产的商品化、社会化、现代化，并进一步加强我国同世界各国的经济技术合作和贸易往来，使我国同国际市场的关系更密切。"[①]这的确是我国认识上的一个飞跃。有了认识上的这个飞跃，再加上制定出正确的发展战略和政策，中国经济的发展将以一个崭新的姿态出现，中国经济真正跨入强国之林的愿望就可以实现了。

---

① 《人民日报》1988年2月3日。

下篇

区域合作发展研究

寻求推进东亚合作的路径[①]

自20个世纪90年代后期，东亚合作进程起步，取得了不小的成就。不过，近年来，东亚合作出现了许多乱象，人们似乎对未来的方向看不清楚了。尤其是去年以来，美国"翻然醒悟"，誓言"重返亚洲"，大力推动跨太平洋伙伴关系（TPP），要创建"美国的亚太世纪"等等，东亚合作向何处去的问题摆在面前。

一　东亚合作的进程发展

1997年亚洲金融危机发生后，东亚地区的合作开始起程，由此催生了"10＋3"（东盟＋中日韩）的合作机制。这个机制的诞生又萌发了深化东亚合作的思潮，而"东亚展望小组"（EAVG）关于"建设东亚共同体"的报告应该说是这个思潮的一种凝聚。这份报告提出了一个宏伟的目标，这就是东亚地区合作的终极目标是建设以和平和繁荣为宗旨的东亚共同体。

重要的是，这份报告的基本思想被东亚各国领导人接受，也受到了社会公众的高度认同，于是乎，一时间，东亚共同体成为一个热门话题。"东盟＋3"领导人指示成立"研究小组"，提出落实建设共同体的具体措施，研究小组则很快提出了17项具体落实建议。此间，许多国家相继成立机构，推动东亚共同体建设，像马来西亚，就成立了"东亚大会"（East Asia Congress），日本成立了"东亚共同体委员会"（East Asia Community Committee），韩国倡议建立了东亚合作论坛（East Asia Forum），中

---

① 原载于《外交评论》2011年第12期。

国倡议成立了"东亚智库网络"（NEAT）……

可是，好景不长，如今，东亚共同体却很少被人提及，当年建立的许多机制，大多也都销声匿迹，有的尽管还是有些活动，但也是很不景气。短短几年，变化如此之大，似乎令人有些不解。

东亚自贸区（FTA）的建设也是步履艰难。自2000年中国提议与东盟建立自贸区之后，自贸区建设成为热点，日本、韩国、澳新、印度也都先后与东盟谈成了自贸区协定。本来，东亚地区形成了以市场分工为基础生产网络，但分散的，且规制不同多个自贸区，把东亚大市场分隔开了，形成了"面条碗效应"（noodle bowl），从而增加了生产网络运作的成本。

早在2004年，"10+3"领导人决定，就建设统一的东亚自贸区（EAFTA）进行研究，为此成立了"东亚自贸区可行性研究联合专家组"①。专家组于2006年向领导人会议提供的报告建议，尽快启动"10+3"为基础的"东亚自贸区"（EAFTA）谈判。然而，本来也参加这项联合研究的日本对此提出了异议，认为应该构建以"东亚峰会"（East Asia Summit, EAS）16国（东盟10国，中、日、韩，加上澳、新和印度）为基础的"东亚紧密伙伴关系"（CEPEA），为此，日本牵头成立了由16个国家专家参加的小组进行研究，于2007年提出了报告，建议推进紧密经济伙伴关系。②这样，整合东亚自贸区的路径就出现了两个，各说各有理，难以统一起来。因此，东亚自贸区的整合因为分歧而停滞下来。

也许是因为东亚合作开启的背景是金融危机，货币金融领域的合作倒是取得了一定的进展。自2003年启动"清迈协议"以来，从构建双边互助机制，到建立外汇储备库，再到成立宏观经济办公室（AMRO），逐步得到发展。货币金融合作与自贸区不同，它并不需要先放弃什么，这样，无论是搞互助机制，还是建立货币储备库，都比较容易达成共识，也比较容易采取措施。不过，如果再深一步，比如，建立独立运行的地区基金，会涉及基金筹集，基金管理，以及与国际货币基金组织的关系等，如果让

---

① 这是一个由各国政府推荐，13个国家的专家独立工作的机构，由我担任这个专家组的组长。
② 经我国政府推荐，我本人也参加了这个专家组。

宏观经济办公室具有干预权，那就会涉及对国内管理的干预，这样就可能会遇到阻力。

其实，自贸区整合之所以出现分歧，根子还在于构建东亚合作机制上的政治分歧。2004年，"10+3"领导人还提议对东亚政治合作机制整合进行研究，即如何把分散的"10+1"，"10+3"领导人会议整合为一个统一的机制，结果，产生分歧，导致了一个新的东亚峰会（EAS）框架诞生，吸收了原本在地缘上不属于东亚的澳大利亚、新西兰和印度参加。这样，整合东亚政治合作机制的初衷没有实现，还多出了一个新的机制，与原有的机制并列运行。

回顾东亚合作的历程，许多问题值得思考，也许在新的思考中，我们可以找出可以推进其发展的新路径。

整合为何这么难？先从经济角度来看。东亚地区各国（地区）通过多边以及单边的开放，参与区域的生产分工，形成了生产网络，但是，除了日本之外，绝大多数国家（地区）属于发展中经济。一般地说，区域开放要比多边开放水平更高，涉及的领域也更广，而对于发展中经济来说，在安排上往往需要渐进性和选择性。尽管自贸区的规模越大，带来的收益越多，但谈判的难度也就越大。东盟本身已经建立了自贸区（AFTA），"10+1"相当于是一种双边安排，相对比较容易谈成，而要把多个"10+1"自贸区整合起来，难度就大了。而整合"10+3"要比整合"10+6"相对来说容易，这个道理应该很明白，日本之所以要坚持以"10+6"为基点，这肯定是出于别的原因考虑。

经济发展水平上的差别也是一个原因。比如，属于发达国家的日本坚持签订"紧密经济伙伴关系"（CEP），要包括一些规制方面的内容，如标准，知识产权等，而发展中的国家则首先注重市场准入（market access），并且希望实行渐进开放的时间表和清单，尤其是那些不发达的国家，像老挝，柬埔寨，缅甸，则要求开展更多的经济合作，帮助他们提高能力建设。在"10+1"的谈判中，除了东盟与澳新的自贸协定是一揽子谈判外，其他都是分领域谈判，分步骤开放。这也使得以"10+1"自贸区为基础的整合变得非常困难。

从整合的领导推动机制看，东盟作为一个成员国的集合对于引领东亚合作起到非常重要的作用。但是，东盟领导能力的缺陷受制于三个方面：一是东盟的集合领导力受到内部分歧的制约；二是东盟保持"中心地位"（centrality）的强烈意识使其对扩大保持戒心，担心主导权被大国吃掉；三是东盟共同体建设进展不快，担心大区整合冲垮东盟。因此，东盟无论是在构建东亚政治合作框架，还是在整合自贸区上，都显得举棋不定，左右摇摆（这种状况出于东盟成员之间认识不一，也由于东盟本身不具备统筹协调能力）。东亚峰会的变故是一个很好的例子。在东盟看来，既然大家有分歧，那么搞一个单立的东亚峰会，既可以保持东盟在原有的"10＋1"机制中的主导地位，又可以平衡大国力量，以免冲击东盟的中心地位。在整合"10＋1"自贸区上，由于东盟共同体建设迫在眉睫，它对此并不积极。如今，东盟更多地强调其"中心地位"，避免谈"领导作用"。

本来，日本是东亚最发达的国家，理应是推动东亚自贸区整合的领袖。从其经济利益来说，鉴于"10＋3"是东亚生产网络的基础，且日本公司是构成生产网络的企业主力，它应该积极首推以"10＋3"为基础的东亚自贸区。然而，事实上却非然。日本有自己的短肋：一是本身市场保护严重，尤其是农业不愿意开放；二是考虑政治甚于经济，怕"10＋3"由中国主导。其实，日本还有一个制约，就是美国因素。美国不希望日本倒向亚洲远离美国，因此，日本不得不看美国的眼色行事，好不容易出现像福田、鸠山那样的重视东亚的领导人，喊出了建设"亚洲共同体"的口号（其实，这个口号的内涵也不太明确），也很快就被拉下马。

中国被认为是东亚区域合作的领导者，其实中国并非能担当得起这个角色。从经济上说，尽管它跃居世界第二大经济，但是，水平还是一个发展中国家，对市场开放的承受度有限，因此，很难是一个站在高点的规则制定者。如今，中国已经成为东亚多数国家的最大市场，但是，中国的需求有两个突出的特点：一是初级产品需求增长迅速；二是中间产品增长最快，进口大多为了加工出口。这样的结构使得中国与东亚国家（地区）的贸易呈现不合理特征：与不发达的经济体呈现顺差，与较发达的经济呈现逆差。从总的来说，尽管中国对区域合作采取了积极参与和推进的政策，但是，鉴于可以提供的区域"高点公共产品"有限，中国难以发挥真正的领导作用，再则，由于中国块头大，发展快，人们往往把"中国领导"与中国垄断联系起来，从而产生对中国的一种"领导恐惧"。

韩国本来是东亚合作的积极推动者，东亚展望小组就是由它倡导和主持的，但是，韩国毕竟是一个小国，出于拓展市场的考虑，后来把主要精力放在与区外经济体谈判自贸区上（美国和欧盟两大市场），在大多情况下，韩国"身在曹营心在汉"，关注的重点并不主要在东亚地区。至于印度，其经济开放度和发展水平都还处于起飞的初级阶段，"东向战略"主要是为了靠上东亚大市场，加快发展自己的经济，因此，它难以成为一个积极推动者，即便参与，也是有选择性。

事实上，东亚合作从经济领域开始，始终离不开政治的影子。东亚政治有两把刀：第一把刀是制度裂缝，主要体现在各国之间的政体差别大，有着冷战遗留的怨恨，因此，用这把刀挥舞一下，就会加重政治认同隔离，如果拿来砍一下，会留下新的伤口，这种状况影响着东亚合作制度构造的政治内聚力；第二把刀是"安全赌咒"，缺乏"共同安全"认同和机制。第二次世界大战后，东亚国家被纳入了安全对立的框架，至今并没有完全消除。美国不是东亚国家，但以军事同盟关系或和其他机制深入到东亚安全关系的内层，因此，东亚合作总是遇到"美国问题"，而美国的利益考虑显然有它自己的定位和实现方式。安全这把刀是最锋利的，可以把新生的东亚共同安全扼杀在摇篮里，甚至使东亚国家不敢触动传统安全领域的合作机制化建设。我们看到，在实际发展中，在一些情况下，政治被推上第一位。

中国实施开放政策，靠改革和参与全球化取得快速发展，但是，由于其独特的政治制度，在东亚区域合作中，会发现被夹在制度构造的裂缝里，受到挤压，往往不被外部的"主流媒体"和"主流民意"认同。同时，由于中国不在美国主导的传统安全机制之内，使它成为"安全赌咒"的威胁因素，成为被防备和制衡的对象。在此情况下，"中国主导"或者"中国领导"就被认定为是一种危险的趋向。美国因受到中国实力增强和影响力提升的压力，则极力利用各种手段阻止任何被认为会危及其利益和地位的发展，拉住那些对中国崛起有疑虑的国家，组成制华网络，这样一来，东亚的制度整合就变得非常艰难和复杂了。

二 寻求取得突破的路径

就在东亚自贸区整合停滞不前的时候，美国提出牵头构建"跨太平洋伙伴关系"（TPP），一下子拉拢了9个国家（加上日本10个国家）参加，其中有7个是参与东亚合作机制（10+3，EAS）的成员。美国宣称要在2012年完成谈判，制定一个面向21世纪的，包括所有新领域的，高标准的自贸协定。TPP的出现对东亚自贸区的整合提出了新的挑战：东亚自贸区的整合与经济合作还要不要推进？如何推进？还有，美国直接参与了东亚峰会，誓言要发挥领导作用，东亚合作的制度构建如何推进？有了"美国的亚太世纪"，东亚合作还需要吗？在以上反思的基础上，不妨提出几点看法，也许会有助于突破障碍，获得新的进展。

（一）美国领衔TPP，要打造高标准的面向21世纪的自贸区，且有一批国家响应，预计还会有更多的国家希望加入，应该说自有它的道理

其实，自20世纪初美国提升亚太经合组织（APEC）时起，就一直力图推动基于谈判的亚太自贸区，它对APEC的自主、自愿开放原则很不满意。事实也证明，靠"协调的单边行动"方式，APEC是不能实现所定目标的（茂物目标，发达经济成员2010年，发展中成员2020年实现贸易和投资的开放）。因此，TPP被认为是一箭双雕：既夺取了新规则的领导权，又可以转移东亚整合的方向，把大家的关注力吸引到由美国领导的亚太区域制度化构造上来，尤其是日本宣布参加TPP谈判协商，更增大了它的影响力。我们不可小视美国的领导力和吸引力。它只要下决心，TPP是可以谈成的（尽管可能没有设想的那么快）。亚太有一个APEC，继续干TPP不能干的事，TPP则推动新的发展，重点搞市场制度化整合，从未来发展看，也不是没有它的意义。但是，TPP要扩展到亚太所有的国家，成为唯一的主导机制，这个路还很长，也可能路径不会是沿着它这样走下去。因为，如何吸收东亚大的发展中国家加入仍然是一个大难题。就像中国，现在没有加入TPP谈判进程，看来短时间内也难参加，中国尚不具备（也可能不需要）打造这样一个很高水平自贸区的能力，同样，像印尼、印度可能更甚，他们不会接受一个强迫性的协议。因此，对TPP的发展也大可不

必惊慌失措，我们还是可以干 TPP 以外的事情。

(二) 东亚合作有着其自身的逻辑

这个地区是未来世界经济增长的重心，其突出的点是发展中大国经济崛起。从区域合作的角度，这些国家需要通过合作，改善发展的环境，这种环境的改善不仅仅是市场开放，还有改善发展的基础条件（如基础设施，能力建设），而且，在规制上，保持相当的灵活性和转变的渐进性也是非常必要的，从这个角度来认识，TPP 还是不能替代东亚地区的经济合作进程与制度构建。

东亚地区的经济差别大，构成了有差别的"经济网络圈"，因此，次区自贸区成为起点。从这个角度来说，也许大区整合需要更长的时间，在此期间，次区的自贸区继续发展和深化。比如，在整个东亚地区自贸区整合进展缓慢的情况下，中日韩三国的自贸区先行，一些双边的自贸区还可以继续谈判。

TPP 也会造成压力效应。原本东盟要等 2015 年建成共同体之后再考虑整合整个东亚的自贸区，但由于 TPP "先声夺人"，一些东盟成员加入了 TPP 谈判，东盟的团结和中心地位受到了挑战，在此情况下，东盟会通过强调东盟的整体性作用，加快推进东亚地区的自贸区整合。由东盟推动的东亚合作进程可能更能体现这个地区发展的需要，在方式上更适宜。因此，对于这种发展，中国应该给予大力的支持，并且积极参与和推动，无论是 "10 + 3"，还是 "10 + 6"，只要能够推进，就是好的。

尽管中国不具备领导东亚制度整合的全面能力和认可度，但中国的作用是特殊的。中国不是一个被动的参与者，在推动经济发展方式转变，推动区域互联互通网络发展，在加快区域货币金融合作，发展区域资本市场等方面，都是可以起重要和主要作用的，中国也会从这种发展中获得更好的发展机会。

(三) 把东亚共同体作为东亚合作的目标看来有难度，有阻力，因为不属于东亚的印、澳、新、美国、俄罗斯也加入了进来

在此情况下，在今后的一个相当长时期，东亚合作的政治框架难以统一起来，可能会保持一种多层结构——"10 + 1"，"10 + 3"，"10 + 8" (东亚峰会)，各尽其能。重要的是完善各尽其能为基础的分工。从今后发

展趋势看,"10+1"的功能需要加强,更能体现各国与东盟关系的深度构建。尤其是对于中国来说,东盟有着地缘特殊性,也有着发展上的共利基础,要在发展紧密经济联系,加快互联互通,创建一体化大经济区上下更大的工夫,同时,以经济合作为基础,循序渐进地推进政治与安全合作。南中国海争端无疑是中国与东盟构建新政治安全关系的一个障碍,只能用超常的智慧寻求缓解和解决的途径,打是解决不了问题的。东盟的对外战略是创建大国平衡,对中国的战略警惕,必然促使其用发展与其他国家关系的办法来平衡中国,因此,中国与东盟之间的政治安全合作还是以功能性构建为主为好。

美国加入了东亚峰会,要把它打造成一个战略平台。对中国来说,这也不失为是一个可以借助的战略平台,东亚峰会云集了美国、中国、印度、俄罗斯、日本几个大国,加上东盟,是一个处理21世纪大国关系的一个难得的框架,因此,中国完全可以争取主动,大可不必担心美国会主导。

事实上,东亚合作的发展是一个动态进程,没有定式,其成效取决于各方利益的共识和力量平衡。中国不是头,但是,中国的左右能力会随着其实力的不断提升而进一步提高。过去,我曾经想,对东亚来说,理想的发展是先实现联合,在此基础上再重构与美国的新太平洋关系(Atlantic-relationship),看来这个构想是有些理想化了。要"与狼共舞",既构建没有美国参与的东亚合作机制,也要发展有美国参加的东亚合作机制,"各尽所能,各负其责",并行发展,用创造性的思维,推动灵活、务实、包容的多层次东亚合作进程,这可能是未来的最现实选择。

深化东亚区域合作需要不断创新[①]

积极参与和推动东亚区域合作是中国对外关系战略的重大转变，这个转变不仅对本国的对外关系发展，而且也对地区关系的发展产生了重大的影响。经济合作是中国参与和推动东亚合作的核心内容，中国通过倡议与东盟构建自贸区深化了双方的经贸关系，同时也推动了整个东亚地区自贸区建设的进程。

东亚区域合作是当今世界发展中的一个重要进程。东亚合作是一个新生事物，进程时间不长。鉴于东亚地区自身的特点，合作的方式和路径，必须符合东亚的具体实际，得到各国的支持。

一 参与区域合作的战略性选择

改革开放以来，中国经济发展的最大特点是融入世界市场。通过国内改革和对外开放，弥补了传统的发展经济学所说的发展中国家发展经济的两个缺口或两个资源瓶颈：资金和市场不足。由于我国的对外开放是向全球开放，是加入世界经济体系，因此，我国的首要利益在全球，第一个参与制度的要求是加入 WTO（恢复在 GATT 的席位）。加入的含义是从制度上得到承认，反过来也能利用制度扩大我们进入世界市场的范围和改善进入的条件。

但是，在加入 WTO 后，我们发现，仍然不能保证我们自由地、公平地进入世界市场。原因之一是世界市场已经被许许多多的区域或双边贸易协定所分割，我们成了这些区域安排的局外人，受到歧视（按 WTO 的规

---

① 原载《国际经济评论》2010 年第 1 期。

定,允许成员国谈判区域性贸易安排)。同时,区域化像全球化一样,是世界经济发展中的一个重要潮流。事实上,大多数 WTO 成员都已加入到双边或次区域的制度安排之中。这就是说,一方面,世界市场已被各种各样的双边或次区域协定所分割,另一方面经济活动越来越具有区域的集群特征,尤其是在东亚地区,生产网络的区域化很突出。因此,如果我们不参与区域经济合作,不参与区域贸易自由化安排,就不能很好地充分利用外部市场,就会在区域经济的构成中处于不利的地位。这就是我们在加入 WTO 后把参与和推动区域合作、谈判自由贸易协定作为一个重要战略的基本原因。

从功能上来说,区域合作与多边开放进程(主要通过 WTO)既有联系,也有区别。其联系性表现在区域经济安排是在 WTO 框架下进行,与 WTO 推动世界市场开放的原则一致,只能进行新的开放,不能在开放上后退,不能对其他国家设立新的障碍,从区别上来说,区域安排的优惠只是在参与成员之间进行,区域安排包括的范围更广,不仅涉及商品市场,还涉及服务、投资、技术标准、便利化,以及经济合作等。

自贸区(FTA)是区域经济合作的核心内容。新的自贸区包括的内容很广泛,包括商品、服务、投资的开放,也包括其他很多内容,不同的自贸区协议往往有不同的内容,其中,大都有便利化、经济合作,还有劳动力流动等。到 2008 年年底,在 WTO 登记的自贸区协定就有近 300 个,遍布世界各个地方。

有人说,自贸区的兴起与 WTO 多哈回合进展不利有关,其实,更主要的原因是经济的区域化发展拉近了相邻国家经济之间的联系,形成了紧密的经济链,同时,发挥小区域优势,推动本地区的发展可以起到多边进程不能起到的作用。因此,区域经济合作成为与多边开放进程并行的重要趋势。从这个角度来说,中国在加入 WTO 后选择参与和推动区域经济合作就是一个合理的选择。

从利益和现实可行性来考虑,参与区域安排的选择原则有二:一是最大的贸易伙伴,这能创造最大的参与利益;二是容易可行的贸易伙伴,这可以行得通。最大的市场当然是美国、欧洲和日本,但是他们不承认中国的市场经济地位,不愿意和中国签双边协定,所以只能从最容易的地方开始。东盟作为中国的第一个区域经济合作伙伴，首先是可行的，中国有积极性，东盟也有积极性，同时也有巨大的经济和政治利益。东盟10国是一个很大的地区，有5亿多人口，有潜在的发展前景，双方构成巨大的人口和市场规模。作为发展中的市场，也有很大的互补性。东盟作为中国最大的相邻地区，也有着经济、政治、安全的综合利益。很多外国人评论中国与东盟建立自由贸易区是"政治因素"，这也不是没有一点道理，以经济关系推动政治关系的深化，这里边的确有很强的政治因素。实际上，很多经贸安排都有很强的政治动机。像美国，最早的双边自由贸易区是与以色列、约旦签订的，就是要通过双边自由贸易协定，向他们开放市场来拉拢这些国家，建立特殊的政治、安全关系。欧洲联合的初始动机也是政治。对欧洲来说，最大的政治就是不打仗，实现欧洲和平。通过欧洲合作、联合，实现地区和平，这个动机是很清楚的。我国从一开始把东盟作为一个整体来考虑。东盟是中国的前大门，是最直接、最重要的战略区域，不仅是"陆上东盟"，而且还有"海上东盟"。通过经济合作发展全面合作关系，对我国具有很大的战略意义。

尽管东盟作为一个区域集团内在一体化程度还不高，成员之间的差别很大，但我们把它作为一个整体，一方面有利于谈判，所有成员可以坐在一起，统一形成共识，这样谈起来比较容易；另一方面，也有利于东盟作为一个整体增强其内向力。在联合专家组研究过程中，我们的做法是要求每个国家提交一份国别报告，说明本国的要求，在总的报告中尽量反映成员的利益和要求，把国别报告作为总报告的附件。我们的做法具有开创性，也被后来者效仿。把东盟作为一个整体，事实证明这个战略是对的。这也有利于提升同东南亚国家的关系。比如，在2002年中国与东盟签署经济合作框架文件后，次年就建立了中国—东盟战略合作伙伴关系，签署了《南海各方行为宣言》，使中国与东盟的全面关系得到提升。

二 中国—东盟自贸区建设中的创新

当然，从东盟开始也有很多困难。当时的背景是，1997年亚洲金融危机爆发，东盟的经济一下子陷入困境，出现外资流出、经济下降的严重局面。到 2000 年，东盟的经济虽然有好转，但是，困难依然重重。而中国经济基本未受很大的影响，继续保持增长。受中国经济继续增长和加入 WTO 的双重影响，东盟国家一方面希望与中国加强合作，同时也担心中国把东盟所需要的资金吸走。在 2000 年 10＋1 的领导人对话中，东盟国家提出，中国要考虑东盟经济的发展，要加强合作。在此情况下，当时朱镕基总理提议，双方可以考虑建立长期的经济合作关系和贸易安排，这样东盟可以从中国的经济增长中受益。双方领导人决定成立官方专家组，对这个问题进行研究，提出方案。朱总理当时并未用"自由贸易区"这样的说法，这是后来专家组提出的建议。我是专家组成员，参与了研究。我们的联合专家组是中国、东盟双方组成的，只用了几个月就完成了可行性报告。研究报告建议，中国与东盟开展全面经济合作，构建中国—东盟自贸区。合作、共享发展利益的思想对东盟是有吸引力的，这是双方专家能够很快达成共识的一个重要原因。专家组的报告于 2001 年提交，得到双方领导人的支持，2002 年就签订了《中国—东盟全面经济合作框架协议》。

发展中国家建立如此之大的贸易区没有先例。所以，我们面临的第一个问题是谈判到底怎么开始。当时我们的专家组出访东南亚，倾听对方的意见。我记得在缅甸的座谈中，一位缅甸官员提出，像缅甸这样的国家和中国谈自由贸易区，一点优势也没有，能不能先搞点早期收获（early harvest），让我们看看能不能获益，也就是说，先尝尝果子是不是甜的。我们觉得这个提议有道理，所以，"早期收获"被作为中国—东盟自贸区的先行计划。早期收获从东南亚国家最关注的、最有可能、也是最可以使一些后发展国家获益的领域开始。因此，我们选择了开放农业。中国—东盟的农业，尤其是水果，基本上属于互补型产品。中国的热带水果产出少，北方人也愿意吃，所以有很大的互补性。早期收获涉及 400 项农产品，双方不经过谈判，基本上属于单向让步。现在，"早期收获"这个概念已经被普遍接受，甚至计划用于 WTO 多哈回合。这应该是我们的一个创新和贡献。

我们面临的第二个问题是如何谈判。构建这样的自贸区，进行谈判也是没有现成的模式，需要创新。针对实际的情况，我们采取了三个非常务实的原则：一是分阶段进行，先易后难；二是区别对待，充分照顾到经济上欠发达的国家；三是逐步提升，渐进发展，在实行过程中"不断加码"。

分阶段是先谈货物贸易，再谈服务贸易，最后谈投资贸易，因为服务开放牵扯双方薄弱部门的安排，投资领域开放牵扯国民待遇等问题。经过多年的努力，我们与东盟的分步谈判已经全部结束，从2010年1月1日开始，中国—东盟自由贸易区开始全面实施。分步谈判的方法后来被韩国、日本以及其他许多国家采用，这也应该是我们的一个创新，对区域合作的发展，尤其是发展中国家之间的自贸区建设是适宜的。

东盟国家内差别很大，东盟本身在进行市场开放安排时重视把老成员与新成员区别对待，给新成员以更多的实施时间。在中国—东盟自贸区市场开放的进程上，我们也是采取了老成员与新成员区别对待的办法，搞两个时间表，分两步走，老成员先行，给新成员3—5年的过渡期。同时，对新成员提供能力建设支持（培训、技术援助等）。

逐步提升加码是一个务实的做法，也不违反WTO的规定。我们基本上是每两年进行一次评估，看进展情况，修订新的开放排表。一些西方国家非议我们的协定不规范，我们有我们的考虑，有我们的现实，我们难以做到像北美自贸区协定那样，几千页，事无巨细，一步到位。我们想的办法是必须适合国情、区情，既符合国际规范，又具有可行性，如果没有可行性，想法再好也没有用。

还有，自贸区仅仅是中国与东盟经济合作框架一个内容，以构建自贸区为核心，积极推动其他方面的合作，比如，设立了10大领域的合作项目，加强农业合作，次区域合作，共同举办南宁博览会等，大大丰富了经济合作的内容和形式。像共同举办永久性南宁博览会，别人没有搞过，我们从零开始，逐步摸索。我作为博览会的高级顾问，亲眼看着这个新生事物一步步成长，目睹着南宁日新月异式发展。

区域自由贸易区具有排他性。中国--东盟建立自贸区影响很大，引起了其他国家的关注。在东亚引起了涟漪反应，日本、韩国都很快跟进，东盟也从中得到启示，构建了多个"10+1"自贸区。我记得2001年中国东盟领导人就建立自贸区达成共识，我的办公室里来了很多日本记者。他们的一个集中的问题是，中国这样做是否是为了在东南亚排斥日本？我的回答是：当然不是。因为，第一，事实上，日本在东南亚的影响力要远远超过中国，从80年代日元升值开始，日本就开始大规模向东南亚发展中国家长期投资。所以，东南亚吸引外资的来源主体是日本，我们不能，也无法排斥日本。第二，中国选择区域战略符合潮流，也考虑可行。我们从容易的开始（easy first），从最现实的领域开始（先货物贸易谈判），我们把东南亚作为首选是基于这样的考虑。中国—东盟自由贸易区开辟了我国参与区域贸易安排的先例，为我们积累了经验，提供了一些可以借鉴的规范。

我国参与和推动区域自由贸易协定的一个重要考虑是获得对方的"市场准入"（market access）。这是因为，尽管我们是WTO成员，但是一些国家为我们设了"紧箍咒"，仍然对中国的出口设限。由于中国变成了"世界加工厂"，出口对中国至关重要，市场的保证是最关键的，自贸区的建立有利于促进出口。在东亚地区，以直接投资为载体的经济链接形成了地区生产网络，其中，中国—东盟是重要基地，打通中国—东盟的市场，有利于生产网络的发展。

三 深化东亚合作也需要创新

在东亚，区域合作进程始于60年代，先由东南亚国家发起，成立了东南亚联盟（东盟）。起初，东盟以政治为核心，后来才重点转向经济，通过推动内部市场开放改善本区经济发展的环境。1992年，东盟启动自贸区建设（AFTA），在行进中逐步深化。东盟内部本来贸易很小，只占总贸易的10%左右，设计贸易区的目的当然有扩大区内贸易的考虑，但是，主要是为了改善经济发展的环境。通过制度安排，推进市场开放，这样，就可以使东盟市场变得更有吸引力，为吸引更多的外资创造一个更好的环境。

中国—东盟自贸区的目标设计要有利于东盟的发展，有利于构建一个更大、更有吸引力的地区发展环境。我们联合专家组研究的一个核心任务是要论证，通过中国—东盟自贸区的建设，可以实现更大的利益。如果双方市场相互开放，变成大经济区，投资就可以在大的经济区内合理分工，合理布局，这样就可以避免投资者在中国或东盟之间进行取舍性的选择。

同时，从发展的眼光看，这也可以有利于吸引中国的投资者到东盟投资。后来的事实证明，这样的考虑是对的。近年来，东盟对中国的出口增长非常快，其中分工产品贸易增长迅速，一些所谓"高技术产品"类，主要是外资在东南亚生产的零部件，中国—东盟之间的市场一体化促进了双方之间的贸易和生产分工。

从东亚地区来说，地区生产网络的形成靠各国市场的开放。除多边市场开放的因素（WTO）外，还有一个因素是各国，尤其是发展中国家的自主开放政策，自主开放政策没有歧视性，提供很多特别便利。但是，签了自由贸易区就出现了歧视，东亚地区一下子搞了那么多"10+1"，各个协定安排不一样，各自对外歧视，这对地区市场来说，造成新的障碍。比如，企业要利用自由贸易区，就需要出示产品的"原产地证书"。"原产地规定"的目的是保护本地生产，以防变成自由港，因而要求产品必须要有一定比例的附加价值或者证明在当地从事了实质性的（形成新的产品类别）生产。中国—东盟的规定是达到40%的附加值才能利用自由贸易区的好处。按说，规定很清楚，但执行起来难。尤其是在生产网络中，一种产品在多处生产，说清楚不容易，再则，证书由政府部门发放，太麻烦。因此，调查结果表明，尽管签了自贸区协议，但是企业利用率很低。

怎么办？理想的办法是把分散的自贸区联合起来，建立一个统一的东亚自由贸易区（EAFTA）。2004年，"10+3"经济部长会议决定成立东亚自由贸易区可行性研究专家组。中国领导人承诺中国牵头，我被推举为专家组组长，主持了由13个国家组成的专家组的研究，2006年我们完成了第一期研究，第二期研究由韩国牵头，于今年完成。两期研究报告都提交上去了，待领导人作出决定。

由中国牵头东亚自贸区的研究，作为地区经济发展领先的日本就有些不高兴。日本有自己的战略考虑，所以在专家组签字的时候就很牵强。专家组的报告是由包括日本在内的13个国家的专家签字的，但是报告一出来，新问题出现了。日本政府提出了自己的版本，不赞成搞13国自贸区，提议搞东亚峰会框架下的16国紧密经济伙伴关系（CEPEA），这样由日本牵头又成立了专家组，后来提出了研究报告。日本提出的理由也很堂皇，东亚自贸区不能排斥另一个崛起的大国印度。

这样就有了"10+3"为基础的东亚自贸区和"东亚峰会"为框架的紧密经济伙伴关系两项研究。这两份报告完成后，都提交给相关领导人的会议，如何做决定看来不是件容易的事情。大家都很清楚，在目前情况下，搞16个国家的自贸区不太现实。这里，主要的原因是规模太大，谈起来太困难，尤其是包括印度在内，有信心者不多，因为印度并没有准备好全面开放市场。从16个国家开始搞东亚自贸区搞不成，按说从"10+3"开始最为适宜，然后扩大，但是，由于战略上的认识和定位不同，各国形成一致的看法很难，东盟这个领导也难以作出决策。

"10+3"东亚自贸区专家组的二期研究报告建议更考虑到目前的现实，提出了比较可行的实施建议。报告建议，东亚自贸区建设从务实需要开始，分步走，先解决重要的问题。重要的问题首先是原产地规定，货物通关便利。比如原产地规定，现在的3个"10+1"自贸区协定有3个标准，企业该何去何从？专家们建议，成立专家组，讨论规定协调统一的问题，涉及的问题有：可不可统一一个标准？可以不可以互相承认？证书的内容可不可以让企业自己定等？日本主持的以16个国家为基础的CEPEA研究报告也提出类似的建议。这样一来又有了问题：既然两个报告一样，为什么不合二为一？要是合起来，就是"合大不合小"，这样，就又是从16个国家的基础开始，结果问题又回到原点。所以，有评论说，日本可能根本就不愿意搞东亚范围的自贸区，故意把水搅浑，因为如果日本不愿意开放农产品市场，就没有办法谈大区域的自贸区。

看来，一个统一的东亚自贸区尽管很需要，但是要变成现实还有很多困难。除了欧盟外，在这样一个大的区域建自贸区没有先例，这里既要有推动的决心，也要考虑实际。除了中日之间需要协调外，东盟本身也是个因素，而且是主要的因素。东盟在建设自己的共同体，设定了目标2015年的目标，但是内部困难很多，东盟要接受一个更大的自贸区，先要看一看自己的共同体建设如何。在多个"10+1"自贸区框架下，东盟可以处于主动地位，在一个更大的自贸区谈判中，东盟需要放下架子，需要平等谈判，需要融入更大的市场开放架构。现在看来东盟还没有信心，也许时机不成熟。

东亚合作本来就不是一个容易的进程，不能想得太简单，也不要因为一下子有困难而失去信心。我从参与东亚展望小组开始，花了10年的时间研究和参与东亚合作进程，越研究参与就越感到困难多，这也不难理解，因为越深入难度就越大。

新的国际金融危机发生后，许多问题需要再思考，构建东亚自贸区也是如此。比如，原来的东亚自由贸易战略目标是有利于地区现有的市场生产网络，即通过进一步开放市场，使得障碍更少、生产更多、出口更多，也就是说有利于本地区进一步扩大市场规模和出口。国际金融危机给东亚地区的面向出口的生产网络带来挑战。鉴于东亚地区的生产扩张主要是为了向外部市场出口，这就需要不断发展强大的外部市场作为依托，尤其是美国市场作为后盾保障。面对国际市场的调整，尤其是美国市场的变化，以出口扩张为目标的自由贸易区设计要重新考虑，要符合危机后经济调整的需要。

未来的东亚自贸区，一是要有利于增加地区内需，二是要有利于创建新的经济增长模式。地区生产网络有利于地区增加内需，增强人民消费能力，就必须结合经济发展政策，社会政策。所以在前述的专家组研究中，我提出把经济合作与经济发展问题作为地区合作的优先考虑目标，这个建议得到大家的认同。地区经济发展合作潜力巨大。比如，基础设施建设，需要作出巨大努力。中国宣布加强与东盟的合作，设立100亿美元的合作基金，再加上150亿美元的软贷款，主要用于地区的基础设施建设，生产结构的转变和环境保护，这几个方面都非常有利于拉动内需，创造新的增长点。把东亚地区经济合作的重点放在新的领域，这样，目标设计必须有所转变。发展中国家原来可利用的发展环境条件正在发生变化，一些原有的制度设计目标也需要进行调整，这些问题都需要我们进行研究。

人们经常把欧洲的区域合作作为衡量一个地区合作成效的标尺，这是不行的。"欧洲一体化"的模式不可能在亚洲复制，这是因为东亚有东亚的"区情"。东亚不能照搬欧洲模式的原因，第一是地区各国间的巨大差别，不仅是经济差别，还有政治和文化差别。

值得注意的是，亚洲的这种差别有着被认同的价值基础。亚洲地区在历史上长期以来一直是多元文化共存，在西方殖民制度进入本地区前，差别就成为各国和谐共存的一种文化价值观。差别是亚洲地区共存共生的一个长期存在的基础，这已经形成根深蒂固的认识，而统一的价值基础却是缺乏的，而且也是不被接受的。我们看东盟，新通过的共同体宪章也是坚持不干涉各国的内部事务的原则，这与欧洲的共同体大不相同。是否可以这样说，欧洲的历史观是否认差别，而亚洲则是承认差别。从这个意义上说，在亚洲，由欧盟那样的区域组织来管理地区事务可能不被各国接受。

中国因素也必须加以考虑。中国的迅速发展和崛起改变了和将会进一步改变地区的基本关系结构。一方面，一个大国崛起过程中大家需要构建新的关系，主要是双边的，地区的有时可能难以发挥作用；另一方面，由于亚洲先是日本崛起，现在是中国崛起，还有印度也在崛起，一个单一的地区组织难以容下这么多崛起的大国，各国的目标也不一致，这也就是为什么有这么多的对话机制，多层并存，各显其能。像中日之间，要是找到协同共处的关系结构还需要时间，能不能找到，需要多长时间找到，还要观察。现在各国都有进行合作的意愿，参与了多层框架，要把所有的框架合成一个，或者同意先有一个框架为主导，逐步扩大，都不容易。合作而不是统一，可能是东亚的一个核心价值。

还要考虑美国因素。东亚合作，尤其是要搞区域共同体，就会改变第二次世界大战以来形成的以美国为主导的关系结构。没有美国参与的东亚共同体使得美国很敏感。美国不高兴，有些事就难办。这是因为，其一，东亚还需要美国，市场上需要，政治安全上也需要，有些国家是美国的盟国，这根绳还断不了，有些出于各种原因，其中也有防范中国一国独大的原因，需要美国的参与。其二是美国的影响力尚在，还有干预力和破坏力。比如东盟，既需要与中国合作，也不希望中国拥有过大的影响，担心中国独大不能保障它们的基本利益。美国在战后相当一段时间为东盟一些国家提供庇护或者巨大的利益，改变现有的框架，有些国家就不高兴，要千方百计拉入美国，制衡中国。我曾经提出，在亚太地区，理想的模式是一个高度一体化的东亚与美国建立平衡的地区关系架构，也可以说是新"太平洋关系"，类似于联合的欧洲对美国的"大西洋关系"，但是，现在看来很难。同时，从中国的角度来说，本身的崛起也改变了地区的关系架构和功能，形成中美直接对话与合作的新关系。因此，从这个意义上说，中国可能不像过去那样需要一个强东亚来平衡与对衡美国（当年，中国第一个明确支持马来西亚前总理马哈蒂尔的"东亚集团"倡议有这个背景)。

说东亚难以复制欧洲的模式,并不是说不能合作。东亚合作还会深化,要用自己的标准来衡量,要通过有东亚特色的方式,能为各国接受的方式来推进,这就需要努力创新。在进程中创新,通过创新推进进程,这可能就是东亚合作之路的秘笈。

对东亚合作发展的再认识[①]

如果从1997年启动"东盟+3"对话合作开始算起,东亚合作已经走过了10多个年头,取得了许多成效,但是,也存在很多有待观察和研究的问题。如何认识东亚的合作?东亚合作向何处走?能走多远?中国的政策取向如何?这既有理论问题,也有现实问题。

一 对东亚合作进程的简单回顾

东亚作为一个地区开展的合作运动历史不长。一般的认为,马来西亚前总理马哈蒂尔在上个世纪90年代初提出的"东亚经济集团"(EAEG)只是一个启蒙,而真正的实践从1997年12月15日召开的东盟—中日韩领导人非正式对话合作会议开始。因为,它导致了"东盟+3"机制的启动。这个机制由对付突然爆发的大规模金融危机开始,其后,合作的功能和范围不断得到扩展。

一个重要的转变是1999年在马尼拉举行的东亚领导人对话合作会议。地区领导人就推动东亚合作的原则、方向和重点领域达成了共识,首次发表了《东亚合作联合声明》。此后,不仅一年一度的领导人会议被固定下来,而且还扩大了部长会议的范围,提出了东亚合作的长期目标,构建了多种合作机制,从而使"东盟+3"机制成了东亚地区各国开展对话与合作的主渠道。

2001年,"东亚展望小组"的报告明确提出,东亚合作的长期目标是建立"东亚共同体",并且为实现共同体勾画了框架和蓝图。按照展望小

[①] 原载《当代亚太》2008年第1期。

组报告的框架，东亚共同体的目标是实现地区的和平、发展与繁荣，由三个支柱构成：一是政治合作，建立机制化的东亚峰会；二是经济合作，建立东亚自由贸易区和东亚金融合作机制；三是社会文化合作，发展东亚人民之间的交往与参与机制。展望小组的报告受到领导人的重视，责成成立了由高官组成的"东亚研究小组"。该小组提出了一系列具体推动合作进程的行动建议。与此同时，展望小组的报告也激发了各界对东亚合作运动的热烈讨论。

从后来的发展看，政治合作进程并没有像东亚展望小组建议的那样，由"东盟+3"框架向更高层次的"东亚峰会机制"过渡。东亚峰会作为东亚合作的另一个新机制涌现出来，扩充了地理上不属于东亚的新成员（印度、澳大利亚、新西兰）。与此同时，东盟、"东盟+1"和"东盟+3"对话合作框架继续发挥功能。

东亚合作进程的第一个实质性进展是在金融领域，从构建双边货币互换机制的"清迈协议"开始，进而发展了具有区域性质的货币金融合作机制。不过，后一个方面目前只走了一小步，把分散的双边机制连接起来，变成具有联动性质的地区的合作机制，并且增大了规模。2007年中国提出建立东亚外汇储备库，各方对这个建议给予了正面反映，对于如何落实，各方还在商讨之中。

关于东亚自由贸易区的建设，主要的进程还是"东盟+1"，无论是中国—东盟自贸区，还是韩国—东盟自贸区和日本—东盟自贸区，都取得了显著的进展，而整个东亚地区的自贸区还未提到议事日程。2004年，"东盟+3"经济部长会议决定成立专家组，就东亚自由贸易区的可行性进行研究，专家组于2006年提出了报告，建议尽早启动谈判议程。这个建议并没有立即得到经济部长们认可，尤其是由于日本提出了在东亚峰会成员基础上建立东亚紧密经济伙伴关系（CEPEA）的建议，使得如何构建东亚自贸区出现了分歧。针对日本的建议，也成立了专家组进行研究，提出研究报告。

在其他领域，主要的形式是功能性的项目合作，启动了许多合作项目，把大湄公河地区的合作（GMS）纳入东亚合作机制，但在区域性的制度化建设方面，进展并不显著。

一年一度的领导人和越来越多的部长会议照开，每年也都提出一些性的倡议，但是，东亚合作的步伐放慢了，东亚共同体的建设流于概念。面对缓慢的进展，与前几年的气氛相比，人们对东亚合作前景的信心，尤其是建立东亚共同体的热情，似乎在降温，在此情况下，有必要对东亚合作的一些基本问题进行深入分析和认识。

二 对东亚合作利益和动机的再认识

（一）经济合作的利益驱动

东亚地区开展合作有着内在的需求和利益基础。金融危机是推进合作的加速器，而内在的基础则是经济发展的相互依赖关系。第二次世界大战以后，东亚地区最引人注目的现象是逐步形成了经济发展上的区域链条：先是日本经济的迅速恢复和发展，接着是四小龙的起飞，再后是东盟经济的快速增长和中国经济的高速发展。这个链条开始由"雁形模式"（日本作为领头雁）构成，其后，在中国经济的影响下（作为投资的链接市场），形成新的"网络结构"（地区生产的交互分工）。

然而，一个突出的特点是，构成东亚经济相互依赖网的主导力量是市场机制，这就不难理解，为什么在发生金融危机后，需要引进和加强各国政府的合作。

按照经典的经济学理论，区域合作的利益基础是通过增加内部贸易（贸易转向和贸易创造）来推动本地区的经济发展。欧洲关税联盟、欧洲经济共同体和欧洲统一大市场就是按照这样的利益基础建立起来的。但是，东亚经济合作深化的基础并不主要体现在这种理论所论证的利益基础之上。

从东亚的现实情况来看，早在1997年发生金融危机之前，地区内部贸易的比例就已经接近50%，金融危机发生后，这个比例一度降低，目前又恢复到50%的水平。金融危机后，区域内部贸易比例的提升不是因为建立了自贸区，而是因为经济回升，也就是说，经济的繁荣推进了东亚地区的内部贸易发展。

那么，什么是启动和支撑东亚合作的利益基础呢？

金融危机发生之前，东亚地区的经济，通过投资—贸易网络使得各个经济体的发展紧密联系起来，在发展上相互依赖。但是，这种关系构造主要是靠发展中经济体自主开放市场和发达经济体、新型经济体的跨国公司依靠市场机制进行的，缺乏共建的地区制度支持和保障，因此，存在着很大的不稳定性，比如，危机一发生，这个网络的内部机制就会发生割裂，一国发生危机，立即扩散，一损俱损，导致地区范围的经济大危机。因此，启动东亚合作的利益基础是救助这个机制，通过经济合作重建被破坏的经济网络，从而奠定经济恢复增长的基础。这就是为什么亚洲金融危机会成为东亚合作的启动器。

"东盟+3"启动的首先是一个政治框架，也就是年度领导人会议和多进程的部长会议。出于东亚的政治现实，这个框架并没有发展成一个单一的东亚对话合作框架，而是几个框架并存：东盟领导人会议、"东盟+1"领导人会议和"东盟+3"会议，还有东亚峰会。这个多层框架结构反映了东亚的利益基础架构现实：还没有一个单一的地区框架可以代表参与各方的基本利益，不过，"东盟+3"的出现，提供了一个构建大地区利益的政治框架。然而，后来以东亚峰会面目出现的"东盟+6"机制使得东亚合作的政治构架变得更为复杂，它凸显了东亚合作政治利益的多元特征。[①]

既然危机发生在金融领域，构建东亚金融合作的地区框架最为必要，也最为可能。"清迈协议"从建立相互支持的货币互换机制开始，进而发展到建立双边互换机制的地区联系机制，再到建立地区的货币储备库，这个发展是顺理成章的。在全球化的发展中，金融领域是走得最快的，全球金融市场的链接，加上新金融手段的发展，一方面使得国际融资变得容易，另一方面，也使得国际金融市场变得比较脆弱。一旦发生金融动荡，就会规模巨大，连锁反应，一国，尤其是势单力薄的发展中国家很难应

[①] 我曾提出，东亚的制度化建设能够为参与各国创造公共产品。也有的认为，区域合作的功能就是提供"区域性国际公共产品"，在东亚地区，各方对这种"公共产品"的定位显然存在分歧。因为他们对区域"共同的需求和共同的利益"有着不同的认知。关于我的观点，见 Zhang Yunling: *East Asian Regionalism and China*, World Affairs Press, 2005, Beijing, p. 12；关于区域性国际公共产品的观点见樊勇明《区域性国际公共产品》，《世界经济与政治》2008 年第 1 期，第 7—12 页。

对。这就需要国际和地区的努力。由于亚洲发生金融危机时国际货币基金组织救助不力，东亚国家不得不聚义自救。然而，从长远看，在国际金融机制不能完全解决像东亚这样的大经济区域经济安全的情况下，地区金融合作是一种必然的选择。在实践中我们也看到，清迈协议框架是与国际货币基金组织的机制密切相连的，最初，90％的货币运作权（条件性贷款）是交给国际货币基金组织决定的，后来，东亚的决策权有所增加，这个比例减到80％。尽管如此，东亚的货币金融合作机制目前也仅仅是国际货币金融机制的补充，而不是替代。

然而，也应该看到，东亚货币金融合作的这种机制是有限度的。如果再走前一步，比如搞地区汇率机制，更进一步说搞地区货币体系（包括货币单位），那就需要很高的地区政治合作构建，显然，东亚地区的合作还缺乏这样的政治利益基础。[1]

那么，金融危机为什么没有成为推动整个东亚市场一体化机制（FTA）构建的动力呢？因为，制度化市场一体化构建需要谈判，要解决的问题更多。应该说，鉴于东亚经济生产网络的发展，这个地区需要一个统一的市场制度化安排，但是，就近期的需要和可行性来看，可能并不是努力的重点。这出于以下几个方面的原因：

首先，东亚经济的链接和生产网络构造是建立在两个机制基础上的：一是发展中国家出于吸引外资的需要，自主开放市场，这不仅使得主要产品的关税大幅度降低，而且还提供经营上的更多优惠；二是发达国家和新兴经济体的公司进行产业结构转移，大力发展在开放的经济体的投资经营。这两个方面的互动推动了地区投资贸易的增长，在很大程度上润滑了地区内部市场机制的运作。亚洲金融危机发生后，投资放慢和内部贸易增长减速并不是因为东亚国家从开放的政策后退，而是因为经济环境恶化（经济增长降低和金融支持能力萎缩甚至崩溃）。

事实上，2000年中国向东盟提议构建长期经贸安排的初衷并不首先是

---

[1] 积极推动亚洲货币单位（ACU）的是亚行，按照设计，开始只用于显示亚洲以贸易为权重的货币计量变动趋势，这个计划推迟。关于东亚货币合作的讨论见高海虹《当前全球美元本位：问题及东亚区域解决方案》，《世界经济与政治》2008年第1期，第76页。

出于构建更为一体化的内部市场，而是着重于通过制度安排构建稳定的政治经济关系。①这也就是为什么在中国与东盟没有谈成货物贸易协定之前，双方的贸易就出现连年的大幅度增长。而日本与韩国分别加紧与东盟谈判自贸区，初始动机主要是跟进战略，因为它们担心，如果不跟进，它们在东盟市场的利益就会受到中国的排挤，因此，东亚地区近年的这种自贸区发展呈现一种"竞争性的开放"（competitive liberalization）。

再从东盟自贸区的安排初衷看，其目的并不主要是增加内部贸易，而是改善内部的市场环境，利于吸引更多的外资。②这也就是为什么一些人用经典的理论来衡量，认为东盟自贸区不成功，因为东盟的内部贸易发展缓慢，经过10多年，其区内贸易才占到1/4。

当然，我这里的观点并不是说整个东亚自贸区（EAFTA）不必要，而是强调在构建自贸区的利益基础上，各国所考虑的重点和出发点是不同的。不过，目前出现了新的情况，由于多重自贸协定的出现，原来靠自主开放与公司投资战略所构成的地区内平滑互动机制正在遭到破坏，比如，人们最担心的是多重"原产地规定"（rule of origin）的障碍，③ 因此，在这个意义上说，推进东亚自贸区进程的新利益驱动正在形成，这可能成为推动东亚自贸区建设的一个新动力。④

再则，东亚大多数为发展中国家，发展中国家之间构建合作机制一个重要功能是提高交易的便利化程度，改善经济交往和经济发展内的环境条件，这既包括软件，也包括硬件。从软件方面来说，主要是清理相互矛盾制约的法规，制定协调的，或者是一致的规制，减少和消除政策障碍，提

---

① 2000年中国加入世贸组织谈判完成，东盟担心中国的吸引力进一步增加，外资更多流入中国，不利于其经济的恢复。中国认为，通过一个长期的经贸安排，可以有助于减少东盟对中国的担心和改善与东盟的关系。而东盟方面认为，与中国的这种安排会增加东盟地区对外资的吸引力，也可以利用中国的市场。见《中国—东盟专家组报告》。

② Chia Siowyue: *Regional economic Integration in East Asia: developments, issues, and challenges*, in Koichi Hamada, Mitsuo Matsushita Chkrara Komura edtied: *Dreams and Dilemmas*, LSEAS, Singapore, 2000, p. 25.

③ "面条碗效应"，指各种不同的规则，像放在一个碗里的面条一样，相互缠绕在一起，分不开，理不清。这样，使得企业利用东亚市场更难，增加经营成本。

④ 这个新动力受到东亚政治利益驱动的限制，一是东盟本身，担心失去在"东盟+"框架中的主导权，二是东亚峰会框架的出现使东亚的地域范围扩大，导致东亚国家间的认知与战略分歧。

高管理机构的效率。对于东亚国家来说，非关税障碍对经济活动的制约远远大于关税（尤其是在最活跃的制造业领域，关税自主减让的程度已经很高）。从硬件方面来说，主要是通过合作构建地区的公路、铁路、航线、海运网，以及与这些交通网络相配套的基础设施。在很多情况下，路通了，交往就有了，经济也就发展起来了，经济的发展就又促进了经济交换活动。因此，改善基础设施，构建地区基础设施网络所产生的经济活动（贸易、投资、旅游等等）和经济效益（增加经济总量）往往要比传统的开放市场（降低关税）大得多。也就是说，一则，贸易的增加不是因为交易成本降低，而是交易环境改善；二则，内部贸易的增加不是由于贸易转向，而是贸易释放（从没有到有）。由于提高交易的便利化往往不需要艰苦的谈判，而是靠建立在合作意愿基础上的共同行动，因此，较之一揽子谈判的方式，合作可以分步、分散进行。当然，涉及基础设施的建设，需要大量的资金，工程筹资往往成为一个关键的环节，因此，这方面的安排需要有经济发展合作机制来推动，这一方面需要发达国家，或比较发达的国家向欠发达的国家提供援助，另一方面也需要非地区成员的参与（国际组织，区外国家）。

基于上述原因，东亚国家的自贸区（FTA）已经不是传统意义上的市场一体化安排，而是一种带有综合功能的经济合作机制，或称之为紧密伙伴关系安排（Close Economic Partnership, CEP）。比如，中国—东盟之间的这种安排就是先签署了一个经济合作框架文件，包括自贸区，经济合作，农业合作，早期收获安排，日本与东盟国家的自贸区协议包括了大量的制度化内容等。

（二）东亚合作的动机驱动

东亚合作具有政治含义，需要政治认知的驱动。东亚合作有利于东亚地区各国之间政治关系的改善。出于多方面的原因，东亚地区各国之间存在着许多历史的和现实的矛盾，"东盟+3"机制提供了一个平台，使各国可以通过对话加深了解和理解，增加合作，进而改善关系。比如，韩国希望借东亚合作解决朝鲜半岛问题和南北的和解统一问题；中日韩三国的领导人的对话是在"东盟+3"这个机制下启动的，这促成了三国领导人发表合作宣言。中国—东盟之间以经济合作为契机，推动了南海领域的合作，确立了战略合作伙伴关系。从发展的角度看，这些发展将可能会进一步推动东亚地区建立更加稳定、更加紧密的政治合作关系框架。

迄今，东亚地区的合作出现了一些鲜明的特征：

其一，合作从务实需要开始，不设定政治目标，实行平等参与和协商，发展多层合作框架，地区合作进程更多地体现为一种"功能性建设"(functional institutional building) 特征。①

其二，东盟成为东亚合作的核心拉动机制，成为东亚合作机制发展的孵化器。东盟有着通过建立地区合作机制把各个不同的国家纳入到一个地区合作框架之中的经验，这个经验延伸到东亚地区具有重要意义。②

其三，实行"开放的区域主义"。东亚经济上依赖外部市场，因此，在发展本区合作的同时，也与区外国家进行合作，允许地区成员各自发展符合本国利益的对外合作安排，比如自由贸易区建设，表现为区内区外并存的多层架构；在安全上，认可现有的双边合作或结盟关系，创建不与其对立的平行合作框架。

"东亚共同体"这个概念是由东亚展望小组提出来的，后来被广泛接受，在各个场合下使用。但是，对于构建东亚共同体，大家谈得最多的是"共同体建设"(community building)，而对有关共同体的体制、性质、目标等一些基本问题，参与各方并没有进行深入讨论，因此，也就没有共识。

我在较早的一篇文章中提出，把东亚合作作为一个进程来对待，其作用是通过合作为地区各参与方制定共同接受、认可的行为规则。因此，东亚共同体建设不是旨在建立一个具有超国家管理职能的超级地区组织，而

---

① 有的认为，东亚共同体建设就是走功能性合作的道路，见东南亚有影响的专家 Jusuf Wanandi 说法，toward East Asian community building, APAP, JCIE paper, 2004, p. 12。

② 东盟被视为是一个主权国家组成的"乐队"(concert of states)，和平共处，稳定与繁荣，以伙伴的精神团结在一起。按照东盟的理解，制度化建设 (instituttionalism) 并不是要建立超越国家的强有力的、居于中心的地区制度，"东盟方式"强调的是一致性，不干涉，采取的是非约束性的计划，指导性的原则，国家是决策的主体。见 Simon SC Tay, Jesus Eatanislao, Hadi Soesastro: A new ASEAN in a new millennium, Center For Strategic and International Studies, Jakarta, 2000, pp. 159 - 160、181 - 182。

是在发展各国共同或者共享利益基础上，构建新的地区关系和秩序。[1]这就是说，把共同体建设这个进程作为一种工具，作为一种共同接受的精神，推动基于共同利益的区域合作。

从参与各方的认知和战略来看，对东亚共同体建设没有形成强有力的目标一致的合力。从动机上来分析，一个地区要推动实体性共同体建设，可能会受到两个动机的推动：一是这个地区的国家共同受到外部的威胁，必须组织起来，共同御敌；二是存在内部的威胁，通过成立地区组织来消除内患。东盟的成立被认为是受到前一个动机推动的，[2]而欧盟（从欧洲煤钢共同体开始）是受到后一个动机推动的。[3]那么东亚呢？显然这两个动机都不突出。有的认为，东亚合作的动机是把上升的中国吸纳进地区体制，[4]这个说法显然不能被中国接受。

作为启动东亚合作进程的东盟，在建立东亚共同体上是不主动的。东盟本身制定了在2015年建成三个共同体的目标，至少在完成本身的目标之前，或者在此之后，不会推动把自己吸收进去的统一的东亚共同体。就东盟的动机来说，它是用建设东亚共同体来取得地区其他国家对其建设共同体的支持。而保持多层"东盟+"这个大框架，对东盟是最为有利的。[5]日本是建立东亚共同体的一个关键国家。2003年，在东盟与日本举行的首脑会议公报里，第一次提出双方共同努力建立东亚共同体，但是，并没有对共同体本身进行规划。尽管日本接受了东亚共同体这个概念，但

---

[1] Zhang Yunling: *East Asian Regionalism and China*, World Affairs Press, 2005, Beijing, p. 12.
[2] 东盟的成立动机被认为是政治的，是为了抵御外部共产主义的威胁。见 Chia Siowyue: *Regional economic Integration in East Asia: developments, issues, and challenges*, in Koichi Hamada, Mitsuo Matsushita Chkrara Komura edtied: *Dreams and Dilemmas*, LSEAS, Singapore, 2000, p. 28. 20世纪90年代初，马来西亚前总理马哈蒂尔提议成立东亚集团的一个理由是在西方主导的世界，东亚必须联合起来，捍卫自己的利益。但是，这个认知并不为所有的东亚国家所认同。
[3] 欧洲联合的动机是为了消除发生新的战争的根源，把德国融入欧洲。尽管欧洲联合的动机比较复杂，其中也有抵御苏联威胁的动机，但是，防止战争，把德国并入一个联合的欧洲，复兴经济被认为是主要的动机。见皮埃尔·热尔贝《欧洲统一的历史与现实》，中译本，中国社会科学出版社1989年版，第53页。
[4] Hitoshi Tanaka: *East Asian Community Building: toward an East Asia security forum*, East Asia Insights, Vol. 2. No. 2, 2007, p. 2.
[5] 东盟前秘书长王景荣2007年10月在上海举办的一次会议上清晰的表达了这个意思（本人参加了会议，王没有提供正式的论文）。

是，日本对东亚的定位并不仅仅局限于地理上的东亚，尤其是，日本通过推动东亚峰会的建立，使东亚的概念被扩大了。[1]尽管印度、澳大利亚和新西兰被纳入东亚合作的框架，但是，它们对东亚共同体的建设有自己的认知。比如，印度成为东亚峰会的成员，但是，它所主张的是建立亚洲经济共同体，而不是东亚共同体，这可以理解，因为印度不是东亚国家，但却是亚洲的大国。[2]澳大利亚和新西兰承认主要利益在东亚或亚洲，但是并不认为自己是亚洲国家。中国是东亚大国，这个地区在经济、战略利益上对其具有重要的意义。但是，中国对建立东亚共同体并没有清晰的战略。在东亚展望小组的工作初期，中国对建立东亚共同体这个定位是持怀疑态度的，后来尽管接受了这个概念，并且在许多场合（包括东盟＋3的官方文件）都支持东亚共同体的建设，然而，中国的努力重点是推动东亚各种形式的功能性合作。

上述分析表明，东亚合作目前和今后一个时期的努力是基于现实利益基础上的务实合作，推动这个进程的动力机制不是建立一个目标明确的具有实体功能的东亚共同体组织。因而，东亚合作的进程在利益上，表现为鲜明的选择性，在支持机制上体现为灵活的多层性。

三 对东亚合作未来走势的分析

对未来一个时期发展趋势的判断

基于以上分析和认识，我们对东亚合作目前的形势和今后一个时期的发展趋势就比较容易把握。对于未来一个时期的发展，我们可以从2007年末发表的"东盟＋3"领导人的会议声明和行动计划看出主要的趋势。这里不妨把这两个文件的要点归纳解读如下：

其一，建立东亚共同体是一个长期的目标，认同"东盟＋3"机制是推进东亚共同体建设的主渠道。鉴于这里"共同体"是小写，而不是大

---

[1] 日本人强调，共同体成员应该享有共同的价值观，东亚缺乏这样的基础。见田山襄《应争取签订自由贸易协定》，日本经济新闻，2005年12月29日。

[2] K. Kesavapany: Building the Asian Community: India's Role, New Asia Monitor, RIS, April, 2005, pp.1—5.

写,它表明,东亚共同体仍然被认为是一种机制,或者说一种合作载体,而不是一个实体性的地区组织。东亚一体化被确定为"是一个开放、透明、非排他性和基于互惠利益的进程"。加强东盟+3进程的主要努力是推进在政治与安全领域,经济与金融领域,能源、环境、气候与可持续发展,以及社会文化与发展领域的功能性合作。

其二,落实领导人声明的工作计划,着眼于发展各个功能领域的合作。在经济与金融领域,并没有为东亚自贸区设定时间表,也没有确定范围、模式,只是承诺继续作出努力,重点的努力看来是在便利化(海关程序等),在金融领域,计划比较具体,比如通过清迈协议的多边化,建立地区流动资金支持机制,进一步发展亚洲债券市场,其他的合作,几乎涉及各个方面。在制度化建设方面,新的进展是仅仅在东盟秘书处内设立东盟+3处(UNIT),建立合作基金。值得注意的是安全合作有所扩大,尽管只是加强军事人员,军事培训机构之间,研究机构之间的交流,在反恐,防止大规模杀伤武器等方面进行合作,但是,这毕竟是一个显著的突破,因为安全领域的合作不仅涉及非传统安全领域,也涉及传统安全领域。[1]

这两个文件表明,未来10年,以"东盟+3"为主渠道的东亚合作进程是沿着充实合作内容的方向推进,在合作的制度化建设上,没有明显的突破。

关于东亚自贸区的建设,可行专家组的研究报告建议被束之高阁。尽管东盟与中国、日本和韩国的自贸区谈判基本完成,应该说具备了进一步推进的条件,但是,看来近期推进的动力不足。中日韩已经决定先谈判投资开放协定,如果顺着这个路径走,那么就可能要接着谈判物品贸易协定和服务贸易协定,这是需要时日的。如果东亚自贸区的建立是以东盟共同体的建成和中日韩自贸区的完成,那么,建立东亚自贸区的进程会大大推迟。因此,还是需要有新的推动动力,才可以使其前进。

前面的分析表明,在东亚经济网络的构建中,非自贸区的合作的必要

---

[1] Second Statement of East Asian Cooperation, ASEAN plus Three Cooperation Plan, Nov. 20, 2007, Singapore.

性和其带来的利益更为发展中国家所关注。尽管分散的自贸区协定所造成的新交易障碍（原产地规定）对区内经济一体化发展构成制约，增加了经济交往的成本，但是，这还不足以构成把东亚自由贸易区提上近期日程的驱动力。尤其是，东亚奉行开放的区域主义，参与成员可以进行不受区域限制的多重利益选择，在本地区存在很大困难的情况下，就会转向更容易的区外安排。比如，韩国宁可先选择与美国谈判自贸区，再选择与欧盟谈判自贸区，而把与日本的自贸区谈判撂在一边。同时，由于东亚国家缺乏达成共识的区域定位，尤其是缺乏区域优先的政治利益共识，因此，东亚自贸区缺乏强烈的政治意志推动。

如前所述，金融领域的合作可能会走得快些，但是，在构建实体性的地区金融货币合作机构方面，还是难以取得大的进展的。这就是为什么在"东盟+3"的今后10年合作计划中，并没有设计新的制度化突破，而是沿袭原有的机制进一步发展。比如，关于建立东亚汇率协调机制的呼声很高，如果要真正推进，存在很大困难，因为这需要东亚合作政治水平的提升。看来，主要的进展可能会是润滑清迈协议的运行机制，使其具备更大的货币资金能力和机制运行能力，以及扩大地区债券资金的规模。至于所需要的监督机制，可能需要逐步，看实际情况来推动。

在今后一个时期，便利化和经济发展合作，尤其是改善地区经济发展的基础设施硬件与软件建设，发展与地区生产网络相适应的地区基础设施网络（陆、海、空），服务网络，应该是区域合作推进的重点，在这方面，可以从大地区、次地区两个层次推进。目前，已经有大湄公河次区域合作机制，这个机制的重点是改善基础设施，推行交易便利化，还可以再设计几个这样的次区域合作项目，比如中国提出的泛北部湾区域合作，还可以把图们江合作项目提到东亚合作的议事日程上来。在大区域合作方面，重要的是构建东亚基础设施网络，连通区内和本区与区外的通道。

东亚合作的进程仍然会是由东盟来驾驭的（driver）。但对东盟来说，未来一个时期，其主要努力是自身的建设，即完成建立三个共同体的目标。这样，东盟必然会对推动整个东亚的制度化建设持消极态度。在这个过程中，东盟会继续热衷于稳固由它主导的"东盟+1"机制。它还没有准备好推动整个东亚的自贸区，除非中日韩共同着力推动，如果靠东盟自身，至少在 2015 年前不会这样做。因此，靠东盟领导东亚走向深层制度合作，至少在相当一个时期内很困难；

日本在东亚合作的战略与目标上仍然会是摇摆的。一方面，它被束捆在"东盟＋3"的这个主渠道上，另一方面又心猿意马，寄希望于"东盟＋6"上，甚至还要考虑美国的关注。"东盟＋3"有着日本的基础利益，无论是经济还是安全，因此，日本不敢怠慢；但同时，它又想跳出"东盟＋3"这个狭窄框架，取得战略上的更大空间。正因为这样，日本一些人提出，东亚合作不是以地理框架为基础，而是以价值和利益共享为基础。日本政府出钱建立了以"东盟＋6"为基础的研究机构（ERIA），试图以建立紧密经济伙伴关系（CEPEA）为基础，构建亚洲版的经合组织（OECD）。[①]

东亚峰会目前还是沿着战略性合作的定位行进的，但是，这个战略性论坛越来越具有实质性的合作内容。比如，两次领导人会议就能源、气候变化达成了实质性合作协议，在关于应对气候变暖的合作上，甚至制定了具体的减排目标。看来，东亚峰会机制不仅仅停留在战略性论坛的层次，而是在涉及各国重大利益的领域推进合作，从日本、印度、澳大利亚、新西兰，甚至还有东盟的少数国家，会进一步推动 CEPEA 构想的落实。

因此，我们可以对东亚合作未来的大走势作出以下基本判断：

其一，东亚合作已有的框架还会维持，并且会有所发展。鉴于区域合作对各国有利，因此，各国还会积极参与东亚合作的各种机制，并且利用这些机制，提出符合各自重要利益的倡议。不过，在建立东亚共同体这个区域主义的深化标志上，政治基础和理念认同还很缺乏。在未来的发展中，各国的政治动机和政治认同是东亚合作能否走向深入的一个关键。从东亚地区的现实来看，尽管区域合作可以为各国提供参与上的利益，但是，各国自己的利益与战略设计还是占主导地位的，在一个时期内，难以形成一个强有力的区域合力机制。[②]加上东亚合作存在多层对话合作架构，

[①] 这个研究机构的名称为"Economic Research Institute of ASEAN and East Asia"，简称 ERIA；日本提倡的紧密经济伙伴关系为，"Close Economic Partnership of East Asia"，简称 CEPEA。

[②] 比如，印度加入东亚合作进程，成为东亚峰会成员，但是，由于印度在地理上并不属于东亚，它所着力推动的不是东亚共同体，而是泛亚洲共同体。

人们对"东亚"的合作是以区域定位,还是以功能定位会继续存在分歧,因此,从总体上,东亚合作机制在今后一个时期,整个区域层次上的制度建设不会出现明显的提升。按照目前的设计,以"东盟+3"为基础的东亚合作的下一个10年主要还是扩大功能性的合作(领域合作),而不是推动共同体的制度化建设。

其二,以"东盟+3"为基础的东亚合作的原始动机是应对金融危机,共同的利益基础是经济上的相互依赖,即由投资链接的生产网络和以此为基础的区内贸易以及经济增长联动机制,然而,这种以市场为基础的利益基础是离散型的,利益分布不均等,要求也不一致,因此,各国对推动整个东亚地区的自贸区合力比较弱。原来设想,东亚自贸区以三个"东盟+1"(中日韩)自贸区协定为基础,现在东盟的"东盟+"自由贸易协定范围(已经签订和正在进行谈判的)已经包括所有的东亚峰会成员,正进一步扩展到欧盟、美国等,因此,东亚自贸区的架构范围变宽;加之日本公开表示不赞成东亚自贸区以"东盟+3"为基础。根据这种情况,看来,在今后几年内,在构建东亚自贸区上,要形成合力推动还有不少困难,东盟不可能不考虑日本的关注,也不可能把印度、澳大利亚、新西兰撇下不管,要是推进,也会是一个灵活、渐进的方式。目前,各国还是把主要的精力放在更符合自己利益,更具有选择主动权的双边自贸区建设上。

其三,在金融合作方面,在"清迈协议"的推动下,东亚13个国家签订了双边资金互助协议。在双边协议签订之后,各国已经就双边协议的多边化(双边协议链接)达成共识。不过,再往前走一步,比如建立东亚货币基金体系,会遇到很大的困难,更不要说建立单一货币(比如,亚元)了。货币金融合作需要高度的政治合作基础和其他与之相适应的地区合作制度化建设,金融合作单项提升水平很难,因此,地区货币金融合作的深度发展甚至比自贸区的建设更困难。因此,金融货币合作还是以功能性建设为主要的方向。

总之,东亚合作的进程尚处在初始发展阶段。东亚合作是否会最终实现建立一个统合的东亚共同体,还是很难定论的事。东亚共同体也许更多的体现为理念趋近(协商、对话、协调、合作的和谐处理关系方式),一种地区关系的协调架构(由各个功能性的合作机制构成),而不是一个单一地区组织（organization）。

四 中国的区域观与政策

中国是一个地区性大国，与 20 多个国家毗邻而居，因而，中国有着很强的地区观念。长期以来，中国的区域观所追求的主要是周边稳定，有一个和平与和谐的共处环境，这在当今中国的和平发展总体战略中体现得更为明显。

实行改革开放政策以后，中国把改善外部的环境作为对外政策的重点，其中包括重点之一是努力改善与邻国的关系。冷战的结束使中国所处的环境格局发生了重大转变，使长期以来所形成的与邻国的对立、对抗关系消解。同时，经济发展上的成功大大增强了中国的国力，使中国重新成为一个地区强国。在此情况下，中国取得了自主思考、设计和运作地区关系与环境的能力，由此，中国新的区域观开始滋长。中国的新区域观表现为以下几个特征：

其一，重视构建有利的和平发展环境，同时也特别重视发展的利益，也就是说把构建和平环境与经济发展统筹考虑。比如，中国不仅积极推动与邻国的边界谈判，发展伙伴关系，而且，也重视从邻国引进资金技术，开拓地区市场，开发当地资源，推动本国企业走出去等。

其二，稳妥地，有选择地推进区域合作的制度化建设，在与邻国构建经济合作机制以及区域合作组织的建设方面表现得更有进取性，比如，推动建立双边和区域的自由贸易区，参与和组织地区合作组织或机制（像亚太经合组织，东亚合作对话机制，尤其是上海合作组织等）。

其三，倡导平等参与、协商、合作和共同发展的地区新秩序。比如，中国提出了以对话、协商、合作为理念的"新安全观"，提出"以邻为伴、与邻为善"，"安邻、睦邻、富邻"的政策，积极推进和谐地区的建设。

其四，赞同"开放的区域主义"。中国的经济开放是面向世界的，以世界市场为依托，因此，中国首先寻求的是加入国际性组织（如 WTO），进入现行的世界体系，而区域政策是在完成加入世界体系进程之后进一步明晰和加强的。比如,中国提议与东盟建立自由贸易区就是在成为 WTO 成员之后。在这里,区域安排是开放型的(不仅限于本地区),是与全球化相辅相成的。

中国的新区域观强调平等参与,重视协调与合作,新的区域合作机制和关系秩序并不主要由中国的地位和力量来维持,中国只是一个参与者,一个举足轻重的参与者。从本质上说,这种秩序是开放型的,承认和允许其他国家的参入(地区成员可以与多个地区和国家建立合作关系),并且不谋求改变已经存在的关系架构。

尽管中国参与的第一个区域合作机制是亚太经合组织,但是,真正使中国增强区域合作意识的是东亚的地区合作进程。中国地处东亚,一方面,这个地区的发展涉及中国的核心利益,其局势和地区关系结构历来对中国的生存发展影响极大,另一方面,中国也对这个地区的发展有着极其重要的影响,是地区局势和关系结构中的最重要组成部分。因此,在中国的区域观中,东亚区域观占据非常重要的位置,在很大程度上说,是核心的部分。

在"东盟+3"的东亚合作机制中,第一个提出构建中国—东盟自由贸易区计划;第一个签署东南亚和平友好条约;主动提出承办第二次东亚峰会;[①] 牵头组成"东盟+3"专家小组,研究建立东亚自由贸易区的可行性;积极推动清迈协议合作机制下的双边互助协议多边化,提议建立地区外汇贮备基金,……中国成为推动东亚合作的一个中坚力量,不仅表现出高度的自信,而且体现出可贵的务实精神。中国不仅积极推动东亚的经济合作和制度化安排,而且也对开展政治、安全合作持开放态度。

中国接受了东亚共同体这个概念,但是,对于共同体,中国有自己的理解。按照我的理解,中国理念的"共同体"可能主要是一种协商、协

---

① 按照原来的构想,"东亚峰会"是替代"东盟+3"领导人对话会议的一个提升机制,第一次由马来西亚承办,中国提出承办第二次。但是,经过复杂的协商,"东盟+3"机制不变,新创立的"东亚峰会"(East Asia Summit)吸收了印度、澳大利亚、新西兰参加,由16个国家的领导人组成,成为推进东亚合作的一个论坛。

调、合作的和谐地区秩序，而不一定是一个具有管理功能的地区组织。①在构建这种秩序进程中，中国既注重双边关系，也注重地区关系，制度化安排主要体现在功能性建设上。②

尽管东亚地区经济发展上形成了互相连接的紧密关系，但是，发展不平衡，穷富差别很大，中国作为一个发展中的国家进入发达国家行列还有很长的路要走，地区制度化安排必须符合本国的利益，有利于本国的发展，适应本国的承受能力，因此，地区经济制度化建设只能先易后难、循序渐进。中国在与东盟建立自由贸易区的过程中，创造了"早期收获"模式，对市场开放的顺序采取了渐进式（不同时间表），分步走的方式（先货物贸易，后服务和投资）。中国支持一个统一的东亚自由贸易区建设，这对中国和地区都是有利的，但是，并不急于求成。

东亚地区政治安全形势依然复杂，不同的政治关系和安全架构使地区存在严重的分割。中国的发展和实力提升有助于地区的稳定和力量均衡，但是也产生新的矛盾（比如，对付中国的崛起），因此，必须发展政治与安全合作。因此，中国希望政治安全领域的合作与地区机制化建设也能够逐步得到发展。这种发展不是针对第三方的，而是为了改善本地区关系的。考虑到东亚的实际情况，新机制的建立不是为了替代现有的体系，而是对现有体系的补充和修正。

"东盟+3"合作框架是东亚合作的主要载体，中国把它作为参与和推动东亚合作的主渠道。但东亚并不能涵盖中国的全部区域利益。涉及中国重大利益的近邻地区还有南亚、中亚，以及俄罗斯（这里，可以把该国作为一个地理区域对待），还有更大范围的亚太地区。因此，尽管中国重视东亚地区的合作，但是，仅仅参与和推动东亚的合作还不够。从这个角度来说，中国也许并不希望仅把自己紧紧捆绑在东亚合作一个机制上，尤其是一个具有实体功能的地区组织上。从这个视角，也许可以解释为什么中国的共同体理念追求的是一种和谐秩序，而不必是一个强化的区域组织。

---

① "东亚共同体的建设并不是要寻求建立一个超级地区组织，对地区事务进行管理，而是在于建立一种新的地区秩序，这种秩序是建立在所有地区成员拥有共同或者共享利益的基础之上的。"见张蕴岭《East Asian Regionalism and China》，英文版，世界知识出版社2005年版，第12页。

② 上海合作组织应该说是一个以功能合作作为出发点的特殊区域合作组织。

从这个意义上说，中国的区域主义观和执行政策是灵活的和务实的。

因此，对于中国来说，东亚合作被看成是一个循序渐进的进程，所谋求的稳定和良好的地区关系，有利于可持续发展的地区合作机制，而不是取得地区霸权或支配地位。[1]同时，鉴于中国是一个大国，是一个陆地—海洋国家，一方面这要求它把地区参与和全球参与统筹起来，这里，全球参与的含义既包括全球性的国际组织，也包括世界的其他地区；另一方面要求它在区域概念上有更宽泛的含义，比如，海洋区域延及美洲，大洋洲和印度洋地区。从这个意义上说，中国的区域战略和政策是全方位的，区域参与是多重的。

鉴于东亚地区的合作并不是向欧洲那样作为单一的区域主义理念，因此，继续保持一种多层架构特征符合中国的利益。这样，在"东盟+3"这个框架内，支持东盟发挥领导作用，在推进功能性的领域合作项目上下工夫（包括合作领域的扩大）更符合中国的利益。同时，中国国内艰难的改革与转变对其本身参与区域的制度化能力形成限制，一种以协商、共识为基础的合作框架对中国来说更能容易接受。

东亚合作发展起了"东盟+1"，"东盟+3"，"东盟+6"，以及"东北亚3国"多个层次，东亚峰会的参与国家超出了东亚地理范围，但是，这也许与中国的大区域观不矛盾，印度是近邻，澳大利亚与中国有着新兴的战略利益（资源），与它们在区域的框架下建立起合作机制，符合中国的利益。这样，对于印度推进的亚洲合作（亚洲经济共同体），中国也会持开放的态度。当然，如果东亚峰会参与成员进一步扩大，甚至邀请美国等参加，那么，就另当别论了，要看如何构造，向何处发展。

---

[1] 一些美国学者用国际关系的现实主义理论作为指导，总是认为中国的地区战略是为了确立地区霸权和把美国赶出地区。见 David Shambaugh: Power Shieft-China and Asia's New Dynamism, University of California Press, 2005, pp. 9—10。

探求东亚的区域主义[①]

东亚作为一个地理概念，一般是指东北亚 5 国和东南亚 10 国。东亚作为一个地区首先是地缘上的连接，各国被陆地和海洋连接在一起，各国毗邻而居，形成了天然的联系、共存的利益。东亚作为一个地区逐步发展起到了共生的经济、政治、安全、社会文化关系，形成了越来越多的共享利益，因此，东亚合作有着东亚区域主义的内在基础。但是，东亚国家之间的巨大差别，历史的纠葛与现实尚存的矛盾等使得东亚的区域主义根基脆弱，共识不强，目标不明。对于目前具有区域主义性质的地区合作究竟如何发展还难于定论。东亚地区合作的内在意义在于其自身发展的过程，只要这个过程沿着正确的方向发展，就会产生理想的结果。

一 东亚区域主义的兴起

东亚区域合作的思想由来已久。从历史上看，最早提出东亚区域主义思想的是日本人。明治维新后的日本开始强大，希望以区域合作来对抗西方的强势，保卫和扩大自己的利益。因此，19 世纪中后期，许多有影响的日本人都先后提出和积极推动"亚细亚主义"、"东亚同盟"等。但是，日本的东亚区域主义后来走向了极端，成为推行军国主义的工具和借口。中国的一些志士仁人，如孙中山等，也曾经提出以东亚合作来抵御西方的列强殖民，把中国从列强瓜分的灾难中解救出来，但是，势单力薄，也只是说说而已。第二次世界大战以后，日本战败，东亚分裂，有关区域主义的

[①] 原载《当代亚太》2004 年第 12 期。

说法销声匿迹。

20世纪60年代，在东亚地区有关区域合作的呼声渐起，最早也是来自日本，但主要是"亚太区域主义"，经济上崛起的日本需要与美国建立紧密的联系，后来亚太合作逐步得到澳大利亚、韩国以及美国等的支持。这股亚太区域合作思潮推动了一系列机制的建立，从太平洋经济合作委员会（PECC），到亚太经合组织（APEC）。

20世纪90年代初，有关东亚区域的概念凸显。最引人注目的当然是马来西亚总理马哈蒂尔提出的有关建立"东亚经济集团"的倡议（后改为东亚经济核心论坛）。马哈蒂尔的初衷是面对欧洲一体化的进展和美国的经济霸权，东亚地区应该联合起来，争得自己的利益。马哈蒂尔的这种思想带有一定的传统的东亚区域主义痕迹（反对西方控制）。但是，它的这种思想也不是没有根基的，因为东亚作为一个区域经济体已经形成，并且被国际社会所确认了，最有影响的当属世界银行的一篇"东亚奇迹"的报告。此后，有关东亚区域发展的概念逐步增多。

东亚作为一个区域集合在国际舞台上出现是1995年亚欧合作会议的召开，东亚地区的东盟成员与中日韩一起与欧盟国家作为两个区域集体建立了合作框架。不过，真正启动东亚合作是在亚洲金融危机发生之后。1997年12月15日，东盟—中日韩领导人（当时是"9+3"）非正式会议在马来西亚首都吉隆坡举行，这是一次具有深远意义的会晤。尽管当时领导人会议的主要议题是如何应对亚洲金融危机，但它却成为推动这个地区合作的一个新起点。次年，在马尼拉举行的东亚领导人会议就推动东亚合作的原则、方向和重点领域达成了共识，首次发表了《东亚合作联合声明》。此后，不仅一年一度的领导人会议被固定下来，而且还逐步增加了多个部长会议，使"10+3"机制（东盟10国加中日韩3国）成了东亚地区各国开展对话与合作的主渠道。

尽管"10+3"还是一个以经济合作为主题的地区对话机制，但是，在这个机制框架之下取得了许多实质性的合作成效。

在金融合作方面，通过"清迈倡议"，建立了地区货币合作机制。"清迈协议"的基础是双边货币互助互换，即通过签订双边协定，在对方出现资金困难或受到资本冲击的时候，签约方向对方提供援助。重要的是，

"清迈倡议"为未来东亚地区发展更高层次的地区金融合作机制提供了一个基础。

在贸易和投资方面，尽管涵盖整个东亚地区的自由贸易区计划尚未开始，但是，在地区合作框架下的一些重要的发展还是很有意义的。首先是中国—东盟自由贸易区的建设。2001年11月中国和东盟领导人就建立紧密经济合作关系达成共识，宣布用10年的时间建成自由贸易区。目前，"早期收获"计划（先期开放农产品市场）正在落实，有关自由贸易区的谈判接近完成。与此同时，日本与东盟之间、日韩之间、中日韩之间也都就自由贸易安排、紧密经济合作进行努力。同时，在"10+3"框架下，还就湄公河地区的开发达成共识，把推动次区域发展作为东亚合作的一个主要议程。

"10+3"机制所推动的并不仅仅是一个地区经济合作进程，它具有很强的政治含义。首先，它有利于东亚地区各国之间政治关系的改善。出于多方面的原因，东亚地区各国之间存在着许多历史的和现实的矛盾，"10+3"机制提供了一个平台，使各国可以通过对话加深了解和理解，进而改善关系，增加合作。比如，中日韩三国领导人的对话就是在"10+3"这个机制下发展起来的，2003年三国领导人发表了经济合作宣言；中国—东盟之间在深化经济合作的基础上，进一步确立了战略合作伙伴关系。同时，从发展角度看，这些努力将会进一步推动东亚地区建立更加稳定、更加紧密的政治合作关系框架。

二 东亚区域主义的发展

东亚区域合作从务实需要合作开始，并没有一个明确的政治目标，在很大程度上说，也没有一个统一的共识。作为一个进程，它从实际需要开始，在行进中不断增加合作的内容，逐步建立和完善合作机制。经济合作是东亚区域主义形成发展的基础。但是，东亚地区各国经济发展上的巨大差别决定了东亚经济一体化只能是渐进的，建成一个统一的东亚大市场还是需要很长时间的事。

尽管东亚合作已经建立起了一个大的框架，但是，真正能够具有实质性内容的还是经济合作，而在经济合作中，推动市场的开放和其他方面的经济合作是最重要的内容。目前，东亚地区自由贸易区的建设是多个进程并进，有东盟自身的自由贸易区，有中国—东盟自由贸易区，有日本与东盟国家、与韩国的自由贸易区（已经启动谈判和正在准备）。那么，如何使这些分散的进程统合起来呢？这里，有几种选择：一是通过东盟的扩大，即其他国家加入东盟，最后实现东亚范围的一体化，在体制和方式上，沿袭现在的东盟自由贸易区。不过，由于中日韩，特别是中国和日本规模太大，分别加入东盟会出现很多问题，东盟自身也会难以承受。二是"10"和"3"分别发展，在成熟的基础上实现东南亚和东北亚地区的联合，最后变为东亚地区的合作组织。这里，关键是东北亚国家（主要是中日韩）能否建立起真正的自由贸易区，在这方面，困难是很多的。特别是考虑到中日韩之间经济发展的差距和政治上的障碍，发展真正的一体化组织难度很大。同时，分别建立自贸区，也会使刚刚起步的东亚合作受到制约，甚至产生分裂。三是中日韩分别推动与东盟的制度化安排，并且同时寻求把三个进程合拢的方法，有条件的可以先走一步，比如现在的中国—东盟自由贸易区计划。四是在进行多层推进的同时，尽早推动和全面规划整个东亚地区合作的框架和组织结构，把各个分散的合作发展纳入整个东亚合作的框架和组织机制之中，建立东亚自由贸易区。比较起来，第四种选择可能较现实，具有可操作性。

推动东亚整个地区的合作机制的建设当然要考虑到东亚现在已有的合作机制的存在和作用，因此，目前它并不是要立即解散东盟或停止其他多重机制的作用。相反，在近期可能应该鼓励多种形式的合作，比如中国与东盟之间的自由贸易区建设可以先行，如果中国东盟能够在推动合作上先走一步，或者说步伐更快些，那么，对于推动整个东亚的合作可能会有积极作用。目前，东亚的对话合作进程是几个轮子一起转动（东盟自身，三个"10+1"）。当然，这里重要的是要把东亚地区的各种合作机制纳入东亚长远合作发展的框架和组织体系之中，以便有利于东亚合作的长远目标的实现，而不是产生新的分割。

应该承认，推动东亚合作的确存在许多困难。东亚没有平等参与地区合作的历史，因此区域合作的理念和认知都很弱。因此，对于合作的目标很难在短期内达成共识。从总体来说，东亚合作主要存在以下几个方面的困难：

其一，地区差别很大，这里既有作为世界第二大经济体的日本，也有作为世界人口最多的中国，还有世界最不发达的老挝、柬埔寨、缅甸。在这样一个差别如此巨大的地区推动合作，困难可想而知。比如建立自由贸易区，既要考虑到不同的利益和安排上的差别，又要考虑到把开放市场与整体经济发展结合起来。

其二，东亚地区内已经有东盟自由贸易区，并且正在处于进程中，如何协调与统合地区分散的组织安排，是一个比较复杂的过程。同时，如何发展东亚区域主义的综合合作内涵，在经济合作发展的同时，增强政治与安全合作，这也需要智慧。

其三，大国间，主要是中日之间存在发展、战略、安全以及历史认知上的巨大差别，很难从一开始就取得统一，中日之间当前政治关系上的不顺畅，必然影响地区合作的进程。

尽管如此，我们看到，东亚合作中的区域主义意识和行动都在发展。从认识上来说，一个重大的进步是各国对"东亚共同体"（EAST ASIAN COMMUNITY）概念与定位的认同。同时，从实际进程发展来说，各国已经同意发展具有区域主义概念的"东亚高峰会议"和考虑建立东亚合作秘书处等，剩下的只是时机了。如果这两个方面得到落实，那么东亚区域主义组织的雏形就建立起来了。

目前所发展的东亚区域主义具有新的特征，因此，可以称之为"新东亚区域主义"，归纳起来，有以下几点：

其一，以保证各国的主权和利益为基础，不搞"主权让渡"，进行平等参与和协商，同时，合作的内容从务实需要开始，循序渐进，因此，合作进程更多地体现为一种"功能主义建构"特征（functional institutional building），在很大程度上说，东亚区域主义组织的基础来自于这种功能性机制的发展。

其二，以局部区域合作为基础，东盟地区的合作是东亚地区合作的基础和驱动器。东南亚地区本来是一个分裂的、不发达的地区，大多数国家为中小规模，这样，一个联合起来的地区与中日这样的大国对话合作就可以体现出很大的平衡，避免为大国垄断控制。东盟最宝贵的经验是，通过建立地区合作机制把各个不同的国家纳入到一个地区合作框架之中，从而实现国家关系的改善与地区稳定和平，东盟的这个经验延伸到东亚地区具有重要意义。

其三，不采取"东亚至上"的内向方略，而是承认利益差别，鼓励多层努力，实行"开放的合作主义"，即在东亚地区各国进行合作努力的同时，允许和鼓励各国同时与区外国家进行合作，因此，区域合作不带有封闭性和对抗性。在经济上，表现为多层的自由贸易区协定；在安全上承认和保持了现有的双边合作或结盟关系。

其四，合作的目的主要是为了本地区的发展、稳定与和平，重在功能性发展，而不是首推区域组织。从经济上说，东亚发展起到了市场导向的区域联系与利益机制，但是，缺乏稳定的区域制度化安排；从国际关系角度来说，东亚国家还没有完全从历史的与现实的分割中摆脱出来，需要以新的区域主义学会如何和平共处。因此，新的东亚区域主义不把反西方作为地区合作的出发点与动力机制，而是寻求自己内在的逻辑。

东亚区域合作的这些特征，究竟是区域主义的初级阶段表现，还是自己的内在特征，这还有待探讨，不过，这些特征至少保证了区域合作发展的顺利起步。

三 东亚区域主义的功能

东亚区域主义，或者说东亚合作进程未来发展如何？1998年韩国总统金大中在第二次领导人会议上提议成立"东亚展望小组"，由东亚各国的各界知名人士研究如何加强东亚国家在经济、政治、安全、文化等方面进行中长期合作的问题，即为未来的东亚合作设计长远规划蓝图。2001年展望小组向领导人提交了研究报告。展望小组提出把建立"东亚共同体"作为东亚合作的长期目标。现在，人们基本上已经接受这个概念。但是，它的内涵是什么？如何推进？这都还需要进一步探讨。

欧洲联盟的建设为世界提供了一个启示，即在一个地区建立起高度一体化组织是可行的。但是，对于东亚地区来说，欧洲联合的最宝贵经验是：

其一，通过联合实现了地区关系的改善与融洽，尤其是实现了法德的和解与战争造成的区域分裂，进而实现了地区的长久和平。

其二，地区联合的稳定与深入发展是建立在渐进的制度化建设之上的。制度化保证了合作进程的法理性与有效性。

当然，欧洲超国家的区域制度化经验不能照搬到东亚，不过，必要的区域合作机制是应该逐步发展起来的。清楚的是，即便东亚合作的长期目标是建立区域共同体，但这个共同体也只能符合本地区的实际，有自己的特色。

在我看来，较早的确定一个明确目标，或者一个模式，对东亚区域主义进程来说是没有多大意义的，而真正有意义的是进程的内容和所要发挥的功能。

第一，东亚区域合作的一个重要功能是推进区域的"法制建设"，为地区各国之间的经济政治关系建立合理的、平衡的与稳固的地区关系。不要小看各国之间建立的各种双边的、双边一次区间的协定、协议。它们的作用有二：一是确立法制框架（以往没有）；二是提升法制水平（与国际接轨）。构建东亚国家之间以法律与国际规范、标准为基础的关系，这是一个意义长久的大事。

第二，通过区域合作化解国家间的敌对与冲突，有助于解决悬而未决的遗留和现实问题。欧洲联合的初衷是通过合作制止战争，实现和平，以往敌对的国家在合作中成为友邦。东亚的合作进程会有助于弥合地区的历史与现实分裂，缩小及至化解国家间，尤其是像中日这两个大国之间的许多矛盾，因为地区合作提供了一个各个国家共同参与共享利益的统一框架。传统的大国战略是争夺领导权和独占利益，在区域合作机制中，不仅这种战略行不通，而且也会得到修正，使其走向协同。这是"东亚共同体"存在发展的前提和基础。

第三，区域利益有它的特殊性和它存在的必要性。即使东亚实行"开放的合作主义"，但也有其区别于其他的区域利益。在全球化时代，区域利益往往体现为向区域所在国家提供保障与扩大利益的"公共产品"，因此，区域合作往往体现为一种"集体的力量"，一方面推动全球化中的利益平衡，另一方面为本地区争得相应的利益。东亚的区域性认同（identity）无论在内部还是外部都已经是既定事实了，其合作进程正是要通过利益与制度发展来确立这种认同。试想一下，如果有一个东亚区域实体存在，那么，无论是世界经济，还是国际关系，都会变得更加均衡与合理。比如亚太地区，如果能够建立起"东亚—北美"关系构架，那将是一种结构比较均衡的"太平洋关系框架"，大国之间不再仅仅表现为双边的结盟或对抗。

具有区域主义性质的东亚合作进程不会是一帆风顺的，其间会遇到各种困难和挫折。欧洲实现统一的梦想用了半个世纪的时间，东亚建成共同体也许会需要更长的时间。

东亚合作的进程与长远目标[①]

全球化和区域一体化是当今世界发展的两个重要趋势。在区域一体化发展中，走在最前面的是欧洲，欧盟在建成统一大市场之后实现了单一货币欧元。北美建成了自由贸易区，计划向整个美洲扩展。作为世界经济三大重心的东亚，区域合作起步较晚，不过，尽管如此，目前，东亚合作已经引起人们的极大关注，有关东亚合作的讨论近来成为一个热点。其所以如此，主要是因为东亚的合作在较短的时间内取得显著进展，同时，人们之所以对东亚合作的进程给予高度关注，也是因为东亚合作不仅对于该地区本身，而且也会对世界产生重要影响。本章将对东亚合作的进程、走势和前景给予分析。

一　东亚合作的基础

东亚作为一个地理概念，一般是指东北亚 5 国和东南亚 10 国。这 15 个国家共有人口 17 亿，按照现行汇率计算的国民生产总值约 2 万亿美元。东亚作为一个地区首先是地缘上的连接，各国被陆地和海洋连接在一起，各国毗邻而居，形成了天然的联系、共存利益和一定的地区关系结构与秩序。

当然，真正生成地区关系架构的是经济关系和以此为基础的综合利益机制。在历史上，东亚地区曾经建立起过密切的地区联系，形成了一种以中国为中心的地区秩序。但是，随着中国力量的衰败，该联系架构坍塌。此后，东南亚被西方列强殖民，东北亚陷入中日冲突为核心的混乱，尤其

[①] 原载张蕴岭、周小兵主编《东亚合作的进程与前景》，世界知识出版社 2003 年版。

是近代，先发展起来的日本试图以武力建立以自己为核心的"大东亚共荣圈"，结果以失败而告终。

第二次世界大战后，东亚形势发生了巨大变化。从经济上，首先出现了日本经济的起飞和迅速现代化，然后，出现"四小龙"经济的起飞，东盟（老成员）的经济快速增长，在此基础上形成了地区经济增长的"雁型模式"和链条。特别是中国实行经济改革开放政策，转向市场机制，使经济增长速度加快，实现了经济的快速起飞，冷战的结束进一步打破了市场的分割，形成了东亚地区的内在联系机制，到90年代末，东亚地区的内部贸易已经占到50%以上，同时，地区内部的投资和技术转移也得到大大的发展。经济上的相互连接、依赖形成了越来越强的地区共同利益，这是推动东亚加强合作的内在基础。

中国经济的崛起正在创造一种新的地区经济联系格局和经济增长动力机制。90年代以来，作为地区经济增长领头雁的日本经济一直低迷，建立在"雁型模式"基础上的地区经济增长链断裂。东盟地区由于受到亚洲金融危机的袭击，经济陷入结构性困境，加上日本进口能力降低，外投资本减少，原有的经济增长动力和联系机制遭到破坏。但是，与此同时，由于中国的经济持续增长，向地区提供的市场增大，新的链条正在生成，不过，由于中国的经济总量有限，人均国内国民生产总值较低，在近期还难以成为增长的发动机。在此条件下，加强地区经济合作的必要性就大大增加了。

把东亚合作作为启动地区经济增长的一种选择可以有多种方式，其中最主要的就是推动自由贸易区的建设。根据经济学理论，自由贸易区对贸易可以产生贸易创造与转向作用，及由于区内各国之间降低或取消关税，内部贸易会增加，从而推动本地区内的经济增长。1997年亚洲金融危机发生之前，东亚地区内部的贸易已经占到各国或地区总贸易量的50%，此后，由于经济活动放慢，区内进口能力降低，比重有所下降。这种很高程度的区内贸易主要是通过市场机制形成的。从现实的情况来看，无论是关税还是非关税，东亚地区内部的水平都还较高，有必要通过地区合作，及通过建立自由贸易区来解决。使东亚地区的经济贸易关系的发展由以市场导向转向以"制度导向"(institution led)为主。① 当然，由于东亚内部经济发展水平差别很大，加上其他的原因，要建立整个地区的自由贸易区难度很大，比较现实的选择是"先易后难"，从小规模开始。据统计，目前世界上已经有大约 162 个"区域贸易协定"(regional trade agreements, RTA)，90 年代后期以来，每年都有 11 个新的自由贸易协定签署，97% 的 WTO 成员参与了一个或几个区域自由贸易安排。显然，区域自由贸易已经成为一个与多边自由贸易(WTO)相并行的重要发展。尽管区域贸易安排在一定程度上与世界多边自由贸易协定相违背（对非成员歧视，有违于 WTO 的最惠国待遇），但是，它们也是对世界多边贸易机制的一个重要补充，因为它们总是陷于很高的世界多边贸易安排。

不过，区域合作的范围超过 WTO，东亚地区的合作也是这样，它并不仅仅包括自由贸易区的建设，范围包括更广的内容。一般来说，地区合作大多发展的是一种包括广泛领域的"紧密经济伙伴关系"。东亚地区合作既包括宏观经济对话与合作，金融合作、技术合作、能源合作、交通基础设施合作、环境合作、人力资源合作、小区域发展合作等等，又包括制度法规上的接轨，技术标准上的相互承认等，从而优化地区内的发展和交易环境，提高经济发展本身与交易的效率。

像任何区域合作一样，东亚地区的合作也有着清晰的政治含义和意图。东亚合作的进程从经济合作开始，以经济合作为重点，同时，也逐步发展政治对话，社会文化合作，通过合作建立各国之间的信任，发展制度性机制，从而实现地区的稳定与安全。东亚是世界上差别最大的一个地区，从规模上，有地域广阔的中国，也有弹丸之地的新加坡，有世界第二大经济的日本，也有世界最不发达的老挝、柬埔寨、缅甸。在政治上，有社会主义体制、资本主义体制，也有军管政府体制，在宗教上，有儒教、穆斯林、基督等，多种文明并存。这里既有历史遗留下来的恩怨，也有现实的分割，在这样一个差别巨大的地区，要实现稳定和平、合作，尤其是区域制度化的合作深入发展，是一个优化选择。欧洲为世界提供了一个通

---

① Urata Shinjiro: A Shift from market-led to Institution-led economic Integration In East Asia, RIETI Paper Series, 2002, www.rieti.go.jp.

过区域合作实现地区稳定与安全的成功范例。尽管其他地区不会也不必照搬欧洲的模式，但是，它毕竟指出了通过合作可以实现地区稳定与安全的方向。欧洲合作成功的启示对东亚地区是有着现实意义的。

二　东亚合作的进程

尽管东亚合作的思想由来已久，然而，比较引人注目的还是1990年马来西亚总理马哈蒂尔提出的东亚经济集团（后改为核心论坛）的设想。由于该倡议带有比较明显的对抗美国霸权的倾向，遭到美国的强烈反对，致使日本和韩国态度暧昧，此倡议被束之高阁。

东亚合作的种子是在推动亚欧合作的进程中开始发芽的。1995年，由于亚欧合作的推动，东亚领导人实现了会晤。然而，推动东亚合作的加速器是1997年的金融危机。金融危机主要发生在东亚，危机迫使东亚领导人进行会晤，就如何应对危机和防止未来发生新的危机进行讨论与合作。

1997年12月15日，东盟—中日韩领导人（当时是"9+3"）非正式会议在马来西亚首都吉隆坡举行，这是一次具有深远意义的会晤。领导人会议的主要议题是21世纪东亚的发展前景，亚洲金融危机，深化地区经济联系，鉴于当时的形势，其中如何对付金融危机是主要的议题。领导人就这些议题达成了许多共识，对加强东亚地区的合作发出了明确的政治信号。

1998年12月16日的第二次东亚领导人会议在越南首都河内举行。这次会议取得了具体的成果，把东亚合作推向务实的方向。会议的主要议题是，加强地区合作，克服金融危机，恢复地区经济增长和促进地区的安全与稳定。与会的中国领导人就加强东亚合作提出了具体建议，提议举行东亚国家的副财长和央行副行长会议，研究国际金融改革及监控短期资本流动的问题，与会领导人一致同意中国的建议，这使得东亚地区第一次有了高层政府职能部门之间的对话与协商，并就地区重大的经济问题寻求建立合作机制。

第三次东亚领导人会议于1999年11月28日在菲律宾首都马尼拉举行。这次会议的主要议题是如何推动东亚地区合作。这次会议是东亚合作的一个重要转折点和新起点,因为这次会议就推动东亚合作的原则、方向和重点领域达成了共识,首次发表了《东亚合作联合声明》。声明强调,"在各个领域实现东亚合作",领导人"对进一步深化和扩大东亚合作表示了更大的决心,朝着注重实效、切实提高东亚人民的生活质量,促进本地区稳定发展的方向努力"。声明列出了在经济和社会领域,在政治和其他领域的合作重点,主要有:在经济合作方面,加速贸易、投资和技术转让,鼓励技术和电子商务方面的技术合作,推动工农业合作,加强中小企业合作,启动东亚产业论坛,推动东亚经济增长区,如湄公河盆地的发展,考虑建立"东亚经济委员会"等;在货币与金融合作方面,加强政策对话、协调与合作,包括宏观经济风险管理,公司管理,资本流动的地区监控,强化银行和金融体系,通过"10+3"的框架,加强地区的自救与自助机制;在社会和人力资源方面,推动实施"东盟人力资源开发倡议",建立"人力开发基金";加强科技发展领域的合作,加强能力建设,促进东亚地区增长;加强文化和信息领域的合作,加强地区的文化交流,加深了解;加强发展合作,推动经济的可持续发展;加强政治和安全对话、协调与合作,加强相互理解和信任,在跨国问题上加强合作。

值得提及的是,根据韩国总统金大中的提议,领导人一致同意成立"东亚合作展望小组",就东亚合作的前景进行展望和规划。

第四次领导人会议于2000年11月25日在新加坡举行。这次会议就落实1999年领导人声明的合作重点提出了具体措施,肯定了2000年5月财长会议就货币合作达成的"清迈倡议",就金融培训、人力资源开发提出了进一步落实的行动计划,就加快湄公河流域的基础设施建设提出了具体行动计划,同时,领导人还同意就建立东亚自由贸易投资区和全面经济合作的问题进行研究。这次领导人会议所表现出来的务实作风和面向未来的积极姿态,为东亚的进一步深入合作打下了一个良好的基础。特别值得一提的是金融合作的进展。"清迈倡议"不仅找到了一个进行地区金融合作的务实方式,同时也为未来地区合作向更高层次发展奠定了基础。"清迈协议"的基础是双边货币互助互换,即通过签订双边协定,在对方出现资金困难或受到资本冲击的时候,签约方向对方提供援助。根据"清迈倡议"的规定,原来的东盟货币互换基金由1亿美元扩充到10亿美元,中日韩三国分别与东盟国家签订双边互换协定。估计,总金额可以达到350亿美元。更为重要的是,"清迈倡议"为未来东亚地区发展更高层次的地区金融合作提供了一个基础。

此外,新加坡领导人会议进一步加强了东亚国家领导人之间的对话和合作机制,特别是确立了中日韩领导人之间的正式协商与合作机制。中日韩三国领导人之间建立正式的协商合作机制,这在历史上是从来没有过的。三国领导人之间的协商合作机制的主要作用是做出共同努力推动整个东亚地区的合作以及加强三国之间的合作。

同时,值得提及的是,领导人还同意大力推动湄公河流域开发计划和加快亚欧铁路的建设。湄公河流域开发计划是80年代由亚洲开发银行发起的,规模不大,进展不快,把它纳入东亚合作的框架肯定会加速其发展。

此外,领导人还开始注意规划长远发展,就建立未来东亚贸易和投资自由区的可行性进行研究。为此,领导人决定成立由各国高官组成的"研究小组",就领导人达成的共识和"东亚展望小组"将提出的建议进行研究和落实。这些成果显示,东亚合作开始步入正轨。

2001年11月的文莱领导人会议是在复杂的形势下召开的。一是发生了"9·11事件",反恐怖成为世界和东亚地区的一件大事;二是受美国经济形势恶化的影响,大多数东亚国家和地区的经济形势变坏。在此情况下,人们非常关注,东亚领导人会议是否能够成功召开并取得突出的成果。这次领导人会议所取得的一些成果还是令人瞩目的:其一,领导人表示了继续推动东亚合作的决心,并且指示由政府高官组成的"研究小组"就如何落实"展望小组"提出的关于东亚合作的长期设想建议进行研究,并向领导人提出落实的意见;其二,中日韩三国领导人决心加强合作,推动东亚合作,一致同意设立经济部长和贸易部长会议,以及工商论坛;其三,中国和东盟领导人就建立紧密经济合作关系达成共识,宣布用十年的时间建成自由贸易区;其四,在打击恐怖主义和其他非传统安全领域进行合作。

尽管领导人没有立即接受"东亚展望小组"关于建立东亚自由贸易区和从"10+3"过渡到"东亚领导人会议",加强东亚全面合作,把建立

"东亚共同体"作为长远目标等重要建议,但他们还是指示部长们就如何落实展望小组的建议进行研究。这从一个侧面表明,领导人已经认识到对东亚合作进行长远规划的重要性。

事实上,这次会议的一个最亮点是中国与东盟领导人同意用十年的时间建立中国东盟自由贸易区。这是中国第一次与一个已经建立内部自由贸易区的地区建立自由贸易区,也是东盟第一次与一个国家建立自由贸易区。中国东盟自由贸易区的计划立即引起世界的极大关注。

从上述概述中我们可以看出,东亚合作进程已经不可逆转,它的一个突出特点是务实、渐进。

三 东亚合作的模式

东亚合作与欧洲不同,它从一开始并没有一个明确的政治目标,在很大程度上说,也没有一个统一的共识,它从务实需要开始,不断增加合作的内容,逐步建立和完善合作机制。它也与北美(美洲)不同,它的合作不仅仅是建立自由贸易区,包括非常广泛的内容。它所追求的可能不是地区的高度统一和一体化,而是地区多层次愈多领域的合作,至少现在或可预见的将来,东亚仍然是以加强合作为目标,而不是以实现地区一体化为目标,它所走的是一条不同于欧美的"第三条道路"。

迄今,东亚合作是在"10+3",即东盟加中日韩的框架下进行的。经过几年的发展,已经建立起来一个行动框架,它由下列机制组成:(1)领导人会议,一年一次,进行"10+3"的对话,"10+1"的对话(东盟分别与中日韩对话);(2)部长会议,目前已经有财长会议、外交部长会议、经济部长会议;(3)高官会议。然而,也应该承认,东亚合作还主要是在一种"对话合作"机制的形式下进行的。

东亚合作进程开始的时间还不长,或者说是处于初级阶段。所谓"10+3"还主要是一个由东盟推动的对话合作机制,真正的地区合作的"制度性"组织和基本原则还没有建立起来。

目前,东亚合作的进程是四个轮子一起转动:第一个轮子是"10+3",即整个东亚范围的对话与合作;第二个轮子是"10",即东盟自身的发展与合作；第三个轮子是"10＋1"，即东盟分别与中日韩之间的对话与合作；第四个轮子是"3"，即中日韩之间的对话与合作。

东盟自身的合作开展得比较早，在自由贸易区和其他方面已经取得显著成效，东盟自由贸易区的建设正在加快，计划到2002年东盟的老成员率先完成，新成员到2008年完成。中日韩之间的合作是在东亚合作的框架下进行的，一是三国合作支持东亚合作的进程，二是中日韩三国之间开展合作，三国领导人的正式会晤机制本身就是一个重要进展。2001年的文莱会议期间三国领导人同意成立经济部长和贸易部长会议和工商论坛。不过，中日韩之间要建立自由贸易区是存在许多困难的，今后一个时期，可能主要在推动贸易投资便利化以及开展部门合作方面。在"10＋1"方面，日本与东盟之间以及韩国与东盟之间已经有不少合作项目，但是，中国与东盟领导人宣布双方建立自由贸易区显然是走在了日本和韩国的前面。

四个轮子一起转动符合东亚当前的实际，因为东盟的合作开始的早，已经先行一步，在东亚合作的起步阶段，需要建立和推动多重机制的发展。东亚合作还是一个新生事物，只能通过多种努力，逐步增强共识，寻找并确立符合东亚特点的一体化道路。

当然，从未来发展的角度来看，真正的东亚合作机制化建设必须建立在一个统一的体制框架之下。这里，大体有四条路可以选择：

一是通过东盟的扩大，即其他国家加入东盟，最后实现东亚范围的一体化，在体制和方式上，沿袭现在的东盟自由贸易区。不过，由于中日韩，特别是中国和日本规模太大，分别加入东盟会出现很多问题，东盟自身也会难以承受。

二是"10"和"3"分别发展，在成熟的基础上实现东南亚和东北亚地区的关键是东北亚国家能否建立起真正的合作机制或组织，在这方面，困难是很多的。特别是考虑到中日韩之间经济发展的差距和政治上的障碍，发展真正的组织难度很大。同时，分别建立合作区，也会使刚刚起步的东亚合作受到制约，甚至产生分裂。

三是中日韩分别推动与东盟的制度化一体化建设，并且同时寻求把三个进程合拢的方法，有条件的先走一步，比如现在的中国—东盟自由贸易区计划。

四是大力推动和全面规划整个东亚地区合作的框架和组织结构，把其他的合作发展纳入整个东亚合作的框架和组织机制之中，建立东亚合作机制和一体化体系和组织。

推动东亚整个地区的合作机制的建设当然要考虑到东亚现在已有的合作机制的存在和作用，因此，目前它并不是要立即解散东盟或停止其他多重机制的作用。相反，在近期可能应该鼓励多种形式的合作，比如中国与东盟之间的自由贸易区建设可以先行，如果中国东盟能够在推动合作上先走一步，或者说步伐更快些，那么，对于推动整个东亚的合作可能会有积极作用。当然，这里重要的是要把东亚地区的各种合作机制纳入东亚长远合作发展的框架和组织体系之中，以便有利于东亚合作的长远目标的实现，而不是产生新的分割。

应该承认，推动东亚合作的确存在许多困难。东亚没有地区合作的历

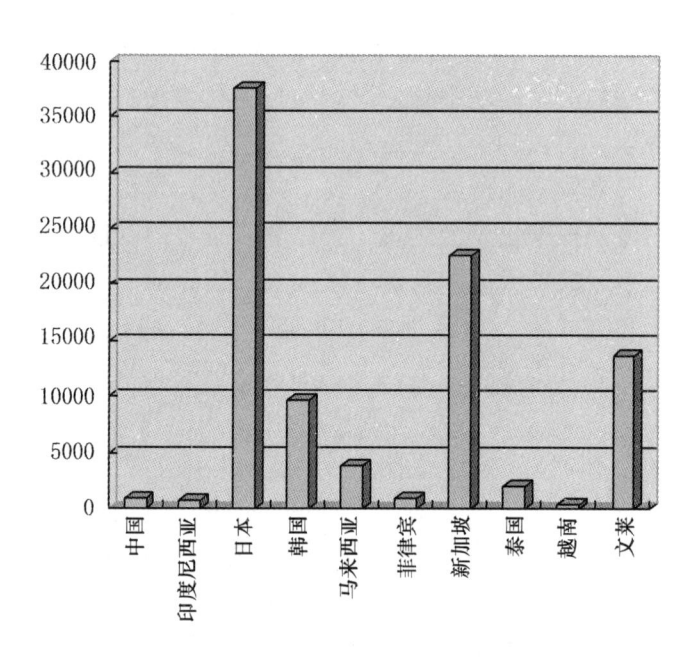

图1　东亚地区主要国家人均 GDP 水平比较（美元）

史，因此区域合作的理念和认知都很弱。因此，对于合作的目标很难在短期内达成共识。从总体来说，东亚合作主要存在三个方面的困难：

其一，地区差别很大，这里既有作为世界第二大经济体的日本，也有作为世界人口最多的中国，还有世界最不发达的老挝、柬埔寨、缅甸。在这样一个差别如此巨大的地区推动合作，困难可想而知。比如建立自由贸易区，第一要考虑到不同的利益，第二要考虑安排上的差别，第三自由贸易区的建设必须与整体经济发展结合起来。因此，一下子推动整个东亚地区的自由贸易区是很困难的，只能从局部开始。

其二，东亚地区内已经有东盟自由贸易区，并且正处于进程中，如何协调与统合地区分散的组织安排，是一个比较复杂的过程。比如东北亚地区，中日韩之间如何实现统合，建立更加紧密的安排还需要时间。

其三，大国间，主要是中日之间存在发展、战略、安全以及历史认知上的巨大差别，很难从一开始就取得统一，必须在推动地区合作的进程中取得信任，这似乎是一个难题。没有中日之间的共同认知和共同推动，东亚合作的进程就会放慢，也会难以取得成功。

因此，东亚合作只能循序渐进，在进程中可能会有挫折，在有些方面进展可能较慢，对此要有耐心和信心。

四　东亚合作的长远目标

东亚合作的长远目标是什么呢？既然要推动东亚合作，这是一个不可回避的问题。按地理以及经济重心和相互联系程度，世界上目前主要有三大区域：欧盟、北美和东亚。欧盟从6国建立经济共同体开始，逐步实现扩大和深化，目前发展到由15个国家组成的经济和政治高度一体化的联盟，其范围将进一步扩大，把大部分欧洲国家包括在内。北美以建立自由贸易区为目标，已经在美加墨三国间实施自由贸易协定，将来北美自由贸易区将可能会扩大到整个美洲，形成美洲自由贸易区。在政治和其他领域的合作，已经有美洲国家组织。现在，很难说美洲的合作会走向欧洲的道路，但是，更深层的经济合作必定会提到议事日程，政治的合作也可能会加强。

1998年韩国总统金大中在第二次领导人会议上提议成立"东亚展望小组",由东亚各国的各界知名人士研究如何加强东亚国家在经济、政治、安全、文化等方面进行中长期合作的问题,即为未来的东亚合作设计长远规划蓝图。2001年展望小组向领导人提交了研究报告。展望小组提出的主要建议包括:把建立"东亚共同体"作为东亚合作的长期目标;建立东亚自由贸易和投资区;加强东亚地区的金融合作;推动东亚经济和政治合作的制度性发展;由"10+3"框架向"东亚"机制过渡;加强政治安全合作,以及社会、文化、教育合作。

东亚展望小组报告的意义在于指出了东亚合作的一个大方向和蓝图。东亚合作由"对话合作"走向"制度化合作"是一个必然的选择。

从发展的角度来说,东亚合作必然面临着如何对目标定位的问题。展望小组提出最终建立"东亚共同体",应该说,这是一个颇有争议的概念。欧洲联盟的建设为世界提供了一个启示,即在一个地区建立起高度一体化组织是可行的。但是,欧洲的经验不能照搬到东亚,因为东亚不同于欧洲。东亚之间经济政治宗教等方面的巨大差别是建立区域共同体的一个严重障碍。即便东亚国家把合作的长期目标设定在区域共同体,或者是一个实体性的区域合作组织,那么,实现这个目标也需要比欧洲更长的时间,因此,东亚合作的进程只能是循序渐进的。

同时,如何实现从"10+3"向"东亚"机制的过渡也是一个难题。从目前的情况看,东盟对这种转变并不热心。东盟显然担心转变到"东亚"会削弱其主导权,出现"大权旁落"。同时,即便过渡到"东亚"机制,也有一个"领导者"的问题。中日都是这个地区的大国,然而,其中任何一家起领导作用都难以被对方接受,同时,两国共同起领导作用的可能性也很小。事实上,日本对于东亚地区的深层次合作并没有表现出特别的热心,这可能是顾及到与美国的关系,也可能是出于对中国参与和作用的担心。

目前东亚推动合作的环境和条件也有不利之处。尽管亚洲金融危机成为推动东亚合作的一个动力,但是危机本身也为东亚推动合作造成困难。东盟还没有从金融危机的影响中完全恢复过来,日本陷入长期经济低迷,对东亚起积极推动作用的韩国金大中总统也为国内政局束缚了手脚。中国作为一个地区大国，是推动地区合作的中坚力量，但是，一则中国本身也不愿意使进程过快，自己也有一个转变观念的问题，同时，如果中国表现得太进取，也会引起别国的猜疑。

东亚合作进程不会是一帆风顺的，期间会遇到各种困难和挫折，这需要几代人的奋斗。欧洲实现统一的梦想花了半个世纪的时间，东亚实现共同体的目标可能需要更长的时间。

五　中国—东盟自由贸易区的建设

在文莱会议上，中国和东盟领导人宣布建立中国—东盟自由贸易区，这是一个多少有些令人感到意外的消息。那么，为什么双方能够这样快的达成协议呢？这个目标能否得以实现呢？

中国—东盟合作关系已经有了一定的基础。1992年中国第一次成为东盟的"磋商伙伴"，次年中国东盟经济贸易合作委员会和科学技术合作委员会成立。1995年中国东盟高官会议正式建立，1996年中国正式成为东盟的"对话伙伴国"，次年，中国—东盟领导人非正式会晤在马来西亚举行，双方发表了联合声明，提出建立面向21世纪的睦邻互信伙伴关系。此后，"10+3"和"10+1"的领导人会议机制正式建立起来。

关于建立中国—东盟自由贸易区的设想是2000年在新加坡召开的领导人会议期间提出的。领导人会晤期间，东盟方面提出中国加入WTO对东盟影响的关注，中国方面提出就中国—东盟之间建立自由贸易区的可行性进行研究。根据领导人的指示，随即成立了中国—东盟经济合作专家组。经过联合研究，专家组向领导人提出了建立中国—东盟紧密经济伙伴关系的建议，其中包括建立中国—东盟自由贸易区，这个建议被双方领导人采纳。

近年来，中国—东盟之间的贸易关系得到比较迅速的发展。到2000年，双方贸易额达到395亿美元，东盟在中国的商品贸易市场上的份额提高到8.3%，为中国的第五大贸易伙伴，中国在东盟的对外贸易中的份额提高到3.9%，为东盟的第六大贸易伙伴。尽管如此，双方经贸关系发展的潜力是非常巨大的。中国东盟共有17亿人口，目前国内生产总值约为

2万亿美元，对外贸易额1.7万亿美元。据研究，如果在中国与东盟之间建立自由贸易区，可以使东盟向中国的投资增加48%，使东盟的GDP增加0.9个百分点；使中国向东盟的出口增加55%，使GDP增加0.2个百分点。[①] 事实上，中国东盟自由贸易区不仅可以增加区内贸易，也会促进外部对区内的投资以及区内本身的投资，从发展内的角度来看，中国对东盟国家的投资会大大增加。

中国—东盟自由贸易区的建设将会参考东盟自由贸易区的方式。东盟自由贸易区计划始于1992年，原计划用15年的时间完成。自由贸易区的建设是通过落实"共同有效优惠关税"计划（commoneffective preferential tariffs, CEPT）进行的。建立东盟自由贸易区的时间表一再提前，开放的项目一再扩大。1994年，东盟决定把CEPT完成的时间由15年提前为10年，即从2008年提前到2003年，规定被列入"暂时排除项目单"的商品5年内到期失效（2000年），并且使CEPT扩展到未加工的农产品。1998年东盟决定把实施CEPT的时间再提前一年，即到2002年，6个老成员国承诺到2000年把85%的CEPT关税降到0—5%，2000年把这个比例提高到90%，2002年提高到100%。新成员中，越南到2003年，老挝和缅甸到2005年实现目标。与此同时，东盟还制定了"东盟投资区"建设计划，规定东盟老成员到2003年，新成员到2010年完成计划目标。东盟自由贸易区的建设既包括关税减让，也包括非关税削减。为了削减非关税障碍，东盟制定了"流转商品便利化框架协议"，"相互承认安排框架协议"等。

有了东盟自由贸易区建设的经验，考虑到中国2005年完成对加入WTO的市场开放承诺，从现在起，用10年的时间在中国和东盟之间进行自由贸易区建设的安排是不成问题的。10年是一个进程，不是一个开始的时间原点，也就是说，在10年期间要完成所有关税和非关税的削减，其中绝大部分项目是用不了10年的。

当然，尽管中国—东盟之间存在很强的互补性，但是也存在一些相互竞争性很强的产品，因此，在如何安排"敏感产品"的开放，如何保护弱势产品，也即如何达到双方互利双赢，还是有不少难题需要解决。尤其是

---

① 这是东盟秘书处利用全球贸易分析模型（GTAP）计算的结果。

近年来，东盟因为金融危机的影响经济出现很大困难，经济增长速度放慢，外资流入大大放慢，使新竞争性产品能力的形成缓慢。而中国避免了金融危机，经济继续保持增长，外资继续大量流入，形成了许多新的具有竞争性的产品，这种情况使中国与东盟之间出现了新的竞争不平衡的局面，从而使东盟对中国竞争的担心增加。值得注意的是，尽管存在着东盟对中国竞争的担心，最终东盟还是同意与中国建立自由贸易区，其根本原因是东盟不仅看到了竞争压力的一面，同时也看到了机会的一面。一个拥有13亿人口，经济持续发展的一个大市场，对东盟来说意义是非常重大的。

当然，中国—东盟宣布建立自由贸易区也使人们担心这会不会使东亚合作产生分裂。应该说，处理得好，不仅不会有损于东亚合作，而且会有利于东亚合作进程，成为加快东亚一体化的一个有利因素。从积极的方面来说，可以设想它将可能起到三个方面的效应：一是中国—东盟先行在一个大的范围内建成自由贸易区，把其他国家吸引进来；二是激励其他国家采取更积极的步骤加快与东盟建立自由贸易区；三是推动整个东亚地区自由贸易区建设的步伐，从而激励东亚领导人及早对"东亚展望小组"关于建立东亚自由贸易区的建议做出决定，提出落实规划并开始实施进程。如果是这样，那么，中国—东盟宣布建立自由贸易区的计划就会对整个东亚地区的合作与一体化进程起到一个非常积极的作用，从而也就可以体现中国和东盟在推动东亚合作进程中的领导者作用。

东亚金融合作的进展与未来的选择[①]

1997年亚洲金融危机发生以后，有关地区金融合作的理论探讨大量增多，同时，东亚地区的合作，其中包括金融合作取得了一些实质性的进展。东亚已经发展起了"10+3"合作框架，在这个框架下，东亚合作如何推进已经成为一个令人关注的大问题，特别是东亚金融合作在此基础上会向何处发展，前景如何？本文对这些问题进行分析。

一 东亚金融合作的实际进展

如果我们把地区金融合作定义为三个方面的内容：其一是金融监督和救助；其二是货币合作，其中主要是汇率机制的合作；其三是区域金融组织建设，那么，从实际的发展来看，目前，东亚地区在金融合作上真正取得进展的主要是第一个方面。

金融危机发生以后，最具紧迫性的一个问题是如何加强金融监督机制（regional financial surveillance）的建设，以避免此类危机再发生。人们普遍认为，亚洲金融危机之所以会发生，重要原因之一是缺乏金融监督。从功能上来说，金融监督不仅可以及时发现问题，加以解决，而且也可以对未来可能发生的问题，尤其是危机产生预警。

在一般情况下，地区监督机制与国内监督机制不同，它不具备像国内机制那样的管理职能，其主要作用是及时准确分析信息，进行风险预警，因此，它发挥作用主要依靠同行评议（peer review）和同行监督，鉴于

[①] 原载《当代亚太》2002年第8期。中国国际问题研究所张斌博士参与了合作研究，文章由本人撰写定稿。

此,它高度依赖成员国的信息披露,对披露信息的正确评估和及时发出具有权威性的预警。前德国联邦银行行长汉斯·提特梅耶(Hans Tietmeyer)对同行评议和同行监督下了一个定义:根据演变中的全球条件,评议各国国内存在的各种弱点,以及把这种评议应用于有关各方以阻止拖延纠正不充足的结构和不稳定的趋势。①

1998年10月,东盟各国财长签订了《理解条约》,建立了东盟监督机制。根据东盟成员国之间同等评议和相互关注的原则,东盟监督机制的宗旨是加强东盟集团内部的决策能力,包括:协助东盟成员发现潜在的危机并相应做出反应;评估东盟成员国可能导致金融动荡和危机的各种弱点;推广符合国际标准的稳健行为规范,改善东盟成员国经济政策协调水平;对潜在薄弱部门审查,改进东盟成员国的"同行监督"环境。

除了正常的汇率和宏观经济总量的监督之外,东盟监督机制还监督成员国的金融部门、公司部门和社会政策,并且还包括能力建设、增强机构和信息共享。根据东盟监督机制,东盟各国财长每年聚会两次进行政策协调。东盟监督机制由东盟各中央银行行长和财政部长组成的特别委员会行使。东盟监督机制也涉及宏观经济政策的协调,在亚行的协助下建立了一些技术性的监督项目。

虽然东盟监督机制已经开始运转,但是人们仍然关心它是否能够行之有效。有三个因素可能影响监督机制充分发挥作用:第一个潜在的障碍是,东盟各国经济数据和公开的经济及金融报告缺乏透明度。各政府当局往往不大愿意提供有关经济和金融状况的资料,经常把经济数据当作一种策略工具而不是一种公共产品。第二个限制与东盟的现实政治有关。东盟成员国之间在经济发展规模、水平和阶段上存在巨大的不对称,同时,严格不干涉内部事务的原则(经济,特别是政治)使有效地实施地区监督机制极为困难。比如,对一国的"错误和不可持续的经济政策"的批评可能被视为与"东盟精神"不相符。第三,虽然有亚行的帮助,但是,由于东盟秘书处规模小、资金少,以及东盟是一个比较松散的组织,因此,很难

---

① Hans Tietmeyer, 1998, International Cooperation and Coordination in the Area of Financial Market Supervision and Surveillance, http://www.bundesfinanzministerium.de/tieteng.htm.

建立起一种正常有效的监督机制。尽管如此，东盟监督机制的建立仍然是一个重要进展。如果东盟监督机制在实践中证明行之有效，在"10＋3"框架内的整个东亚地区的监督机制就可以得到较好的发展。

事实上，目前，"10＋3"框架下的金融监督机制正在形成。第一次同行评议会议是在2000年5月亚行年会时附带举行的。2001年5月在夏威夷举行的"10＋3"财长会议进一步肯定了建立东亚"10＋3"早期预警系统的方向，同意为此继续做出努力，建立早期预警模型。

值得提及的是1997年11月建立的《马尼拉框架》小组，其主要目的是地区监督，尽管它不仅限于东亚国家，但它是东亚国家参与和以东亚地区金融问题为背景的重要监督机制。这个小组汇集了亚太地区内外14个国家的财政部和央行的代表，每半年举行一次会议，由来自亚太地区内外14个国家的财政部和中央银行的代表参加。在历次会议上，代表们讨论新出现的经济形势，并且交换对主要政策挑战的看法，亚行、IMF和世行分别向代表们提交监督报告。尽管《马尼拉框架》小组的会议一般没有什么具体成果，但是对于交换信息，对于减轻和分散危机风险，以及早期预警还是有作用的。①

亚洲金融危机之所以扩散迅速（contagion），重要的原因之一是缺乏地区货币支持力量和及时的救助措施。在金融危机发生以后，由于国际货币基金行动迟缓，救助方式不太符合东亚国家的情况，美国也迟迟不伸出援助之手，这使得东亚国家加深了对建立本地区金融合作机制，尤其是金融救助机制紧迫性的认识。最早提出的建议是建立亚洲货币基金。但是，由日本提出的这个建议没有得到积极响应，被搁置，而后来取得积极进展的是地区货币互换安排。

2000年5月在泰国清迈举行的亚行年会上，东亚13国财长一致同意建立一种货币互换安排体制，用以克服未来可能再次出现的金融危机。这种货币互换安排的目标是建立由本地区各成员之间货币互换和回购双边条约为基础的地区金融合作网，以此保护可能受到投机性攻击的货币。清迈倡议（The ChiangMai Initiative, CMI）被普遍认为是亚洲地区金融合作的

---

① 澳大利亚联邦银行副行长 S A Grenville 2000年9月4日的发言，www.bis.org/review。

一个突出成效,被称为地区金融合作的发展的一个里程碑。

清迈倡议的核心内容是,扩大东盟货币互换安排,[①] 把所有东盟国家都包括进去;在东盟、中国、日本和韩国之间建立一个双边互换和回购协议网络;利用东亚"10+3"框架增强地区的金融自助能力,促进地区有关资本流动的数据和信息交流;奠定地区经济和金融监督体系的基础,建立一个联系网络,发展适当的危机预警机制,增强东亚地区的金融稳定。

2000年11月17日,东盟各国中央银行行长、货币当局首脑及文莱财政部长达成协议,将短期流动性支持资金从2亿美元扩大至10亿美元,用以克服成员国的短期国际收支困难。"东盟互换安排"(ASEAN Swap Arrangements,ASA)利息较低,最长期限为6个月。虽然这项互换安排的金额仍然不大,但它反映了东盟各国加强货币和金融合作的强烈愿望和实际努力。目前,东亚各国正在清迈倡议的框架下签署一系列双边货币互换协议。2001年,日本已经与韩国、马来西亚、泰国和菲律宾分别签订了双边货币互换安排,中国也与泰国签订了类似协议。中国和日本、韩国正在商讨签订双向互换协议,可望不久达成协议。未来将在东亚合作的机制下,把这些双边协议纳入到一个网络。为了避免产生"道德风险"(moral hazard)的问题,互换协议将主要遵守国际货币基金的条件。不过,应该说,清迈倡议具有很大局限性的,目前象征性成分仍然较大,需要进一步落实,货币互换的规模也需要扩大。

二 关于近期东亚金融合作的思路

推进东亚金融合作已经成为一个共识。为此,人们提出了不少思路和政策性建议。

在建立地区基金方面,最有代表性的是关于亚洲货币基金(Asian Monetary Fund,AMF)的建议。该建议是日本于1997年9月提出的。按照日本方面的建议,设立一个1000亿美元的地区基金,日本提供其中的一半,其余由中国、中国香港、新加坡和中国台湾提供。据认为,该

[①] 在此之前的"东盟互换安排"由于只有2亿美元的规模,所以影响很小。

基金将提供充足的流动性，可以很快动员起来防止对本地区货币的投机性攻击。作为一个地区性机制，它被认为至少可以起到以下作用：威慑作用（Deterrent Effect）。投机性资本的跨界流动已经成为一个全球问题。货币危机和金融危机的爆发大部分是由投机性资本的投机行为引发的。对于专门从事投机的金融巨鳄，亚洲货币基金可以产生威慑效应，对于为数众多的中小投机力量，它可以起到稳定作用，使恶化金融危机的"羊群效应"（herding effect）不会蔓延。监督作用（Supervision Function）。亚洲货币基金不仅是在危机爆发时采取救援行动，更为重要的是在没有危机时候对成员国的经济发展、经济结构、金融市场和经济政策进行长期跟踪监督，并进行调查研究。在此基础上，建立一种地区性磋商机制，定期和不定期地交换宏观经济、经济政策和金融市场的信息。通过对成员国施加压力，阻止成员国实行可能会导致危机的政策。救援作用（Rescue Function）。一旦成员方货币受到投机性攻击或出现紧急的国际收支困难，并且成员方本身不能克服，亚洲货币基金可立即根据协议向该成员方提供必要的国际流动性。这样，该成员方可以赢得时间采取必要措施纠正政策上的失误。

该建议得到一些国家，如马来西亚的支持，但是，它遭到美国和IMF的明确反对，中国对此也持有异议。反对的意见认为，这种地区性基金将与IMF的业务产生不必要地重复，并会导致借款成员方的道德风险。该建议由于得不到一致支持而被搁置。

尽管如此，有关建立地区性货币基金或某种基金安排的思路和建议仍然不断涌现，仍是各种地区磋商会议及学术文献的显著议题。

泰国发展研究院院长查龙坡（Chalongphob Sussangkarn）认为，建立地区基金是可行的，世界其他地区已经有这样的机制，比如阿拉伯货币基金（Arab Monetary Fund）和拉美储备基金（Latin American Reserve Fund）。他认为，IMF反对亚洲货币基金是没有道理的。问题是在东亚地区本身的条件，应该从现实可行的方面起步。[①]旧金山美国联邦储备银行的安德鲁·罗

[①] Chalongphob Sussangkarn, East Asian Cooperation, Paper presented at Conference Hakone, Japan, Sept. 29, 2000.

斯（Andrew Rose）也赞成建立一个与 IMF 平行的地区货币基金。他指出，货币危机往往具有地区性，并且按照贸易联系的途径传播。由于货币危机容易产生地区性危害，本地区就更有必要通过建立一个金融安全网来降低成本。①不过，美国经济学家巴里·艾臣格林则明确反对成立 AMF。②他认为，建立一种地区货币计划的理由之一是"在地区水平上同等压力可能更为有效"，但是，亚洲并不存在某种可以与欧盟的货币委员会和经济金融理事会相类似的机构。亚洲国家也似乎不可能去签订一个像《马约》那样的国际协议来对不能调整本国政策的国家进行严厉的处罚。还有的人，如伯德（Bird）和拉杨（Rajan）（2000）则认为重要的是执行什么标准。他们认为，试图建立一个与 IMF 平行的结构可能导致效率的损失。不过，"AMF 可以通过保证成员国遵守金融规范标准而做出贡献"③。

泰国的噢拉姆（Olarm Chaipravat）提出了一个东亚地区金融安排的完整思路。他认为，东亚地区应该发展一种"地区融资安排"（a regional financing arrangement，RFA）。地区基金安排的操作办法是，东亚 13 个国家的每一个货币当局拿出自己的 5% 的国际储备，这些基金由 13 个国家的中央银行共同管理。需要资金的国家可以按一定的乘数比例向基金借款。他提出，东亚的基金合作安排可以分三步走，或者说是三个层次：首先完善东盟货币互换机制（ASEAN Swap Arrangement，ASA），然后，完善 "10 + 3" 的双向货币互换安排（ASEAN + 3 Two way bilateral Swap arrangement，TBSA），第三步完成东亚地区基金安排（RFA）。④韩国的金泰钧（Tae-Jun Kim）等提出建立亚洲借款安排（Asian arrangements to borrow，AAB）的建议与上述安排机制类似。根据此建议，在东亚地区发展一种成员国之间的

---

① Rose, Andrew. 1999. Is There a Case for an Asian Monetary Fund? *FRBSF Economic Letter*, No. 99—37, 17 December.

② Eichengreen, Barry. 1999. Toward a New International Financial Architecture: A Practical Post-Asia Agenda. Washington, DC: Institute for International Economics.

③ Bird, Graham and Ramkishen Rajan. 2000. Is There a Case for an Asian Monetary Fund? Presented at the Asian Development Forum, Singapore, 5—8 June. 并参见 Ramkishen Rajan, Examining The Case For An Asian Monetary Fund, January 2000, Discussion Paper 0002, Center For International Economic Studies, University of Adelaide, Australia。

④ Olarm Chapravat, Toward a regional financing arrangement in East Asia, ADB/IMA Symposium, May 10, 2001.

信贷安排协议，每个成员国可以根据其贷款协议的上限获得贷款，其原则依据 IMF 的借款总安排（general agreement to borrow）。[1] 位于东京的亚行研究所及其附属的亚洲政策论坛网络，同样建议建立地区融资安排，以便起最终贷款人作用、提供有效的地区监督和促进金融和公司结构重组。[2]

值得注意的是，近两年来，最初反对设立亚洲货币基金的有关各方的态度也有所改变。国际货币基金总裁科勒 2001 年 9 月对亚洲的访问期间，表明了 IMF 态度的转变，认为东亚地区基金可以补充国际货币基金的作用。美国态度的转变表现在美国副国务卿 Richard Armitage 近期发表的一些言论，他认为，用亚洲货币基金对付类似 1997 年 8 月的危机，"不是一个坏主意"。朱镕基总理 1999 年年底在参加"东盟＋3"会议时表示中国重视东亚地区金融合作。在清迈会议上，中国与东亚各国取得了一致意见，积极参加"清迈倡议"。在 2000 年 11 月"东盟＋3"领导人会议上，朱镕基总理再次表明了中国的立场，并且建议各国切实落实"清迈倡议"，对于下一步金融合作的设想，中国也持开放态度，可以在"10＋3"框架内逐步探讨。

各国实行的钉住美元的固定汇率制被认为是东亚国家发生金融危机的重要原因之一。但是，事实证明，每个国家完全的浮动汇率又会导致汇率的大幅度波动，从而加剧金融市场风险。因此，在亚洲金融危机发生后，有关地区汇率协调的建议就多起来了。

最有代表性的是关于建立地区一篮子货币汇率机制的思想。提出这种建议的人很多，大体的思路有：其一，实行地区钉住制度，实行有管理的汇率浮动，在东亚，主要的货币当然是日元，但由于日元具有很大的不稳定性，因此，大多数人认为，紧紧钉住日元是不行的。一种替代办法是，采取钉住美元的地区汇率机制。共同钉住美元与各自单独钉住美元没有本质的区别，共同钉住可以实现相互汇率的稳定，与各自单独钉住美元相比，但共同钉住美元需要东亚各国共同维持对美元的钉住，那么，维持固

---

[1] 转引自于永定、何帆等论文《亚洲金融合作：背景、最新进展与发展前景》，工作论文，No. 08，p. 23。

[2] Policy Recommendations For Preventing Another Capital Account Crisis, 7 July 2000, Prepared By: Asian Policy Forum, Asian Development Bank Institute (Forum Secretariat).

定汇率所需的外汇储备从哪里来？欧洲货币体系在共同维持对外浮动时曾集中了各国外汇储备的一部分，用于干预外汇市场。东亚是否也可以集中一部分外汇储备呢？由于东亚货币一体化的发展甚至尚未达到欧洲当时的水平，东亚没有一种比较成熟的机构化货币合作框架，目前做到这一点是不可能的。[①]也有的人认为，如果单独钉住美元问题较多，也可以考虑以美元和日元为主要名义驻锚；还有的认为，应该扩大钉住人民币的比重。然而，鉴于东亚实行钉住一种或两种货币的地区汇率合作还是比较困难的，因此，另一种思路是根据欧洲货币机制的经验，创立东亚货币计算单位（East Asia currency unit），货币单位的确立以各国家的贸易加权比例为基础。[②]不过，事实上，在现实情况下，根据加权设立的货币单位接近于以日元为核心的货币单位，因为日本所占的比重太大了。这样的做法显然还是达不到稳定地区汇率的目的。

地区汇率协调机制需要各成员之间发展起比较高度的合作机制，成员国同意向合作机制让渡一定的货币以及经济的管理权，为此，要实现汇率的合作需要发展东亚地区的全面合作。目前，东亚并不具备这样的条件，看一看当前各国对日元大幅度贬值如何无能为力，就可以看出建立地区汇率协调机制的困难所在。因此，如何实现东亚地区的汇率稳定还是一个值得继续探讨的问题。

由于东亚地区内部贸易占越来越重要的地位，为了减轻对美元的过度依赖，减少交易成本和降低汇率波动对国际收支的影响，有必要加强地区各国之间货币的直接结算。为此，一些人建议建立东亚清算同盟（East Asian Clearing Union）。据认为，东亚各国增加地区货币在贸易结算中的使用可以节省大量外汇储备。比如，1996年整个东亚可以不使用国际货币进行结算的进口为1637亿美元，等于东亚的总进口的13%。如果把这个比

---

① 钟伟、张明：《全球"金融稳定性三岛"和亚元的未来》，中国社会科学院国际金融研究中心，工作论文06。

② 关于这方面的文献见：Williamson, John, Exchange rate regime for emerging markets: reviving the inremediate option, IIE, 2000; Wendy Dobson, Deeper integration in East Asia: regional institutions and the international economic systemworking paper, 2001; Yu Yongding, On East Asian monetary cooperation, working paper, No. 02, 2001。

率乘上东亚各国的官方外汇储备总量,如 1996 年为 6800 亿美元,那么,可节省的外汇储备的最大数量约为 860 亿美元。这种方法需要本地区各国的中央银行加强合作,并实行一些保证结算的措施。例如,为了增加地区货币在国际结算中的份额,各国不仅在经常账户交易中而且在资本账户交易都应保证每个货币的地区内可兑换性。

东盟一些国家已经相互签订了双边支付安排(BPA)协议,规定在双边贸易中不使用美元或日元,而改为使用各自的货币或实行记账贸易。在东亚整个地区,一些人建议,一方面可以增加日元结算的比例,同时,鉴于中国的贸易比重增大,亦应该增加人民币结算的比例,尤其可以在中国有国际收支经常项目顺差的贸易伙伴之间的贸易结算中使用。其他货币也可以根据这个原则进行,比如韩国与中国和东南亚之间目前存在国际收支经常项目顺差,韩国与这些国家之间的贸易结算也可以用韩元进行,为了减少汇率波动风险,可以考虑制定保证措施。

鉴于日本是世界第二大经济,很长时间以来许多人把日元国际化作为东亚地区货币合作的一个重要构想。从 1997 年下半年开始,在日本,有关在日元国际化条件下地区货币和汇率体系的讨论受到重视。1999 年 4 月,日本大藏省的一个咨询机构"外汇和其他交易委员会"发表了"21 世纪的日元国际化"的报告。[①]该委员会认为,扩大日元的使用应该在和日本有紧密经济联系的亚洲开始,建议采取一些措施促使日元成为真正的国际货币。这些措施包括:在美元、欧元和日元之间实现汇率稳定,在美元、欧元和日元之间实行汇率目标区制度;建立由美元、欧元、日元和其他的货币组成的亚洲货币篮子,根据贸易和经济重要性确定每种货币的比重;改善日本金融和资本市场;允许日本银行扩大向外国中央银行提供以日元计算的信贷便利;增加非居民对日元的使用和持有。1998 年 10 月,日本大藏大臣宫泽提出了被称为克服亚洲货币危机新构想的建议,强调增

---

① 参见日本大藏省的网站。Internationalization of the Yen for the 21st Century—Japan's Response to Changes in Global Economic and Financial Environments, April 20, 1999, Council on Foreign Exchange and Other Transactions.

加日元的使用将有助于国际货币体系的稳定。[①]这项计划的目的仍然是为了扩大日元在东亚的使用范围和影响,以期最终建立一个日元圈。

但是,日本政府对日元国际化并非全心全意,因为它将使日本失去其货币自主权并减少对其他亚洲各国的国际收支经常项目顺差。AMF 只是一种带有极少义务而有很多利益的选择。AMF 的设立不要求日本如德国在欧洲货币体系内那样扮演最终贷款人的角色。宫泽的建议提供的紧急贷款总量仅限于 300 亿美元,日本并不想真正愿意承担本地区最终贷款人的责任,提供这样的美元贷款资金对其他亚洲各国来说是不足以对付货币危机的。如果日本对在本地区的货币合作中起领导作用真正有兴趣,它必须使日元成为干预货币,随时向亚洲邻国提供抵御投机性攻击所需的任何数量的紧急日元而不是数量有限的美元。只有这样,日本才能够承担作为亚洲关键货币国家完全责任。2000 年,在东亚太平洋中央银行行长会议(EMEAP)上,各国同意,如果各国受到严重投机性攻击,日本银行将给 11 个亚洲邻国的中央银行提供紧急日元贷款,各国则用日本国债作为担保。这也许是稳定亚洲各国货币的一个重大步骤。如果亚洲各国持有大量日本国债,以公债为担保的紧急贷款将会把危机有效地遏制在萌芽中。然而,由于目前亚洲各国持有的日本国债非常少,这项协议是否真正有效是难以确定的。日本国债的持有量有限是因为日本金融市场的不开放和发展不充分。

因此,如果东亚建成日元集团,日本必须进一步开放其市场,来吸收亚洲国家更多的出口。同时,日本必须保证向受攻击各国提供无限的紧急日元资金,防止各国清偿能力不足发展成为危机,而不是提供用国债作担保的流动性。但是,日本似乎不愿意对亚洲地区的增长和稳定负责任。日本金融体系和货币市场的欠发达实际上是阻碍日本成为地区关键货币国家的最严重的问题。当东亚危机发生的时候,日本脆弱的金融体系迫使日本的银行收回借给其他亚洲各国的资金,使遭受危机打击的亚洲各国雪上加霜。而且,日本不顾与其他国家存在庞大的贸易黑字的情况,纵容日元下

[①] 参见日本大藏省的网站。The New Initiative to Overcome the Asian Currency Crisis (New Miyazawa Initiative)。

跌，使各国对日元失去信心，并影响到亚洲各国的出口。2002年年初，日元大幅贬值，充分表现了日本对东亚经济不负责任的一面。显然，在此情况下谈论建立日元国际化或以日元为中心的货币体系就没有什么意义了。

三 对东亚地区金融合作的长期构想与现实选择

欧洲走向单一货币的成功引起了人们对东亚地区金融合作长期构想的讨论。不少人提出了比较具体的长期构想。其实，所有的讨论都集中到两个方面的问题：其一是最终的目标是什么？也就是说，是否像欧洲那样最终走向单一货币？其二是走什么样的道路，或者说是采取什么样的模式？

应该指出，东亚地区金融合作的进程和目标应该与这个地区的全面合作进程与目标紧密联系起来，因此，在讨论金融合作的长期构想时应该首先确定地区的整个合作的长期目标。东亚合作的长期目标是什么？东亚展望小组的报告明确提出是建立东亚共同体（East Asian Community）。但是，东亚共同体不同于欧洲共同体，它不以超国家的地区组织为目标，而是旨在实现地区各国之间的逐步加深的合作与协调，在经济政治社会文化等各个方面间建立合作机制。比如，在贸易投资方面，以最终建立自由贸易和投资区为目标，在金融方面，对于是否最终实现单一货币展望小组采取了模棱两可的态度，只是提出探讨当经济政治社会等方条件具备的前提下创立共同货币区的可能性。[1]

但是，也有的人把实现单一货币作为地区金融合作的明确目标。他们认为，亚洲货币合作最终要过渡到亚洲单一货币区。[2]如果把单一货币作为地区金融合作的最终目标，那么，自然现在所作的各种努力都可以看作是走向最终目标的准备。比如，由汇率协调机制向地区基金组织过渡，由地区基金组织向创建单一货币过渡等。多数人认为，东亚各国目前的经济发展水平差距太大，不具备类似欧洲《马约》中所提出的经济趋同标准。货币统一意味着国家货币主权的放弃，意味着各国一定程度上的政治一体

---

[1] East Asian Vision Group: Toward East Asian Community, 2001.
[2] 钟伟、张明：《全球"金融稳定性三岛"和亚元的未来》。

化，这需要东亚各国有很强的政治愿望。但是，目前东亚各国在经济政治上相差太大，缺乏货币统一的基础，所以，目前很难讨论整个东亚的货币统一。

当然，也有人强调，如果东亚消除了政治障碍，再加上东亚各国经济发展水平差距的不断缩小，从发展的眼光，在东亚地区搞货币统一也不是不可以讨论的。尽管这可能需要几十年的时间才能做到，是一个遥远的目标。支持实现地区货币统一的人认为，如果把实现东亚统一货币作为一个长远目标，那么现在就可以为未来发展进行设计。实现东亚区域货币统一可以考虑采取分步走的模式，即某些次区域先在小范围内实现统一货币，然后，逐步过渡到整个东亚地区

东亚合作还刚刚起步。考虑到东亚地区各国之间经济政治以及文化上的巨大差别，合作只能走循序渐进的道路，金融合作也是这样。对于金融合作来说，尽管有着其自身的特殊性，但是，它离不开整个地区合作的步伐和程度。因此，我们在考虑金融合作时必须考虑东亚整个层面合作的目标和进程。

为东亚地区合作现实选择定位

东亚合作目前以"10+3"的形式推进，还没有一个清晰的长远目标规划。东亚展望小组的报告为东亚地区的合作勾画了一个蓝图，即东亚共同体的建设。但是，一则，这个共同体构想是以经济贸易自由化为核心的，不搞政治联合，因此，对金融的合作的最终定位并不明确。二则，就是这样一种设计，目前也还是难为所有国家接受。

关于东亚合作的现实战略选择，我们可以从2001年文莱领导人会议得出几点启示：

其一，目前和今后几年，东亚地区合作的主要努力还是稳定和加强地区的政治协商与对话机制，制定东亚地区合作的长远目标还为时过早；

其二，推动整个东亚地区贸易与投资自由区建设的条件还不成熟，主要的特点是多层合作机制并存与发展；

其三，由于金融危机的后遗症还没有根治，各国的主要关注和努力是恢复和增强经济发展的活力。

因此，在此情况下，我们在研究东亚合作的现实选择时，应该考虑以下思路和战略：

第一，采取务实渐进的模式，以1999年领导人关于东亚合作声明的原则为基础，目前和今后一个时期，把主要努力放在功能性合作的发展上，也就是说，先不设定长远既定目标，避免陷于目标和模式的争论之中。如果说把共同体的建设作为长远目标，那么，也应该把这个共同体定位为东亚各国之间逐步发展愈加紧密的合作与协调机制，在各国之间建立同生共荣的共识和协调机制。

第二，考虑到东亚各国之间的差别和现行的合作机制的发展，应该支持多种形式并进，同时加强各种机制之间的联系，即在现有合作机制的基础上加强东亚整个地区的合作机制的发展。

第三，东亚合作的立足点不是像欧洲那样实现明确的政治目标，而是现有利益，即有利于自身的经济发展与地区的和平稳定。目前，东亚还不具备走向真正的区域一体化的政治基础和动力。

所以，在推动地区合作的功能性建设中，首先要以有利于地区的经济发展为出发点。东亚地区走向一体化的基础和动力只能在渐进的合作机制建设中逐步培养。尽管如此，渐进的机制化建设还是必要的，有些领域可以发展得快一些。比如，东亚在"10+3"框架下的合作已经起步，进程不可逆转，因此，可以考虑及早设立东亚合作秘书处，以便对合作进程事务本身进行协调并对未来发展组织研究。

在对整个东亚地区的合作有了比较清楚的定位之后，再谈地区金融合作的现实选择就比较容易了。我们认为，应该集中在以下几个方面：

（一）加强宏观经济合作机制

东亚金融稳定的基础是经济稳定和发展，因此，作为金融合作主要内容的应该是加强宏观经济的对话与协调，尤其是要进一步规范与加强对话与协调机制。领导人会议的议题应该有针对性，就经济发展中的重大问题和其他方面的问题进行讨论。东亚财长会议机制化，应该一年两次，就重大问题进行讨论，使会议达成的共识对各国的经济政策具有一定的影响力。

（二）尽快完善金融救助机制

亚洲金融危机的后遗症仍然没有根除，东亚存在发生金融危机的危险。因此，进一步加强和加快地区金融救助机制的建设是当务之急。"清迈倡议"是东亚金融合作的重要进展，是地区金融救助机制的主要体现，也是目前最现实的选择，应该尽快完成双边互换协议的签署以及把双边协议纳入东亚地区合作框架的基础性文件，使目前的货币互换机制成为东亚金融合作进一步发展的基础框架。

（三）加强金融监督和预警

金融管理主要靠各国政府自己，因此，保持金融市场的稳定，减少发生金融危机风险的主要努力在于各国改善本身的经济政策和加强自身的金融机制建设。然而，由于风险的关联性和危机的扩散性，地区的共同监督和预警不仅变得必要，而且变得迫切。监督和预警紧密关联。当前设立地区专门的机构不太现实，主要是在各国中央银行之间建立合作机制，在各自的银行内设立职能合作机构，建立常设联系与合作渠道。可以考虑设立"东亚金融监督与预警机制框架"，发布主要经济与金融指标，用以为政府决策者和市场提供及时准确信息。

（四）探讨地区汇率协调机制

地区汇率协调机制需要比较高层次的合作架构，是金融合作的深入发展。从现在的情况来看，东亚地区建立有效的汇率协调机制的条件还不具备。金融危机以后，除中国香港外，东亚各国或地区都放弃了钉住美元的相对固定的汇率政策和制度，实行浮动汇率。但是，东亚各国和地区的货币汇率受到日元汇率剧烈变动的强大压力，在当前情况下，因日元大幅度贬值而被迫进行调整，而各国或地区对其无能为力。这种情况严重影响着东亚地区经济形势的稳定，因此，探讨东亚地区汇率稳定机制的工作应该提高东亚金融合作的议事日程。鉴于实行钉住美元或日元的地区汇率合作机制难以行得通，推行东亚货币单位又不具备条件，因此，在加强宏观经济协调的同时，可以探讨一种地区货币汇率浮动目标区的方案，根据合作与承诺的原则，每一个国家或地区提出自己在一个时间段的浮动上下限，即目标区，通过地区合作机制加以监督。在特殊情况下，可以对目标区进行调整，但需要向其他国家提前通报，在必要情况下，应通过地区合作的努力减少调整范围。

（五）考虑东亚货币基金的可行性

日本关于成立亚洲基金的建议已被搁置，东亚金融合作在清迈倡议框架下建立货币互换机制为起步而取得了进展。货币互换机制显然不是东亚金融合作的目标，因此，在清迈倡议之后，有关地区基金的讨论又重新掀起。我们认为，从发展的需要来看，不必关上这扇大门，对其可行性应该鼓励继续探讨。东亚各经济体拥有大量外汇储备，设立基金的资金来源不成问题。同时，东亚国家或地区以及国际社会对建立东亚货币基金所持的异议也在减少。IMF 似乎已赞成通过一个地区基金来建立地区监督机制，并不排除一个可以补充 IMF 发挥地区作用的地区基金。APEC 第七次财长会议的联合部长声明也指出："用来补充国际金融机构所提供的资源以支持 IMF 计划的地区水平上的合作金融安排，对于危机的预防和克服可以是有效的。"

应该说，"清迈倡议"的落实将为亚洲货币基金的设立奠定了一定的基础。但能否设立亚洲货币基金，将可能主要取决于三个方面的发展：一是清迈倡议的进展和以此为基础的东亚金融合作机制的发展；二是对地区货币基金的实际需求；三是东亚地区其他方面合作的进展。1997 年日本的建议被否决表明，东亚金融的深层合作取决于东亚全面合作的发展基础。

亚太经合组织发展的趋势与我国的对策[①]

最近，亚太经合组织（APEC）在马尼拉召开的部长会议和领导人非正式会议取得了巨大成功，就落实大阪会议行动计划和开展经济技术合作达成了一致意见。一年一度的 APEC 领导人非正式会议已成为亚太地区乃至全球最引人注目的事件，特别是即将开始在贸易和投资自由化方面开始实际进程将对亚太地区的经济发展产生巨大的和深刻的影响。

一 APEC 体现出来的重要原则

亚太地区的一个突出的特点是多样性。社会、经济制度各异，文化背景不一，民族、宗教多样，各国经济发展水平差距悬殊。在这样错综复杂的条件下进行大区域的经济合作和推进贸易与投资的自由化是不容易的。尽管实际进程还仅仅是开始，在落实上会遇到许多的困难，但毕竟迈出了第一步，而且是成功的一步。

APEC 所以能如此快地前进，是因为它实施了一系列与亚太地区上述特点相符合的原则，而这些原则又构成了 APEC 自身的特点。归纳起来，APEC 进程体现出如下一些基本原则：

第一，相互尊重和平等。在尊重亚太地区多样性的共识下，成员间无论是大国还是小国，富国或是穷国，在 APEC 发展进程的讨论和协商中是平等的、相互尊重的。不同经济体处于不同发展阶段，观点、能力和要求各不相同，在合作中要相互理解和谅解。APEC 中的事只能通过协商一致来进行。在存在巨大差别的情况下，如果只由经济最强的成员单方面做出

---

① 原载《世界经济》1997 年第 10 期，题目略有改动。

决策，那就会损害弱者的利益，这样，APEC 也就不能得到发展。因此，成员之间的关系必须建立在非歧视和平等基础上。实践表明，只要这一原则得到体现，APEC 便能前进。

第二，互利互惠。作为 APEC 的两大目标，无论是实施贸易和投资自由化还是开展经济技术合作，都是互利互惠的。前者的实施能促使本地区经济贸易活动顺利开展，成本下降，从而效益提高，使各成员受益；后者则通过发达成员和发展中成员的经济互补性关系，使本地区各种资源、技术知识、管理经验得到合理的、更有效的利用，实现各成员，从而也是整个地区的共同发展。尽管各成员的收益不可能平均，但获得的利益应该相当、均衡。这是 APEC 发展的前提和基础，是其保持发展的活力的关键。因此，今后 APEC 发展将会遇到的一个最直接的挑战是如何使所有的成员都感到得到了相应的好处，使其对参与 APEC 的活动感兴趣和给予支持。

第三，协商一致和自愿。尽管机制化是 APEC 发展的必然趋势，但它不能走得太远，特别不能发展成一个具有法定职能的组织。APEC 的生命力在于如何在发展进程中保持协商一致、自愿参加的论坛性质以及各成员经济体认真落实做出的承诺。协商一致与自愿参加并不对立，只要能在重要的进程上达到协商一致，就可以避免"18 - X"的局面，而只要做到平等协商，互利互惠，一致是可以达到的。通过高官会、部长会及首脑会三个层次的协商，逐步达成共识，从而不断推动 APEC 前进，过去的实践已经证明是可行的。APEC 的这种协商机制是独特的。尽管从根本上来说，协商的结果不具有法律性质，是非约束性的，但由于是首脑的承诺，公布于共同声明之中，因此，它们具有很强的道义责任和信誉上的约束性。在一般情况下，所做的承诺会得到落实，这正是人们对 APBC 寄予希望和具有信心的原因。就行动议程而言，一方面，靠各成员自愿执行，另一方面，又通过集体行动、评审及比较等机制加以监督和协调，以促使自由化目标的落实。在行动计划开始之后，评审和监督机制必定会得到加强。同时，APEC 的集体合作行动是靠共同参与（自愿），主动倡议来推动的。如建立海关数据库、培训中心以及技术转让中心等，都是这样进行的，已经取得了显著的成效。

第四,坚持"开放的区域主义"。APEC在成立之初便提出不搞封闭的贸易集团。名人小组早期提出的成立"亚太经济共同体"建议也因遭到反对而取消。各自虽已就奉行"开放的区域主义"原则达成共识。所谓"开放的区域主义"有两层意思:一是指APEC内部的贸易投资自由化成果原则上也适用于外部的非成员;[①] 二是指APEC要为推动全球贸易自由化做出贡献,即不仅要减少APEC区域内的贸易投资障碍,而且要为减少区域外部的障碍而努力。这一原则表明,APEC的发展不是通过多边协定将自身变为内向的、排他的自由贸易区,而是通过市场力量的驱动来促进本地区的贸易和投资自由化,加强APEC地区和整个世界市场的联系。

第五,以渐进的方式实施目标。考虑到成员间的经济发展水平差距悬殊及自由化起始水平不一致,《茂物宣言》所提出的贸易和投资自由化时间表长达15—25年,使各成员,特别是自由化程度较低的发展中经济成员有充裕的时间来实施自由化目标,并自主确定其重点和顺序。整个自由化过程是渐进的:1996年兑现大阪会议上的"首次投入"方案,1997年开始执行马尼拉会议的"单边行动计划",然后是分阶段地逐步向目标推进。重要的是,渐进方式赋予成员经济体在落实进程中的先后和快慢的自主安排灵活性。这种灵活性符合亚太地区经济发展水平和结构多样性的特点。

二　中国的作用和政策

中国之所以支持APEC,是因为需要APEC,也就是说,参与APEC的活动符合中国的利益。对此,我们可以从以下几个方面的因素加以分析:

(1)亚太地区是中国的主要利益所在。从对外贸易的情况来看,大约80%是与APEC成员进行的。APEC地区是中国出口增长最快的地区.从吸引外资的情况看,中国是仅次于美国吸收外来投资最多的国家,到1995

---

① 美国坚持APEC只对区域外"任何做出同样优惠的国家"提供优惠,以避免出现"搭便车"现象。大阪《行动议程》对这一原则的表述为:"亚太地区贸易与投资自由化的结果将不仅仅是APEC经济体之间,也将是人APEC经济体与非APEC经济体之间障碍的实际减少。"(见《行动议程》第一部分A第4点载《APEC文件选集,1995》(英文版)第5页,APEC秘书处,1995年12月)

年年底，流入的直接投资达1300多亿美元，其中90%以上来自亚太地区。如果不算中国香港、美国，日本是中国最大的贸易对象，东盟、韩国是中国的近邻和日益增长的经济贸易伙伴。因此，中国重视发展与亚太各国的关系，特别是与APEC的关系是理所当然的。早在APEC酝酿成立之初中国就表现出积极的态度，支持澳大利亚前总理霍克关于建立亚太地区政府间合作机制的倡议。但因受1989年政治风波的影响，在APEC成立时中国被拒之门外，直到次年才被接纳。此后，中国一直积极参与和支持APEC的活动。中国认识到，一个繁荣的，开放的亚太地区，对中国经济的繁荣和发展是至关重要的。

（2）国际化和区域集团化是世界经济发展的两个最重要的特点和趋势。随着中国经济对外开放的扩大和加深，中国充分认识到推进国际化和参与区域经济合作的重要性和利益。因此，中国一方面积极要求恢复在GATT中的席位，同时也积极参加地区合作组织，特别是APEC。在中国加入WTO遇到困难的情况下，积极参与APEC的活动就变得更为重要，具有特别的意义。与WTO不同，APEC具有很大的自主性和灵活性，中国参与APEC的活动不必像加入WTO那样付很高的"入门费"。作为一个发展中国家，中国需要时间和空间安排自己的改革和开放，这是APEC的优势所在。同时，中国在APEC的积极活动也对其加入WTO创造了有利的条件和环境。

（3）中国的经济持续高速增长，对外贸易发展迅速。随着出口的扩大，中国与其他国家，特别是与美国的贸易争端增加。由于没有加入WTO，中国处于非常不利的地位。美国每年一度的最惠国待遇审查和重批，给中国造成很大的麻烦，成为一个令人头痛的问题。中国希望通过APEC的机制缓解来自美国的压力，特别是通过非歧视原则制止美国对最惠国待遇重审。同时，随着中国对外贸易的增长，不仅与美国，也会与日本及其他国家发生贸易摩擦，通过APEC的贸易争端解决机制，可以缓解矛盾。

（4）中国是一个发展中的地区大国，不仅需要广泛发展与地区各国的关系，而且也希望能发挥自己的影响。随着中国经济的发展和实力增强，外界对中国的猜测和怀疑增加，中国"威胁论"广为散布。中国通过积极参与 APEC 的活动,与其他国家建立起联系和信任机制,对于促进中国与其他国家的关系发展大有好处。APEC 是中国参加的唯一的地区经济合作组织。中国也希望通过 APEC 的活动提出和倡导自己的主张,发挥自己的影响,为自己创造一个有利的发展环境。鉴于中国是一个发展中的大国,其主张是有影响的,特别在缓冲发达国家压力和要求方面能起到重要作用。

中国积极参与 APEC 的活动不是一种"是"与"不"的意愿选择,而是一种利益定位,利益驱使。因此,中国对 APEC 的支持会随着其经济发展和对外开放与依赖的增加而加强。当然,中国的经济发展水平还不高,市场的调整和开放还需要时间,因此,希望 APEC 的发展进程更能符合自己的需要和利益。

中国需要一个符合自己利益的 APEC。因此,APEC 如何发展,或者说建立一个什么样的 APEC,是中国最为关注的。从中国的国情和利益需要出发,以下几个方面是特别要加以强调和坚持的:

(1) APEC 的贸易自由化和便利措施性应该建立在自愿参加,协商一致和自主行动安排为主的基础上。APEC 应是一个协商与合作机构,不搞机制化,不具有指令职能,不进行讨价还价的谈判。APEC 的成员包括亚太地区的发达国家和发展中国家,利益差别巨大。中国担心,如果使 APEC 高度机制化,具有指令职能,则会受到像美国这样的超级大国的控制,过分体现发达国家的意见,对处于弱势地位的发展中国家施加压力。保持"自愿、协商一致、自主性",就可以较好地保证发展中国家的利益。在西雅图会议上,江泽民主席为 APEC 的发展归纳了"相互尊重,平等互利,彼此开放,共同繁荣"四项原则,明确提出 APEC 是"磋商机构",不搞"封闭的机制化的经济集团"[①]。当然,自愿和自主并不是放任自流或自行其是,要有协调和义务,因此,中国支持"协调的单边主义"和"共同承担义务"的原则。

(2) APEC 的行动议程和市场开放安排应坚持灵活性原则。APEC 成员之间发展水平和内部的情况差别很大,尽管在贸易和投资自由化的进程

---

① 见《人民日报》1993 年 11 月 21 日。

上区分了 2010 年（发达国家）和 2020 年（发展中国家），但是，在具体时间和部门安排选择上还需要灵活性。可比性应该体现在与各自水平和能力相适应的进展幅度上。不可设想美国和墨西哥的市场开放能放在同一个起跑线上。灵活性的前提是 APEC 成员承担和完成承诺和义务，即发达国家要在 2010 年和发展中国家在 2020 年实现贸易和投资自由化的承诺。而灵活性的原则是在时间表的范围内各成员可以根据自己的实际情况按照"轻重"和"易难"灵活安排。比如，作为一个比较落后的农业大国，中国在农产品市场的开放上必须谨慎。又如，服务业市场的开放，由于中国由计划经济向市场经济的转变时间较短，体制建设还不规范，在开放部门选择和步骤安排上要周密考虑，不然，过快的和过猛的外来竞争和冲击会导致国内市场的混乱。这一点需要认真考虑国内的实际情况，特别是经济和社会的承受能力。

（3） APEC 应实行非歧视性原则。这个原则应该包括两个含义：一是对所有成员非歧视，即无条件地向每个成员提供"最惠国待遇"；二是 APEC 内的开放成果向非成员开放。事实上，东亚国家的市场开放是建立在非歧视基础上的，由各国进行的市场开放措施是面向所有国家的。东亚的经济繁荣得益于积极主动的市场开放。在亚太地区，美国越来越多的使用双边关系中的单方制裁或限制，对中国的最惠国待遇实行年度审批。中国希望通过 APEC 非歧视性原则来制止这种不公平的做法，保持东亚国家的"开放的地区主义"。

（4） APEC 应坚持"两条腿"走路，即把贸易和投资自由化与经济技术合作放在同等重要的地位，取得平行发展。现在，贸易和投资自由化的进程得到更多的重视，安排比较细，目标明确，但经济技术合作则放在次要地位，看起来是为贸易和投资自由化服务。经济技术合作的目的是"缩小各成员间的经济差距"，"实现亚太地区可持续的增长和公平的发展"[1]。尽管经济技术合作不同于发展援助，但在 APEC 内，发达国家有义务帮助发展中国家提高经济技术水平。正如江泽民在亚太经合组织第四次领导人

---

[1] 见大阪《行动议程》第二部分，载《APEC 文件选集，1995》（英文版）第 29 页，APEC 秘书处，1995 年 12 月。

非正式会议上讲话中所指出的："没有卓有成效的经济技术合作，贸易投资自由化也不会有什么大的进展。"①

APEC 是一个创造，也是一种实验。现在完成由蓝图走向具体设计的任务。1996 年 11 月在菲律宾召开的非正式首脑会议已就行动计划达成共识。自 1997 年起将开始真正的行动步骤，即落实各项议程。从这个意义上说，真正的考验在此之后，即能否顺利落实议程和取得令人满意的结果。

由于中国是一个大国，经济持续高速发展，在亚太地区的作用和影响不断增强。从推动地区经济增长的动力来看，中国经济的活力起着非常关键的作用。而从 APEC 的发展来看，中国的参与和建设性作用也是至关重要的。中国在哪些方面可以起建设性的作用呢？

其一，推动贸易和投资自由化。中国经济的发展是建立在改革开放的基础上的，尽管改革开放取得了巨大的进展，但体制还很不完善，进一步的改革开放是保持经济增长的需要，也是参与国际市场的需要。也就是说，中国在开放市场方面还有一个较长的动态释放过程，从而在行动上起到一种助导作用。从关税率水平来看，中国是属最高之列的。1959 年 11 月大阪会议期间，中国宣布把 4000 种商品的平均关税降低 30%，成了会议期间的一个大新闻，对于大阪《行动议程》的通过起到积极的作用。事实上，1996 年 4 月开始实施的实际减税超出江泽民主席宣布的程度，实际降低关税 34%，使中国的关税率由 35% 降到 23%。中国在今后还会采取有效措施大幅度降低关税，使之尽快达到发展中国家的平均水平。在非关税措施方面也是如此，中国的市场开放步骤可以向人们表明，中国对 APEC 是有诚意的和积极的。

其二，保障 APEC 的顺利发展。APEC 的生命力在于在承认和保持多样性的前提下开展多种形式、多种方式和多种速度的地区合作，推动贸易和投资自由化，加强经济技术合作，以保持地区的长期稳定发展和各国的共同繁荣。中国坚持 APEC 的组织非机制化，功能非指令化，方式非条约化，对于缓和 APEC 发展进程中的矛盾，保证 APEC 沿着一条现实和可行

---

① 见《人民日报》1996 年 11 月 26 日。

的道路发展起到重要的作用。在大阪会议之前和期间围绕灵活性所进行的争论，不仅是成员间利益差别的反映，而且也是 APEC 发展原则分歧的体现。最后通过的大阪《行动议程》就灵活性原则达成了共识：考虑到 APEC 经济体之间的不同经济发展水平和每一个经济体的不同情况，在处理由于自由化和便利化过程中这些不同情况所引起的问题方面将允许灵活性。[①] 试想，如果日本、韩国、中国以及泰国不能在农业市场的开放上取得灵活性，这些国家就会要么退出议程，要么因领导人同意而引发国内政治危机，这些都会进而导致 APEC 进程的停滞。当然，灵活性不是没有约束的，领导人共同通过的宣言或议程是应该遵守的和落实的。如果不能兑现承诺，那就可以退出，这并不影响 APEC 发展进程的大局。这是要有成员自己根据利弊做出抉择的。

其三，促进经济技术合作。经济技术合作在 APEC 的发展进程中起着重要的作用。APEC 的经济技术合作不同于其他的国际或地区组织，它是以"彼此平等"、"互惠互助"、"协商一致"、"自愿参加"和"力所能及"为原则的。因此，它突破了传统的"发展援助"模式，企图建立一种新型的合作机制。中国是加强 APEC 内经济技术援助的积极倡导者和坚定的支持者。从中国经济自身的发展需要来看，也期望从加强合作中受益。大阪会议《行动议程》就经济技术合作开列了 13 个领域，每一个领域都有大量的工作可做。中国可以在以下几个方面起到积极的和建设性的作用：（1）作为发展中国家，中国将做出努力扭转重贸易和投资自由化，轻经济技术合作的倾向。不断提出建设性措施，推动经济技术合作的发展。（2）抓住重点领域，像人力资源、中小企业、基础设施、科学园区以及农业技术等，提出并牵头开展可行的合作项目。中国在马尼拉会议期间提出了开展经济技术合作的具体建议，起到了推动作用。当然，非常关键的是，APEC 中的发达国家愿意为发展合作做出更多的贡献，帮助发展中国家缩小与发达国家的差距。

APEC 的活动尽管是坚持自愿、自主、协商一致和灵活的原则，但由

---

① 见大阪《行动议程》第一部分第 8 点，载《APEC 文件选集，1995》（英文版）第 6 页，APEC 秘书处，1995 年 12 月。

首脑会议所通过的宣言或议程具有政治承诺的性质,是应该落实的。由于中国经济改革开放的时间较短,在市场开放度和管理方面面临着巨大的调整任务。比如,中国的关税率高于发展中国家的水平,在 APEC 成员中是居于最高之列的,中国在大阪会议期间宣布了大幅度降税措施,然而,降后的税率仍高于发展中国家的平均水平。因此,降低关税的任务较重,降低到发展中国家的平均水平下不能拖得太久。但另一方面,由于管理体制不完善,中国的实际执行关税率很低,不到名义关税率的 1/3。因此,如何使名义关税与实际关税相一致还存在着不少困难。在一些需要保护的部门,由于缺乏非关税的有效保护措施,如果把关税一下子降低,就会导致严重问题。像金融部门,如果不采取一种有选择的,渐进的开放措施,国内金融保险业就会被外国公司挤垮。

中国的改革正处在关键时期,同时也是非常困难的时期。国有企业的改革涉及的不仅是简单的效率问题,而是整个社会经济体制问题,因此,增强国有企业的竞争力,不能采取简单的开放市场的办法。如何把对企业的支持规范化,使之符合国际规范,适应 APEC 的发展,也是一个严峻的挑战。人们可能发现,在 APEC 的活动中,中国可能在一些方面表现得过于"讨价还价"或"缺少合作",这不是中国不想起建设性的作用,而是因为中国需要时间和空间加以调整和准备。

另一方面,中国并不会因参加 APEC 的活动而减轻来自美国的压力。中美之间的争端涉及许多方面。许多贸易争端隐含着政治因素。像"人权"、"核扩散"等,都是通过 APEC 所不能解决的。同时,美国在 APEC 中的主要战略是打开包括中国在内的东亚市场,通过各种方式所施加的压力会不断地加大。美国将利用其市场容量大,总体开放程度高的优势,推动 APEC 的高度机制化,向中国施加更大的压力,迫其全面开放市场。再则,美国、日本等发达国家会越来越多地把诸如环境、粮食以及劳工标准等问题纳入 APEC 议程中来,这些都会与中国的考虑和能力有许多矛盾。以环境问题为例,如果把它与贸易挂起钩来,成为限制中国贸易的发展,那将是中国难以接受的。尽管中国本身特别也注意对环境的保护,但由于发展水平上的差距,不可能达到发达国家的水平。

再则,APEC 进程的一个重要功能就是推动乌拉圭回合协议的落实和新一轮 WTO 贸易谈判。尽管中国不是 WTO 成员，可以暂时不必承担这方面的义务，但看来中国的 WTO 成员问题不会拖得太久，因此，在这方面也会受到更大的压力。不过，在是否把 APEC 变成"WTO plus（超世贸组织）"上，中国是持谨慎态度的。

  中国对 APEC 的态度和政策是认真的。在指定落实大阪会议议程方面是积极的和负责任的。因为一个不断取得进步 APEC 符合中国的利益。但是，如何参与国际和地区合作组织，如何在符合自己利益的前提下推动 APEC 的发展，中国还需要积累经验。

欧洲经济一体化的发展及其意义[1]

当欧洲共同市场刚刚诞生时,人们对其性质和前景还不乏怀疑,而如今,欧洲共同体统一大市场的建立已被确认为一个既定事实,成为世界经济中一件具有重大影响的事件。从初级的关税同盟到高级的统一大市场,这的确是一个重大的跃进。对于这种变化的深刻含义不仅要依其现实发展来理解,而且也应从其历史发展的进程来进一步认识。

一 历史性的突破

人们对欧洲统一的追求有着长期的历史渊源。但是,构成历史的一个主线曾是,强者总是凭借实力去主宰欧洲,即以一国的霸权实行统一。当然,试图以和平方式实现欧洲联合的思潮亦早就有之,"欧洲联邦"、"欧洲合众国"、"欧洲邦联"等思想和运动也是贯穿欧洲历史的两个重要线索。不过,长期以来,欧洲联合思潮主要是政治的,有着以联合求和平、避免战争的强烈背景。[2] 出于历史的条件限制和其他种种原因,它们只能被作为一种理想而不是一种现实存在于欧洲人的美好记忆中。

欧洲联合和一体化新进程始于第二次世界大战后[3]。第二次世界大战改变了欧洲的面貌和格局,也为欧洲的联合以新的思想基础和形式开辟途径。尽管温斯顿·丘吉尔曾于1946年9月提出建立欧洲合众国的设想,但是,在一个战火硝烟刚刚熄灭的西欧重提建立合众国并没有基础。让·

---

[1] 原载《西欧研究》1989年第1期。
[2] 见安托尼·J. C. 科尔《共同市场以及它是如何运行的》,波格曼出版公司1977年英文版,第5页;欧洲文献:《欧洲的联合》1987年第2号,第4页。
[3] 此处的欧洲已仅指西欧。

莫内和罗伯特·舒曼以新的方式推动西欧的联合。莫内制定了把作为法、德工业基础的煤钢工业进行联合的计划，这个计划以"舒曼宣言"的形式于1950年5月9日公之于众。它不仅得到了西德的响应，而且激起了意大利和比荷卢三国的兴趣，次年4月，由6国参加的煤钢联盟（ECSC）便宣告成立。这是欧洲历史上第一次由多国自愿参加的经济联盟实体。

舒曼计划在很大程度上突破了历史上欧洲统一思想模式，正如该宣言所指出的："欧洲不能一下子统一起来，也不能通过一项全面计划加以完成。"[①] 它以局部联合开始，以自愿参加为基础，逐步加以扩大、这样一种模式就具有可能性和现实性了。同时，从经济联合入手，就绕过了困难复杂的政治联合。欧洲煤钢联盟所设计的一套体制是独具特色的：（1）一个超国家的高级管理当局；（2）一个由各成员国代表（部长）组成的权力机构；（3）一个具有民主监督性质的议会；（4）一个具有绝对权威的法院；（5）一个稳定的自身财源。这样一个体制既超出各成员国的松散联系，又保证了各成员国的自主性和基本利益，成为后来西欧在更大范围内发展一体化合作的基本模式。[②]

自50年代中期，关于在更大范围实现西欧经济一体化的计划被一再加以讨论。这种行动应该说主要是受到一体化实践的效益和进一步加快经济发展要求推动的。它导致了欧洲经济共同体（EEC）、欧洲原子能共同体（Euratom）的建立以及欧洲自由贸易联盟（EFTA）的诞生。前两个组织由原欧洲煤钢联盟6国签署，后一个则由属于欧洲经济合作组织的其他国家构成。欧洲经济共同体和欧洲自由贸易联盟不同，前者基本上以欧洲煤钢联盟为模式，实行成员国管理主权有限让渡和共同体机构实行一定程度的超国家管理，在此基础上实行经济一体化，而后者则实行成员国间的自由结合，不涉及管理主权的让渡。从形式上看，两种方式（或者说是两种速度）表现了西欧经济一体化的分裂，而实际上则比较符合西欧经济一体化规模发展的特点。

建立平行发展的两个合作组织符合西欧的实际，是各主权国家根据

[①] 见杰弗里·帕克等《欧洲共同体字典》，巴特沃思出版公司，英文版，1981年，第66页。
[②] 参见安托尼·J.C.科尔：前引书，第7页。

各自利益和需要所进行的一种现实选择。后来的发展证明，它们实际上促进了西欧经济一体化的稳步发展。到 1972 年双方签订了工业品自由贸易协定，经过十多年的过渡期，到 80 年代中期，已实现了工业品的自由贸易（无关税壁垒）。这种发展是以欧洲共同体较高程度一体化的推进和欧洲自由贸易联盟向欧洲共同体靠拢的方式进行的。因此，西欧经济一体化的深入发展是以欧洲共同体在规模上的扩大和一体化程度的提高为主线的。

欧洲共同体规模上扩大的转折点是 1961 年 8 月英国、爱尔兰和丹麦申请加入共同体，这发生在欧洲自由贸易联盟成立后只有一年。它一方面表明欧洲经济共同体本身发展的成功，即其一体化所带来的利益产生了强大的吸引力，另一方面则表明更多的国家对一体化认识上的转变，其中主要是承认一体化中的有限主权让渡和接受一体化机构当局的有限超国家管理和调节。在 20 世纪 60 年代初，申请加入欧洲经济共同体的除英国、爱兰尔和丹麦外，还有挪威，成为欧洲经济共同体联系国的有希腊、土耳其，申请成为联系国的有西班牙。1972 年 1 月英国、丹麦和爱尔兰加入欧洲共同体的协定正式签署。欧洲共同体实现了第一次规模上的扩大。70 年代中后期，希腊（1975 年）、葡萄牙（1977 年）和西班牙（1977 年）先后申请正式加入欧洲共同体，到 1988 年年初，三国先后成为正式成员国，从而使欧洲共同体成员由 6 个增加到 12 个。尽管在接纳西班牙和葡萄牙之后，欧洲共同体执委会做出决定，暂停接纳新成员，但许多迹象表明，土耳其、挪威、奥地利以及瑞典可能会相继提出申请。如果欧洲自由贸易联盟的 3 国正式加入欧洲共同体，该组织就有可能自行解体，在此情况下，也许其他国家只有一个选择，即申请参加欧洲共同体。由此，一个统一的西欧经济联合体便基本形成。

欧洲共同体一体化程度上的提高比规模上的扩大更为突出。概括地说，一体化程度的提高主要体现在共同体本身机制的不断充实和完善，以及一体化向广度和深度不断发展。

体制上的充实和完善之所以被作为一体化程度的一个衡量标准，是因为它们是一体化进程的有机组成部分。欧洲煤钢联盟、欧洲经济共同体和欧洲原子能共同体合并为欧洲共同体、建立统一的理事会和执委会，是在机制完善上迈出的第一步。单一共同体管理机构的建立对于统一和协调一体化进程有着重要的意义。实行议会直接选举的政治意义远大于其对欧洲共同体本身机制完善所起的作用，它不仅加强了议会的政治地位，更重要的是大大增强了公民的欧洲统一意识。当然，建立和扩大自有财源体系是共同体进一步向实体化发展的最重要标志之一。通过集中成员国征收的进口关税和部分增值税（1936年前为1%，以后增为1.4%），不仅使共同体本身拥有了稳定的和经常的财政来源，而且使超国家财政体系合法化和制度化。1979年的欧洲货币体系是一个重大的进展。尽管欧洲货币体系并非货币联盟，但毕竟在各成员国之间建立了稳定的货币协调和管理机制，设立了统一货币的雏形——欧洲货币单位。欧洲货币体系通过汇率稳定机制实际起到协调货币政策的作用。建立社会保障和协调体系以及地区发展基金，社会和地区政策是体现共同体共同发展的一个重要内容。无论是社会就业训练与支持，还是地区发展支持，都是使成员国经济结构与增长相互交织与依赖的重要机制。

上述各个方面表明了西欧经济一体化的步伐，显然，在到80年代中期的短短20多年里，实现了这么多的成就是很了不起的。

现在需要研究的是，究竟是什么力量使欧洲自愿联合的梦想变为现实。政治因素无疑是推动战后经济一体化的一个动力。人们普遍承认，舒曼计划的最初政治意图远大于经济目标。计划制定者认为，煤钢是德国发动战争的工业基础，控制了煤钢生产就等于控制了战争的引爆器。这也是该计划受到西欧其他国家支持的重要原因。从这个角度来考察战后初期的联合是欧洲历史联合思潮的继续，从煤钢联盟中可以找到30年代白里安计划的痕迹。但是，战后的基础和条件与以前大不相同，可以说战后形成了一个特殊的成熟环境。欧洲共同体的一份文件从更广的角度把政治背景归为3个方面：（1）欧洲的地位因战争而衰落，任何一国无力与美苏抗争；（2）欧洲饱受"内战"之苦，战火不能再起；（3）创立一个更加有秩序的世界。[①] 有人认为，欧洲煤钢联盟并非联合的产物，这种看法可能主要基于法德之间的特殊考虑，但不可否认，联合是6国筹建联盟的内在

---

① 欧洲文献：《欧洲的联合》，第5—6页。

动机。其中，通过经济一体化获得更有利的发展环境的动机起着重要作用。同时，煤钢联盟为一体化所奠定的基础，其意义是非常巨大的。

如果说政治因素作为始动力在推动西欧经济一体化上起到重要作用，那么经济利益则是主要的继发动力，是把各国连接起来的主导因素。这种因素主要体现在经济联合所带来的现实利益显示了一体化的优势，和一体化本身建立起来的内在机制，它们推动成员国不断把一体化推向前进，也吸引非成员国向欧洲共同体靠拢，尤其是未来潜在利益的吸引力是推动欧洲共同体一体化规模和深入发展的强有力因素。这里无须列举一大堆数字来加以证明，也不想重复关于一体化效益的理论原则。从整个发展过程看，尽管充满矛盾和曲折，但一体化为各国带来的综合利益远大于所遭受的损失。这是一个前提，因此可以说一体化所产生的吸引力和发展推动力主要归因于一体化本身的事实。因此，尽管人们可以从历史的渊源去寻求欧洲联合的根据，但是，如今的西欧经济一体化不仅是在与历史上的联合思潮不同的背景和条件下进行的，而且动力源和构成机制也大大不同。其中，从经济发展角度来说，技术革命的深入发展，世界经济相互交织和依赖日益加深，使西欧经济的一体化具有新的意义。

二　艰难中的抉择

尽管到80年代初西欧经济一体化取得了巨大进展，然而罗马条约关于建立一个真正的共同市场，实现人员、货物、资本和服务自由流动的目标远未实现。

事实上，西欧经济一体化进程一直受到许多内外制约因素的影响。大的制约来自各成员因为保护本国利益所设置的障碍，在建立共同市场过程中，非关税壁垒是最为突出的。一体化组织存在与发展的基础是为参与各方带来利益，但这个基础又是建立在各成员国受损不均、受益不均的前提下，这两种矛盾便构成一体化进程中的内生障碍机制，这种机制的作用可以以许多方式表现出来，其中各成员因为从中获得最大受益和遭受最小损失所采取的"利己"措施是构成非关税壁垒的基础。

按照欧洲共同体研究报告的分类，大体可归为：

（1）有形障碍，即与边界控制相联系的障碍。边界控制往往被看成是行使国家主权的象征，是保护本国安全和利益的关口，所及范围相当广泛，主要是对商品、人员的过境检查和控制。就贸易而言，这种控制导致了商品跨边界流转的中止、拖延，使交易成本提高，形成了共同体各成员国间贸易活动的重大障碍。

（2）技术障碍，主要是技术标准和管理规划的不统一。技术与技术管理标准的差异尽管有着历史的沿袭因素，但保持和创造差异被用来作为保护本国产品市场、抵御外来产品竞争的手段。据统计，仅食品市场所造成的损失多达 10 多亿欧洲货币单位。

（3）财政障碍，主要体现在，比如间接税率上的差异。差异过大既造成商品正常流转的扭曲，又成为正常贸易扩大的障碍。除此而外，财政补贴、公共采购等亦成为共同市场发展的巨大障碍。

罗马条约关于建立关税同盟的目标最初只着眼于消除有形关税障碍，而对非关税障碍并没有采取重大措施。从发展过程来看，有些非关税壁垒早就存在，而更多的则是在消除关税壁垒过程中出现的。非关税壁垒往往在下述情况下得到发展：（1）处于竞争劣势；（2）处于经济困难时期。实际上，非关税障碍在需要保护的高技术创立部门、对社会经济有重大影响或处于衰落的传统部门最为严重。在 70 年代初以后的经济危机中，各国设置非关税壁垒的数量和速度明显增加。

当然，欧洲共同体成员国间的经济离异系数增大也影响到一体化的进程。尽管欧洲共同体由 6 国扩大到 12 国体现了西欧经济一体化规模的扩大，但是也为一体化向纵深发展带来很多困难。在存在较大经济差距的情况下，一体化受到两种制约：（1）为新成员或弱势国家设立各种过渡或例外条款，这形成一体化推进过程中的一种非同步性；（2）因受益不均衡产生的意见分歧，从而造成决策上（尤其是重大问题决策）的拖延或搁置。正是这种制约使欧洲共同体在许多方面议而不决，决而难行，充满矛盾和分歧。

再则，西欧国家的经济是高度开放的经济，欧洲共同体的一体化进程不可能不受到外部影响和冲击。事实上，在一些情况下，这种冲击和影响特别严重。比如，60 年代末，在消除关税壁垒目标提前实现的情况下，欧洲共同体曾计划立即推进经济与货币联盟目标的实现，1970年10月卢森堡首相皮埃尔·魏纳提出了在1980年实现经济货币联盟的计划。然而，这个雄心勃勃的计划因随之发生的美元危机以及此后发生的最严重的经济危机而流产。在70年代后期到80年代初期间，美国的高利率、高财政赤字，以及日本咄咄逼人的贸易攻势，都是打乱欧洲共同体内部行动步调，造成各国间经济政策离散度增高的重要因素。

在内外制约因素影响下，欧洲共同体的一体化不进则退。对此，欧洲共同体执委会于80年代中期发出了警告。事实上，这个警告还有着特殊背景。其一，欧洲共同体经济增长缓慢，失业率居高不下；其二，面对美日在高技术方面的优势，西欧处于落后地位，"欧洲衰落"已成现实。这种形势为欧洲共同体带来巨大压力，也产生施行重大决策的内在动力。在此情况下，可以说，走出困境，大步推进一体化的条件成熟了。这就是1985年关于建立内部市场白皮书出台的背景。在这里，经济的因素是主导动力，但政治因素，即不使西欧地位衰落的强烈意识，亦成为推动经济一体化深入发展的一个因素。

从根本上说，建设欧洲统一大市场是罗马条约的既定目标，但是，与以往所采取的局部措施不同的是，统一大市场计划以单一市场法的形式加以规定，所采取的300项立法是彻底的、全面的，即它不只是解决某个领域的问题，不以迁就某个成员国的利益为限，在立法程序上采取多数通过原则。特别值得指出的是，统一大市场是以实现商品、资本、人员、服务的自由流动为目标，意味着欧洲共同体的经济一体化由商品的自由交换向生产要素的自由流动过渡。这种过渡是一种带有质变性质的一体化进程。因此，单一市场法的实施可以被看作是欧洲共同市场一体化进程的第二阶段。应该说，自关税同盟步骤完成之后，这个阶段便已开始，但由于内外因素的制约，这个步骤滞后了十几年。其间曾有数次尝试，然而均未成功。尽管迄今对能否按期实现这个宏伟目标仍有许多人持怀疑态度，但对统一大市场最终将会实现这一点是确信的。欧洲共同体统一大市场作为一个既成事实为人们所广泛接受。

总的来看，在第一阶段这方面的制约所造成的滞后并不十分严重，比如"空椅子危机"短时间内就克服了。当然，这方面的差异会随着一体化的深入而体现得更明显。这一点本身是具有重大意义的。八年之前，人们还在广泛议论"欧洲的衰落"，如今，却在准备如何对付"欧洲的挑战"了。

三　西欧经济一体化的意义

欧洲共同体统一大市场建设的意义远超出欧洲共同体经济本身。从世界经济发展的角度来分析，一方面由于欧洲共同体经济在世界经济中占有举足轻重的地位，其发展本身亦成为世界经济增长的重要组成部分，另一方面欧洲共同体高层次一体化的成效将成为一种推动力对整个世界经济的发展产生重要影响。欧洲共同体统一大市场的作用可以通过以下几种方式体现出来：

（1）示范效应，即欧洲共同体高度一体化作为一种榜样，推动其他国家在一体化上采取行动。比如，美加自由贸易区的开辟可以被看作是一种仿效，亦可被看作为一种对抗。显然，欧洲共同体统一大市场的建立对于推动其他区域经济一体化组织的发展也会起到巨大影响。

（2）外延效应，即通过欧洲共同体与其他一体化组织的联合或合作，使一体化的范围外延，最突出的是欧洲共同体与欧洲自由贸易联盟协作关系的进一步发展。

（3）吸入效应，即他国为利用欧洲共同体一体化市场而加强对其参与（投资及其他形式的参与），突出的是美国、日本及其他国家为利用统一大市场优势而大量增加对欧洲共同体的直接投资。显然，这三种效应在欧洲共同体统一大市场建设过程中将继续发挥作用，并会随着欧洲共同体一体化的深入而作用加强。

从世界经济一体化的类型来分析，我们可以把它们大体区分为制度性（institutional）一体化和非制度性（non-institutional）一体化。所谓制度性一体化主要是通过各种形式的一体化组织来进行的。初级的一体化组织是贸易联盟，而高级的一体化组织是经济的全面联合体。欧洲共同体统一大市场的建设无疑是欧洲共同体经济一体化由初级形式向高级形式的过渡。尽管区域性一体化组织是制度性一体化的主要形式，是在局部范围内进行的，但是，由于上述三个方面的效应，使得其与外部的联系以更深入的方式进行。一方面，世界经济中区域性一体化组织增多，意味着世界经济一体化向更深层次发展，在这里，世界经济一体化的深入是诸多一体化区域安排发展的集合；另一方面，由于各区域经济一体化安排之间有着密切的联系，这种交织联系构成一体化为更深层次。

开放型一体化组织与封闭型贸易保护集团不同，前者是建立在对外联系与交往基础之上的，而后者则是与对外开放与协作相排斥的。像欧洲共同体，尽管它有着内外有别的对外贸易政策，但其基础是建立在与世界经济其他部分紧密相关的基础上的，它以各种方式与外部世界建立起密切的协调、合作和交往。对外联系是欧洲共同体生存与发展的一个基石。贸易保护主义尽管存在，但不是欧洲共同体的基本特征。显然，那种把区域性一体化与世界经济一体化对立起来的观点是不对的。现在看来，世界经济中的集团化，即次区制度性一体化安排将得到进一步发展，这种趋势应该被看作是世界经济一体化深入发展的一个重要组成部分，担心这种发展会导致世界贸易保护主义加剧，从而形成贸易保护主义集团对抗是没有充分根据的。

非制度性一体化是指由正常市场交换及其他非组织机构形式在各国经济间建立的相互交织和依赖机制。一般地说，非制度性一体化的初级形式是由纯贸易交换所建立起来的国际联系机制，而高级形式则主要是通过投资建立起来的，即由纯流通领域深入到生产领域。尤其是跨国公司所进行的各种形式的投资，是把各国经济直接联系起来的重要机制。非制度性一体化是由存在于大量贸易、投资及其他交往关系的机制构成的，这些机制像一只只无形的手，支配着整个世界经济的运行。事实上，世界范围的经济一体化主要是由非制度性联系机制构成的。当然，制度性一体化与非制度性一体化并不是没有联系的，前者往往是推动后者发展的一个重要因素。

从世界经济格局来分析，欧洲共同体统一大市场的建设对世界经济实力结构的变化将产生重要影响，而这种结构变化亦将成为推动世界经济发展的一个重要动力。以往，流行的观点把世界经济中的结构差别看作是一种世界正常发展的反动力，这是片面的。事实上，差别结构本身亦是一种动力。无可否认，在差别结构中，存在着优者对于弱者的剥夺与侵占。在过度倾斜的结构体系中，弱者的发展可能会受到抑制，但在一般情况下，同时也存在着另外一面，即差别产生动力。

差别结构的动力源来自两个方面：一是优者的领先作用，二是后进者的追赶力。领先者通过各种方式把其先进方式向外扩散，导致对旧方式的更替，这突出的体现在技术领先所起的作用上。领先技术形成一种强大的推动力，通过技术的竞争和扩散把世界的技术发展导向高层次。在差别结构中，弱者亦分为不同的层次。领先接近层次主要体现在技术追赶，而较下层次则主要是通过学习和引进升级更替。第二次世界大战后，美国的领先地位曾作为"西欧经济奇迹"的重要外部因素而起作用，美国的技术是西欧技术更新的主要来源，追赶美国是西欧国家经济发展战略的一个重要出发点。如前所述，80年代，美日在高科技领域的领先地位是西欧"破釜沉舟"、推动统一大市场计划的一个重要因素。如今，欧洲共同体在建立统一大市场上的振兴前景已经成为推动世界经济发展的一个重要因素，"对付欧洲的挑战"成为美、日及其他国家未来经济发展战略的一个重要出发点。

进一步来分析，我认为，欧洲共同体统一大市场的影响将体现在以下几个方面：

其一，欧洲共同体本身发展的作用。如前所述，一个富有生机的、繁荣的欧洲共同体经济构成世界经济增长的强大动力。欧洲共同体执委会对统一大市场所能带来的利益组织了各方面专家进行广泛研究，研究结果表明，潜在总受益可达2000亿欧洲货币单位。事实上，最重要的不在于这个数字，而是统一大市场对欧洲共同体经济体制、结构及发展潜力所产生的内在影响。从微观角度来考察，大市场的建立将导致下列结果：(1) 实现生产和交换的规模经济，从而大幅度降低成本；(2) 加强竞争，提高效率和效益；(3) 使资源配置更加合理；(4) 产品和生产工艺创新加快。从宏观经济效益角度来分析，其影响主要体现在：(1) 通货膨胀进一步降低；(2) 政府财政形势进一步改善；(3) 就业显著增加；(4) 在国际市场上地位提高。总之，将出现一个更加强大的和富有挑战性的欧洲共同体。

其二，一个富有挑战性的欧洲共同体对世界经济发展的影响是多方面的，其中最突出地体现在竞争对抗加强和由此导致的新关系格局上。主要竞争对手美国和日本已经使警觉转变为行动，一方面加强自身的发展，提高内在竞争力；另一方面制定新的对外关系战略，其中最突出的是通过投资进一步打入欧洲共同体内部市场和扩大在其他市场上的势力。发展中国家也不可能在这种新的发展面前无动于衷，具有一定竞争优势的新兴工业化国家和地区正在寻求利用欧洲共同体统一大市场的机会，除采取试探性投资外，更重要的是调整技术产品结构，面向未来的统一大市场。

在欧洲，与统一大市场相联系的引人注目的变化已经和正在发生，除欧洲自由贸易联盟与欧洲共同体进一步靠拢和联合外，东西欧的经济交往已开始出现突破性进展。在亚洲，亚太、美国、日本除对欧洲共同体市场加紧渗透外，正在推动亚太经济合作，力图使亚太经济一体化组织由蓝图变为现实。除此以外，在美加自由贸易区建立的同时，美也在考虑扩大对外经济安排。显然，这种新竞争形势和格局的出现将对国际经济关系，国际分工和世界经济发展产生深刻影响。

其三，统一大市场的建设将推动世界经济中的调整和改革趋势进一步发展。在一定意义上说，欧洲共同体统一大市场的建设本身就是一场重大的调整和改革，一方面，统一大市场建设所涉及的近300项立法都将会引起各成员国经济管理方式的重大改变；另一方面，一个没有边界的统一大市场环境将使欧洲共同体经济形成许多新的运转机制，对于各成员国的经济管理和运行体系来说，这无异于一场重大的变革。这种变革并不仅限于经济，其影响是广泛的，正如欧洲共同体的主体研究报告所指出的，"挑战有社会的、政治的，不只是经济的"，事实上，西欧人的观念也将发生重大变化，那种传统的狭隘民族观念会更多为"欧洲观念"所代替，这种观念包括利益、保障、价值等多个方面。

对于外部世界来说，一方面，欧洲共同体内部调整和改革会为他国提供一种现成的经验，激励人们从调整和改革中寻求发展的动力源泉；另一方面，统一大市场所建立的新法规、新机制会迫使他国作出相应调整，从而与之建立一种新的关系和方式，这种应变调整会与统一大市场本身所导致的调整与变革一起，构成一种合力，推动世界经济的发展。

也许上述乐观的分析会受到批评，因为所有的结论都是把统一大市场作为一个既成事实来考虑的。笔者认为，到1992年一个真正的欧洲共同体统一大市场也可能不会出现，但最终会建成，且这个过程不会拖得太长。其原因，正如欧洲共同体执委会主席德洛尔指出："我们正在建设的这个大市场与每一位欧洲居民的利益相关，它是革命性的，但定能实现，因为它是绝对必要的，它所带给人们的是一个联合的和富强的欧洲。"[①] 或许有人说这只是执委会官员的观点，那么再看对统一大市场的实施颇为忧心忡忡的丹麦人是如何说的吧："我们必须把统一市场作为一个事实来接受"，"这个进程的动力是如此之强，以至于现在不是我们是否要实现它，而是要准备将发生什么变化"。[②]

对于欧洲共同体成立的重大意义，人们只有现在回顾其30多年的发展历程，历数西欧由此所发生的革命性变化，才能体会得十分深刻，而对于欧洲共同体统一大市场建设的深远意义，也许只有待一定时期之后，人们才能从其对西欧及世界所产生的巨大影响的事实中更全面地领悟到。

---

① 参见保罗·切克希尼《1992统一大市场的挑战》，中文版，第6页。
② 丹麦外交部艾里曼·杰森1988年11月25日的讲话，引自发言摘记录英文译稿。